상위권을 공략하는

큐브
수학
심화
STRONG

이 책을 검토하신 선생님들께 감사드립니다.

큐브
수학
심화
STRONG

5·1

진도북

구성과 특징

진도북

"큐브수학S"
심화 STRONG

레벨UP공략법 45개로
상위 1%에 도전하세요.

개념 넓히기

핵심 개념, 응용 개념, 선행 개념으로 개념을 확장하여
문제 적용력을 키웁니다.

응용 개념 문제에 직접 적용되는 개념입니다.
선행 개념 학습 흐름에서 다음에 배울 개념입니다.

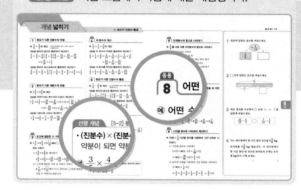

상위권 TEST

자신의 실력을 최종적으로 점검하여 최고수준을 완성
합니다.

성취도	재도전	우수	최우수
맞힌 개수	0~6개	7~10개	11~12개

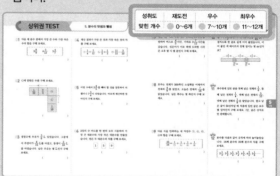

경시대비북

경시대회 예상 문제

수학경시대회에서 자주 출제되는 문제들을 단원별로
2회씩 풀어 보고, 수학경시대회를 대비합니다.

실전! 경시대회 모의고사

수학경시대회에서 출제될 수 있는 신유형 문제, 사고력
문제들을 통해 실전에 더욱 강해집니다.

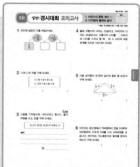

STEP **1** 응용 공략하기

교과 응용 문제부터 심화 문제까지 다양한 대표 응용 유형에 **레벨UP공략법**을 적용하여 문제 해결 능력을 키웁니다.

(레벨UP공략) 유형별 문제 해결 전략입니다.

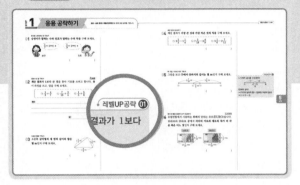

STEP **2** 심화 해결하기

레벨UP공략법을 활용한 난이도 높은 문제를 스스로 해결하여 실력을 레벨UP합니다.

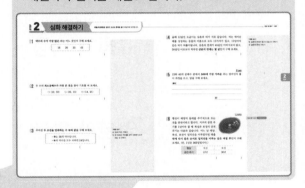

STEP **3** 최상위 도전하기

경시 수준의 최상위 문제에 도전하여 사고력을 키우고, **1% 도전 문제**를 통해 상위권을 정복합니다.

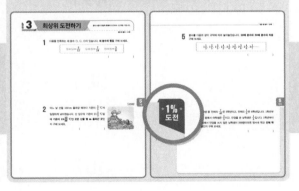

정답 및 풀이

- 친절하고 자세하게 모든 문항의 풀이를 제공
- 해결 순서, 레벨UP공략법, 선행 개념을 이용한 풀이, 문제 분석과 친절한 보충 설명을 통해 고난도 문제를 쉽게 해결
- 모바일 빠른 정답 서비스 제공

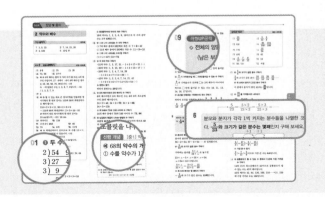

차례

1

자연수의
혼합 계산

개념 넓히기

1 ( )가 없는 혼합 계산식

$$\boxed{\text{곱셈 또는 나눗셈 계산}} \rightarrow \boxed{\text{덧셈 또는 뺄셈 계산}}$$

(1) 덧셈과 뺄셈, 곱셈과 나눗셈이 섞여 있는 식

예 $22-13+7=9+7$
　　　　　　　① $=16$
　　　　　　　②

예 $36\div6\times2=6\times2$
　　　　　　　① $=12$
　　　　　　　②

(2) 덧셈, 뺄셈, 곱셈(나눗셈)이 섞여 있는 식

예 $24-5\times2+8=24-10+8$
　　　　　　① $=14+8$
　　　　　② $=22$
　　　　③

2 ( )가 있는 혼합 계산식

$$\boxed{(\quad)\text{가 있으면 }(\quad)\text{ 안을 가장 먼저 계산합니다.}}$$

(1) 덧셈과 뺄셈, 곱셈과 나눗셈이 섞여 있는 식

예 $49-(13+8)+24=49-21+24$
　　　　　① $=28+24$
　　　　② $=52$
　　　③

예 $48\div(12\times2)\times8=48\div24\times8$
　　　　　① $=2\times8$
　　　　② $=16$
　　　③

(2) 덧셈, 뺄셈, 곱셈, 나눗셈이 섞여 있는 식

예 $7\times12-(14+6)\div4=7\times12-20\div4$
　② 　　① $=84-20\div4$
　　　③ $=84-5$
　　④ $=79$

선행 개념 [중1] 교환법칙, 결합법칙

세 수 ㉠, ㉡, ㉢에 대해
- 덧셈의 교환법칙: ㉠+㉡=㉡+㉠
- 덧셈의 결합법칙: (㉠+㉡)+㉢=㉠+(㉡+㉢)
- 곱셈의 교환법칙: ㉠×㉡=㉡×㉠
- 곱셈의 결합법칙: (㉠×㉡)×㉢=㉠×(㉡×㉢)

응용 3 약속한 연산에 맞게 계산하기

예 다음과 같이 약속할 때 $12\blacklozenge6$의 값 구하기

$$\boxed{㉮\blacklozenge㉯=㉮\div㉯+㉮}$$

① 앞의 수와 뒤의 수를 구분하여 약속한 연산에 그대로 넣기

$$\underset{12}{㉮}\blacklozenge\underset{6}{㉯}=\underset{12}{㉮}\div\underset{6}{㉯}+\underset{12}{㉮}$$

② 순서에 맞게 계산하기

➔ $12\blacklozenge6=12\div6+12=2+12$
　　　　① $=14$
　　②

응용 4 혼합 계산식에서 □ 안에 알맞은 수 구하기

예 $37-(5+\square)\times3=4+8-11$의 계산에서 □ 안에 알맞은 수 구하기

① 계산할 수 있는 부분을 먼저 계산하기
➔ $4+8-11=12-11=1$

② 계산 순서를 거꾸로 생각하여 모르는 수 구하기
➔ $37-(5+\square)\times3=1$, ← 덧셈과 뺄셈의 관계
　$(5+\square)\times3=37-1$, ← 곱셈과 나눗셈의 관계
　$5+\square=36\div3$,
　$\square=12-5=7$

응용 5 하나의 식으로 나타내기

예 다음 두 식을 ( )를 사용하여 하나의 식으로 나타내기

$$\boxed{\begin{array}{l} \cdot 24\div8+7=10 \\ \cdot 84-15\times10\div25=78 \end{array}}$$

① 두 식에서 공통인 수를 찾기
② 계산 순서가 바뀌지 않도록 ( )를 사용하여 식으로 나타내기

$84-15\times10\div25=78$
　　　　　　│$24\div8+7=10$
➔ $84-15\times(24\div8+7)\div25=78$

응용 6 ○ 안에 ＋, －, ×, ÷를 알맞게 써넣기

⑳ 식이 성립하도록 ○ 안에 ＋, －, ×, ÷를 한 번씩 알맞게 써넣기

$$10 \bigcirc 2 \bigcirc 3 \bigcirc 6 \bigcirc 4 = 7$$

① ÷가 들어갈 수 있는 곳 먼저 찾기

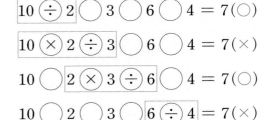

$$10 ÷ 2 \bigcirc 3 \bigcirc 6 \bigcirc 4 = 7 (○)$$
$$10 × 2 ÷ 3 \bigcirc 6 \bigcirc 4 = 7 (×)$$
$$10 \bigcirc 2 × 3 ÷ 6 \bigcirc 4 = 7 (○)$$
$$10 \bigcirc 2 \bigcirc 3 \bigcirc 6 ÷ 4 = 7 (×)$$

참고 ÷가 들어갈 수 있는 곳은 다음 경우를 모두 생각합니다.
• (앞의 수)＞(뒤의 수)이고 (앞의 수)÷(뒤의 수)가 나누어떨어지는 경우
• (앞의 수)＜(뒤의 수)일 때 (앞앞의 수)와 (앞의 수)의 계산 값이 (뒤의 수)로 나누어떨어지는 경우

② 남은 ＋, －, ×를 직접 넣어 여러 가지 경우를 계산하면서 알맞은 답을 찾기

$$\rightarrow 10＋2×3÷6－4 = 10＋6÷6－4$$
$$= 10＋1－4$$
$$= 11－4 = 7$$

응용 7 식이 성립하도록 ( )로 묶기

⑳ 다음 식이 성립하도록 ( )로 묶기

$$32 － 5 × 4 ＋ 1 = 7$$

( )를 넣으면 계산 순서가 달라지는 곳에 ( )를 표시하여 직접 계산해 보고 식이 성립하는 것을 찾습니다.

$$(32－5)×4＋1 = 27×4＋1$$
$$= 108＋1 = 109 (×)$$
$$32－5×(4＋1) = 32－5×5$$
$$= 32－25 = 7 (○)$$
$$32－(5×4＋1) = 32－(20＋1)$$
$$= 32－21 = 11 (×)$$

1 바르게 계산한 것에 ○표 해 보세요.

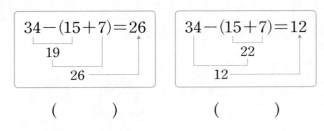

$$34－(15＋7) = 26 \quad\quad 34－(15＋7) = 12$$

( ) ( )

2 계산 결과를 비교하여 ○ 안에 ＞, ＝, ＜를 알맞게 써넣으세요.

$$45÷3×5×2 \bigcirc 45÷(3×5)×2$$

3 하나의 식으로 나타내고 계산해 보세요.

> 13에서 10을 2로 나눈 몫을 빼고 8을 더한 수

식 _____

4 어느 과수원에서 사과를 20개씩 3바구니 딴 후 한 상자에 10개씩 담았습니다. 이 중에서 2상자를 팔았다면 남은 사과는 몇 상자인지 구해 보세요.

( )

식으로 나타내기

01 소현이와 진우가 각각 말한 수를 보고 **말한 수가 더 큰 사람의 이름**을 써 보세요.

> 48을 3과
> 4의 곱으로 나눈 수

소현

> 42에서 17과
> 8의 합을 빼고 6을
> 뺀 수

진우

(   )

곱셈과 나눗셈이 섞여 있는 식의 활용

02 지유네 목장에는 젖소가 12마리 있고, 하루에 젖소 한 마리에서 우유를 3 L씩 얻을 수 있습니다. 이 목장에서 **360 L의 우유를 얻는 데는 며칠이 걸리는지** 구해 보세요.

(   )

덧셈, 뺄셈, 곱셈이 섞여 있는 식의 활용

03 자동차 40대를 주차할 수 있는 주차장에 자동차가 6대씩 4줄로 주차되어 있었습니다. 이 중에서 9대가 빠져 나갔다면 주차장에 **자동차를 몇 대 더 주차할 수 있는지** 구해 보세요.

(   )

┌ 레벨UP공략 **01**

◇ 문제에 다음과 같은 표현이 있을 때 식을 세우려면?
· 더하다, 함께 → 덧셈(+)
· 적다, 덜다, 꺼내다 → 뺄셈(−)
· 몇 개씩 몇 묶음, 몇 배 → 곱셈(×)
· 나누다, 몇 개씩 담다 → 나눗셈(÷)

계산 결과 비교하기

04 계산 결과가 **가장 큰 것과 두 번째로 큰 것의 차**는 얼마인지 구해 보세요.

$$\bigcirc\ 15\times6\div9\times8 \qquad \bigcirc\ 37-(19+13)+8$$
$$\bigcirc\!\!\!\bigcirc\ 52+64\div4-21 \qquad \textcircled{a}\ 41-5\times(6+8)\div2-5$$

(   )

혼합 계산식에서 □의 값 구하기   서술형

05 □ **안에 알맞은 수**를 구하려고 합니다. 풀이 과정을 쓰고, 답을 구해 보세요.

$$10+(\boxed{}+4)\div3\times4=(17+2)\times2$$

풀이 _____

_____

_____

답 _____

레벨UP공략 **02**

◇ 혼합 계산식에서 □의 값을 구하려면?
① 계산할 수 있는 부분을 먼저 계산합니다.
② 계산 순서를 거꾸로 생각하여 덧셈과 뺄셈, 곱셈과 나눗셈의 관계를 이용하여 □의 값을 구합니다.

덧셈(+)	⟷	뺄셈(−)
곱셈(×)	⟷	나눗셈(÷)

덧셈, 뺄셈, 곱셈, 나눗셈이 섞여 있는 식의 활용   ♀창의융합

06 온도를 나타내는 단위에는 섭씨(℃)와 화씨(℉)가 있습니다. 다음을 보고 **뉴욕의 기온을 섭씨로 나타내면 몇 ℃**인지 구해 보세요.

(   )

도형의 길이 구하기

07 철사로 다음과 같은 삼각형 3개를 만들려고 합니다. 겹치거나 남는 부분이 없도록 만들려면 **철사는 모두 몇 cm가 필요한지** 구해 보세요.

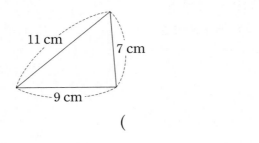

(   )

○ 안에 ＋, －, ×, ÷를 알맞게 써넣기

08 식이 성립하도록 ○ **안에 ＋, －, ×, ÷를 한 번씩 알맞게 써넣으세요.**

$$5 \bigcirc 2 \bigcirc 6 \bigcirc 3 \bigcirc 4 = 8$$

약속에 따라 계산하기

🖎 서술형

09 다음과 같이 약속할 때 **36●(6●3)은 얼마인지** 구하려고 합니다. 풀이 과정을 쓰고, 답을 구해 보세요.

$$㉮ ● ㉯ = (㉮ + ㉯) ÷ ㉯ × ㉮$$

풀이

답

◈ 레벨UP공략 **03**

◇ 식이 성립하도록 ○ 안에 ＋, －, ×, ÷를 써넣으려면?

㉠ ○ ㉡ ○ ㉢

① ×, ＋는 계산 결과가 커지고, ÷, －는 계산 결과가 작아짐을 생각하며 ○ 안에 기호를 써넣습니다.

② ÷가 들어갈 수 있는 곳은 다음 경우를 모두 생각합니다.

• (앞의 수)＞(뒤의 수)이고 (앞의 수)÷(뒤의 수)가 나누어떨어지는 경우

• (앞의 수)＜(뒤의 수)일 때 (앞앞의 수)와 (앞의 수)의 계산 값이 (뒤의 수)로 나누어떨어지는 경우

□ 안에 들어갈 수 있는 가장 큰 자연수 구하기

10 □ **안에 들어갈 수 있는 가장 큰 자연수를 구해 보세요.**

$$\square + 13 < 41 - (4 \times 5 + 2)$$

(   )

레벨UP공략 **04**

◇ > 또는 < 가 있는 혼합 계산식에서 □ 안에 들어갈 수 있는 수를 구하려면?
① 계산할 수 있는 식을 먼저 계산합니다.
② > 또는 < 를 =라 하여 □ 안에 알맞은 수를 구합니다.
③ 범위에 알맞게 □ 안에 들어갈 수 있는 수를 구합니다.

1 단원

조건을 찾아 혼합 계산식 계산하기   💡 창의융합

11 기초대사량은 생명을 유지하기 위해 필요한 최소한의 에너지입니다. |**보기**|는 기초대사량을 계산하는 방법을 나타낸 것입니다. 11살인 희정이의 키가 140 cm이고 체중이 30 kg일 때 **희정이의 기초대사량은 몇 kcal**인지 구해 보세요.
                                    └• 킬로칼로리

|**보기**|

(기초대사량)$= 66 + 14 \times$(체중)$+ 5 \times$(키)$- 7 \times$(나이)

(   )

어떤 수를 구하여 바르게 계산하기

12 어떤 수를 3으로 나눈 다음 5를 빼야 할 것을 잘못하여 어떤 수에 3을 곱한 다음 5를 뺐더니 103이 되었습니다. **바르게 계산하면 얼마**인지 구해 보세요.

(   )

물건의 수가 같아지도록 만들기

13 사탕을 오빠는 34개씩 3봉지, 동생은 21개씩 4봉지 가지고 있습니다. **오빠가 동생에게 몇 개를 주면 두 사람이 가지고 있는 사탕의 수가 같아지는지** 구해 보세요.

(   )

수 카드로 혼합 계산식 만들기

14 다음 3장의 수 카드를 한 번씩 사용하여 다음과 같이 식을 만들려고 합니다. **계산 결과가 가장 클 때의 값**을 구해 보세요.

$$\boxed{2} \quad \boxed{3} \quad \boxed{6} \quad \rightarrow \quad \boxed{36 \div (\square \times \square) + \square}$$

(   )

레벨UP공략 05

◆ 계산 결과가 가장 크거나 가장 작은 혼합 계산식을 만들려면?

$$\boxed{㉮ \div \square + ㉯}$$

• 계산 결과가 가장 클 때
  → ㉮를 나누는 수 $\square$가 가장 작아야 합니다.
• 계산 결과가 가장 작을 때
  → ㉮를 나누는 수 $\square$가 가장 커야 합니다.

조건에 맞게 혼합 계산식 만들기

15 주어진 세 가지 조건을 만족하는 **계산 결과가 3이 되는 혼합 계산식**을 만들어 보세요.

> • 1부터 5까지의 수를 한 번씩 모두 사용합니다.
> • $+$, $-$, $\times$, $\div$를 한 번씩 모두 사용합니다.
> • (   )를 사용합니다.

식 _____ $=3$

빈 상자의 무게 구하기

16 무게가 똑같은 치약 7개가 들어 있는 상자의 무게를 재었더니 1 kg 352 g이었습니다. 무게가 똑같은 치약 4개를 더 넣어 다시 상자의 무게를 재었더니 1 kg 832 g이었습니다. **빈 상자의 무게는 몇 g**인지 풀이 과정을 쓰고, 답을 구해 보세요.

▦서술형

풀이

답

◀레벨UP공략 06

◆ ■개의 물건이 들어 있는 상자에서 빈 상자의 무게를 구하는 혼합 계산식은?

(빈 상자의 무게)
＝(물건 ■개가 들어 있는 상자의 무게)
　－(물건 한 개의 무게)×■

혼합 계산식 만들고 계산하기

17 우리 조상들은 산가지를 사용하여 수를 나타내고 계산도 하였습니다. 산가지를 사용하여 수를 나타내는 방법을 보고 **Ⅰ═Ⅲ－_Ｔ×Ⅷ＋═Ⅲ÷Ⅱ의 값**을 구해 보세요.

♡창의융합

	1	2	3	4	5	6	7	8	9	0
일, 백, 만……의 자리	Ⅰ	Ⅱ	Ⅲ	Ⅲ	Ⅷ	Ｔ	Ｔ	Ⅲ	Ⅲ	○
십, 천, 십만……의 자리	_	═	═	═	═	⊥	⊥	≟	≟	(기록용)

(　　　　　　　　)

오른 가격으로 먹은 주스의 수 구하기

18 진규는 매일 아침에 주스를 한 병씩 마십니다. 5월의 어느 날 주스 한 병의 값이 900원에서 950원으로 올라 5월의 주스값으로 28950원을 냈습니다. **5월에 오른 주스값으로 먹은 주스는 몇 병**인지 구해 보세요.

(　　　　　　　　)

01 ⓒ에 알맞은 수는 얼마인지 구해 보세요.

> • $4 \times 6 - (15 + 7) \div 2 = $ ⓐ
>
> • $(19 + 13) \times 2 - $ ⓐ $+ 8 \div 4 = $ ⓒ

(   )

02 서현이는 감자와 양배추를 사러 마트에 갔습니다. 감자는 표시된 가격에서 $100\,\mathrm{g}$당 50원을 할인하여 팔고 있습니다. 서현이가 감자 $500\,\mathrm{g}$과 양배추 한 통을 사고 5000원을 냈다면 **거스름돈으로 받아야 할 돈**은 얼마인지 구해 보세요.

100 g당
50원 할인

감자 100 g당
350원

양배추 한 통
3300원

(   )

| 해결 순서 |
❶ 할인된 감자 100 g당 값 구하기
❷ 거스름돈으로 받아야 할 돈 구하기

|||서술형

03 ♥와 ★ 사이에 있는 자연수는 모두 몇 개인지 풀이 과정 쓰고, 답을 구해 보세요.

> • $(49 \div 7 + 45) \times 5 - 4 \times 9 = $ ♥
>
> • $7 \times 35 - 54 \div 9 + 2 = $ ★

풀이 _____

_____

_____

답 _____

04 □ 안에 들어갈 수 있는 자연수들의 합을 구해 보세요.

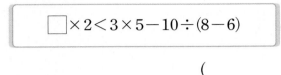

$$\boxed{} \times 2 < 3 \times 5 - 10 \div (8 - 6)$$

( )

💡 창의융합

05 세린이는 5000원짜리 지폐 2장, 1000원짜리 지폐 6장, 500원짜리 동전 9개, 100원짜리 동전 8개를 필리핀 여행에서 사용하기 위해 필리핀 돈으로 바꾸려고 합니다. 오늘의 환율이 다음과 같을 때 세린이가 가지고 있는 돈을 **필리핀 돈으로 모두 바꾸면 몇 페소**인가요? (단, 필리핀 돈으로 바꿀 때 발생하는 <u>수수료</u>는 생각하지 않습니다.)
• 두 나라 사이의 화폐를 바꾸는 기준

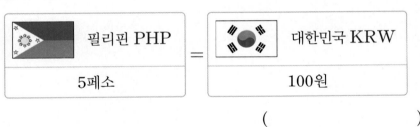

( )

≪011쪽 10번 레벨UP공략

≪008쪽 03번 레벨UP공략

│해결 순서│
❶ 세린이가 가지고 있는 우리나라 돈 구하기
❷ 필리핀 돈으로 모두 바꾸면 몇 페소인지 구하기

06 선생님께서 수연이네 모둠 학생들에게 초콜릿을 나누어 주려고 합니다. 한 사람에게 18개씩 나누어 주면 7개가 모자라고 15개씩 나누어 주면 8개가 남습니다. **수연이네 모둠 학생은 몇 명**인지 구해 보세요.

( )

07 식이 성립하도록 ( )로 묶어 보세요.

$$29 - 7 \times 3 + 6 = 2$$

08 선재의 용돈 기입장의 일부분입니다. 선재는 7일에 문구점에 가서 5권에 3000원인 공책을 3권만 샀습니다. 공책을 낱개로 사도 가격이 같을 때 **7일에 공책 3권을 사고 남은 돈**은 얼마인지 구해 보세요.

날짜	내용	들어온 돈	나간 돈	남은 돈
1일	용돈	7000	·	7000
3일	물감	·	3000	
4일	필통	·	1250	
7일	공책	·		

( )

| 해결 순서 |
❶ 공책 3권의 값 구하기
❷ 7일에 남은 돈 구하기

09 다음 4장의 수 카드를 모두 한 번씩 사용하고 +, −, ×, ÷ 중에서 3개를 골라 한 번씩 사용하여 혼합 계산식을 만들려고 합니다. **계산 결과가 가장 클 때와 가장 작을 때의 차**를 구해 보세요. (단, 혼합 계산식의 계산 결과는 자연수입니다.)

| 2 | 7 | 8 | 3 |

( )

《010쪽 08번 레벨UP공략

10 마술사가 민재에게 수 마술을 알려주고 있습니다. 어떤 수를 생각해도 다음 식을 계산하면 항상 같은 수가 나온다고 합니다. **항상 나오는 수**는 얼마인지 구해 보세요.

> 생각한 수와 2의 합에 2를 곱하고 그 수와 2의 차를 2로 나눈 다음 생각한 수를 뺀 수는 항상 같아.

( )

11 윤기네 학교 전체 학생 수는 5학년 학생 수의 7배보다 50명 적고 5학년 남학생은 여학생보다 8명 더 많습니다. 윤기네 학교 전체 학생 수가 1280명일 때 **5학년 여학생은 몇 명**인지 풀이 과정을 쓰고, 답을 구해 보세요.

풀이

답

12 다음은 국제 상품 번호 중 마지막 숫자인 체크 숫자를 정하는 방법입니다. 오른쪽 국제 상품 번호에서 **체크 숫자**는 얼마인지 구해 보세요.

8 801234   56789█

국가 코드   상품 코드
    제조 업체 코드   체크 숫자

체크 숫자를 정하는 방법

❶ 왼쪽에서부터 홀수 번째 자리에 있는 숫자들을 모두 더합니다. (단, 체크 숫자는 홀수 자리 숫자에 포함하지 않습니다.)

❷ 짝수 번째 자리에 있는 숫자들의 합에 3을 곱합니다.

❸ 다음 식의 계산 결과의 일의 자리 숫자가 0이 되도록 하는 체크 숫자를 찾습니다.

❶ + ❷ + (체크 숫자)

( )

1
단원

잠깐!

국제 상품 번호를 보고 알 수 있는 것은 무엇일까요?

상품을 살펴보지 않아도 번호만으로 나라 이름, 제조사 이름, 상품 이름을 알 수 있습니다.

13 기호 ★과 ♥를 다음과 같이 약속할 때 (5♥10)★□의 계산 결과는 75입니다. □ **안에 알맞은 수를 구해 보세요.**

> • ㉠★㉡＝㉠×㉡＋㉠÷2
> • ㉠♥㉡＝㉡×(㉠－㉡÷㉠)

( )

≪009쪽 05번　레벨UP공략

14 직사각형 모양의 똑같은 색 테이프 17장을 그림과 같이 겹치게 이어 붙였습니다. **이어 붙인 색 테이프 전체의 네 변의 길이의 합은 몇 cm인지 구해 보세요.**

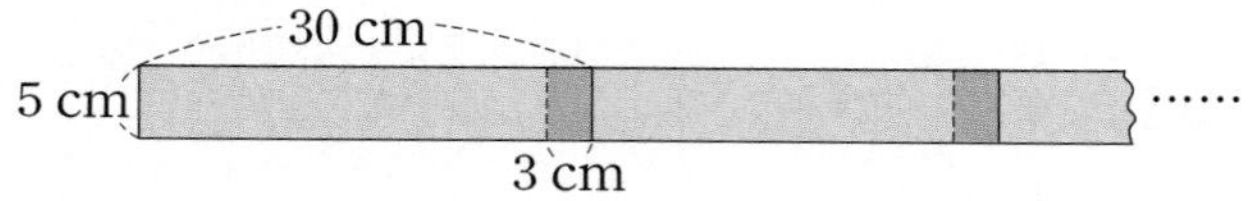

( )

| 해결 순서 |
❶ 이어 붙인 색 테이프 전체의 긴 변과 짧은 변의 길이 각각 구하기
❷ 이어 붙인 색 테이프 전체의 네 변의 길이의 합 구하기

15 재호는 친구의 수에 맞게 준비한 상자에 쿠키를 담아 선물하려고 합니다. 쿠키를 한 상자에 24개씩 담으면 20개가 모자라고 한 상자에 18개씩 담으면 166개가 남습니다. **쿠키를 한 상자에 20개씩 담으면 남는 쿠키는 몇 개**인지 구해 보세요. (단, 한 사람당 쿠키를 한 상자씩 선물합니다.)

( )

1 기호 $\begin{vmatrix} & \\ & \end{vmatrix}$ 를 다음과 같이 약속할 때 $\begin{vmatrix} 9 & \triangle \\ 7 & 8 \end{vmatrix} = 58$에서 ▲에 **알맞은 수**를 구해 보세요.

$$\begin{vmatrix} ㉮ & ㉯ \\ ㉰ & ㉱ \end{vmatrix} = ㉮ \times ㉱ - ㉯ \times ㉰$$

( )

2 현정이는 서울역에서 출발하여 할머니 댁까지 가는 데 10분에 25 km씩 가는 기차를 2시간 40분 동안 타고, 남은 거리는 1분에 40 m씩 가는 빠르기로 걸었습니다. 서울역에서 할머니 댁까지의 거리가 401 km라면 현정이가 **걸어간 시간은 몇 분**인가요?

( )

3 다음 식을 ( )를 한 번 사용하여 계산했을 때 |보기| **중에서 계산 결과가 될 수 없는 수를 모두 찾아 써 보세요.**

묶는 수가 2개, 3개, 4개일 때의 계산 결과를 각각 구합니다.

$$4 \times 16 + 8 - 6 \div 2$$

|보기|

33   82   65   42   93

( )

♀ 창의융합

4 어느 고궁의 관람 요금입니다. 연아네 반 학생 32명과 경현이네 반 학생 26명이 ㉮와 ㉯ 고궁에 가려고 합니다. 연아네 반 전체 학생 입장료와 경현이네 반 전체 학생 입장료의 차는 ㉮와 ㉯ 고궁 중에서 **어느 고궁이 얼마나 더 많은지** 구해 보세요. (단, 단체 요금은 30명보다 많을 때 적용합니다.)

	기본 요금	단체 요금
㉮ 고궁	3000원	2400원
㉯ 고궁	2500원	2100원

(,)

5 다음 5장의 수 카드 중에서 4장을 뽑아 한 번씩만 사용하여 아래와 같이 식을 만들려고 합니다. **계산 결과가 가장 클 때와 가장 작을 때의 차**를 구해 보세요.

$$\boxed{2} \quad \boxed{5} \quad \boxed{6} \quad \boxed{7} \quad \boxed{3}$$

$$(\square + \square) \times \square - \square$$

(   )

★1%★ 도전

6 어느 문구점에서 가위와 풀을 사 왔습니다. 한 상자에 15개씩 들어 있는 가위를 6상자 사 와서 한 개에 3000원씩 받고 모두 팔았더니 94500원의 이익이 남았고, 한 상자에 12개씩 들어 있는 풀을 7상자 사 와서 한 개에 1000원씩 받고 모두 팔았더니 33600원의 이익이 남았습니다. 이 문구점은 **가위와 풀을 한 개에 얼마씩 사 온 것인지** 각각 구해 보세요.

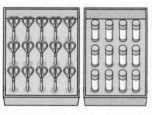

가위 (   )

풀 (   )

01 다음 중 ( )가 없으면 계산 결과가 달라지는 식을 찾아 기호를 써 보세요.

> ㉠ $56 \div (7 \times 4)$ ㉡ $15 \times (6 \div 3)$

( )

02 계산 결과가 가장 큰 것을 찾아 기호를 써 보세요.

> ㉠ $(5+9) \times 6 \div 4$
> ㉡ $25 + 560 \div 70 - 6$
> ㉢ $38 - 24 \div (7-4)$

( )

03 한 변의 길이가 27 cm인 정사각형 2개를 만들 수 있을 만큼 철사를 가지고 있습니다. 이 철사를 남김없이 사용하여 정삼각형 한 개를 만들려고 합니다. 만들 수 있는 정삼각형의 한 변의 길이는 몇 cm인가요?

( )

04 윤서는 문구점에 가서 한 자루에 1000원인 볼펜을 300원씩 할인하여 4자루 사고 한 자루에 750원인 연필 한 자루를 산 후 5000원을 냈습니다. 거스름돈으로 받아야 할 돈은 얼마인가요?

( )

05 ☐ 안에 들어갈 수 있는 가장 큰 자연수를 구해 보세요.

> $18 \div 6 \times \boxed{} < 18 - 3$

( )

06 식이 성립하도록 ( )로 묶어 보세요.

> $42 \div 2 + 4 \times 2 - 3 = 6$

07 ㉠◆㉡=(㉠−㉡)÷㉡+㉠이라고 약속할 때 다음 식을 계산한 값은 얼마인지 구해 보세요.

> (42◆6)◆16

(   )

08 어떤 수에 6을 곱한 다음 7을 더해야 할 것을 잘못하여 어떤 수를 6으로 나눈 다음 7을 더했더니 19가 되었습니다. 바르게 계산하면 얼마인지 구해 보세요.

(   )

09 무게가 똑같은 접시 7개가 들어 있는 상자의 무게를 재어 보니 797 g이었습니다. 무게가 똑같은 접시 4개를 더 넣어 다시 상자의 무게를 재었더니 1 kg 81 g이었습니다. 빈 상자의 무게는 몇 g인지 구해 보세요.

(   )

10 다현이는 매일 아침에 우유를 한 개씩 마십니다. 4월의 어느 날 우유 한 개의 값이 830원에서 900원으로 올라 4월의 우유값으로 25810원을 냈습니다. 4월에 오른 우유값으로 먹은 우유는 몇 개인가요?

(   )

최상위
11 직사각형 모양의 똑같은 색 테이프 13장을 그림과 같이 겹치게 이어 붙였습니다. 이어 붙인 색 테이프 전체의 네 변의 길이의 합은 몇 cm인지 구해 보세요.

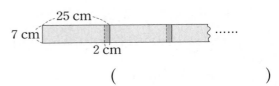

(   )

최상위
12 동규는 기차역에서 출발하여 이모 댁까지 가는 데 10분에 30 km씩 가는 기차를 1시간 50분 동안 타고, 남은 거리는 1분에 50 m씩 가는 빠르기로 걸었습니다. 기차역에서 이모 댁까지의 거리가 332 km라면 동규가 걸어간 시간은 몇 분인지 구해 보세요.

(   )

살신성인

殺 身 成 仁

죽일 **살**　　　몸 **신**　　　이룰 **성**　　　어질 **인**

바로 뜻 자신의 몸을 희생해서 옳은 일을 이룬다는 뜻.
깊은 뜻 자신을 희생하고 봉사하는 것을 뜻하는 말이에요.

건물에서 불이나 긴박한 상황이 벌어지자 119 소방차와 소방대원들이 분주히 움직였어요.

건물 안에는 불 속에 갇힌 사람들이 있었어요.

소방대원들은 사람들을 구조하기 위해 온 몸을 던졌고, 사람들이 무사히 빠져 나올 수 있도록 마지막까지 최선을 다했어요.

위험한 순간 몸을 던진 소방대원들의 노력으로 더 큰 사고로 이어질 수도 있었던 상황을 막을 수 있었답니다.

이 모습을 지켜 본 지나가던 행인은 뉴스 인터뷰를 하면서 이렇게 말했어요.

"소방대원들의 ☐☐☐☐ 구조 활동에 감동받았습니다!"

잠깐! Quiz

Q ☐☐☐☐에 들어갈 말은?

A 왼쪽 한자와 오른쪽 음을 알맞은 것끼리 선으로 이어 봅니다.

殺 ·　　　· 신

身 ·　　　· 인

成 ·　　　· 성

仁 ·　　　· 살

2

약수와 배수

개념 넓히기

1 약수와 배수

(1) 약수: 어떤 수를 나누어떨어지게 하는 수

⟨예⟩ 10의 약수 구하기

$10 \div 1 = 10$, $10 \div 2 = 5$, $10 \div 3 = 3 \cdots 1$,

$10 \div 4 = 2 \cdots 2$, $10 \div 5 = 2$, $10 \div 6 = 1 \cdots 4$,

$10 \div 7 = 1 \cdots 3$, $10 \div 8 = 1 \cdots 2$,

$10 \div 9 = 1 \cdots 1$, $10 \div 10 = 1$

➔ 10의 약수: 1, 2, 5, 10

(2) 배수: 어떤 수를 1배, 2배, 3배······ 한 수

⟨예⟩ 3의 배수 구하기

$3 \times 1 = 3$, $3 \times 2 = 6$, $3 \times 3 = 9$, $3 \times 4 = 12$······

➔ 3의 배수: 3, 6, 9, 12······

> **선행 개념** [중1] 소수
>
> • 소수: 1보다 큰 자연수 중에서 1과 자기 자신만을 약수로
> 가지는 수 └─• 약수가 2개
> • 2, 3, 5, 7, 11······은 소수입니다.
>   ⟨예⟩ 3의 약수: 1, 3 ➔ 약수가 2개이므로 3은 소수입니다.

2 약수와 배수의 관계

⟨예⟩ 14를 두 수의 곱으로 나타내어 약수와 배수의 관계
알아보기

$$14 = 1 \times 14 \qquad 14 = 2 \times 7$$

① 14는 1, 2, 7, 14의 배수입니다.

② 14의 약수는 1, 2, 7, 14입니다.

참고 약수와 배수의 관계

$$■ \times ▲ = ● \rightarrow \begin{matrix} ■와 ▲는 ●의 약수 \\ ●는 ■와 ▲의 배수 \end{matrix}$$

응용 3 배수의 특징

⟨예⟩ 2, 3, 4, 5, 9의 배수의 특징 알아보기

• 2의 배수: 일의 자리 숫자가 0, 2, 4, 6, 8인 수

• 3의 배수: 각 자리 숫자의 합이 3의 배수인 수

• 4의 배수: 끝의 두 자리 수가 00 또는 4의 배수인 수

• 5의 배수: 일의 자리 숫자가 0 또는 5인 수

• 9의 배수: 각 자리 숫자의 합이 9의 배수인 수

4 공약수와 최대공약수

(1) 공약수: 두 수의 공통된 약수

(2) 최대공약수: 공약수 중에서 가장 큰 수

⟨예⟩ 6과 12의 공약수, 최대공약수 구하기

6의 약수	1	2	3	6		
12의 약수	1	2	3	4	6	12

➔ 6과 12의 공약수: 1, 2, 3, 6

　 6과 12의 최대공약수: 6

5 공배수와 최소공배수

(1) 공배수: 두 수의 공통된 배수

(2) 최소공배수: 공배수 중에서 가장 작은 수

⟨예⟩ 3과 4의 공배수, 최소공배수 구하기

3의 배수	3	6	9	12	15	······
4의 배수	4	8	12	16	20	······

➔ 3과 4의 공배수: 12, 24, 36······

　 3과 4의 최소공배수: 12

6 최대공약수와 최소공배수 구하기

(1) 18과 24의 최대공약수 구하기

18과 24의 공약수 → $2\,)\,\underline{18 \quad 24}$

9와 12의 공약수 → $3\,)\,\underline{\;9 \quad 12}$

$\quad 3 \quad\; 4$

└─ 1 이외의 공약수가 없을 때까지 나눗셈을 계속합니다.

$2 \times 3 = 6$ ➔ 18과 24의 최대공약수

(2) 12와 30의 최소공배수 구하기

$2\,)\,\underline{12 \quad 30}$

$3\,)\,\underline{\;6 \quad 15}$

$\quad 2 \quad\; 5$

$2 \times 3 \times 2 \times 5 = 60$ ➔ 12와 30의 최소공배수

> **선행 개념** [중1] 서로소
>
> • 서로소: 최대공약수가 1인 두 자연수
> ⟨예⟩ 5와 8은 최대공약수가 1이므로 서로소입니다.

026 | 수학 5-1

응용 7 동시에 시작하여 다시 만나는 경우 구하기

예 일정한 간격으로 출발하는 두 버스가 오전 8시에 동시에 출발한 후 다음번에 동시에 출발하는 시각 구하기

버스	㉮	㉯
배차 간격	10분	15분

① 두 버스가 다음번에 동시에 출발할 때까지 걸리는 시간은 배차 간격인 10과 15의 최소공배수입니다.

$$5\underline{)\,10 \quad 15}$$
$$\quad\ 2 \quad\ 3 \;\;\rightarrow\; 최소공배수: 5\times2\times3=30$$

② (다음번에 동시에 출발하는 시각)
  =(처음 동시에 출발한 시각)
   +(㉮와 ㉯의 배차 간격의 최소공배수)
  =오전 8시+30분=오전 8시 30분

응용 8 세 수의 최대공약수 구하기

예 사과 50개, 배 70개, 복숭아 35개를 학생들에게 똑같이 나누어 줄 때 최대 몇 명에게 나누어 줄 수 있는지 구하기

① 최대한 많은 학생들에게 나누어 주려면 학생 수는 50, 70, 35의 최대공약수입니다.

$$5\underline{)\,50 \quad 70 \quad 35}$$
$$\quad\ 10 \quad 14 \quad\ 7 \;\;\rightarrow\; 최대공약수: 5$$

② 최대 5명에게 똑같이 나누어 줄 수 있습니다.

응용 9 두 수의 곱 구하기

예 최대공약수가 6, 최소공배수가 120인 두 수 ㉮와 ㉯의 곱 구하기

① 최대공약수가 6, 최소공배수가 120이므로

$$6\underline{)\,㉮ \quad ㉯}$$
$$\quad\ ㉠ \quad ㉡ \;\;\rightarrow\; 최소공배수: 6\times㉠\times㉡=120$$

② ㉮=6×㉠, ㉯=6×㉡이므로
  ㉮×㉯=6×㉠×6×㉡
    =6×(㉠×6×㉡)=6×120=720
    └ (최대공약수)×(최소공배수)

---

1 약수를 모두 구해 보세요.

> 25의 약수

(   )

2 배수를 가장 작은 수부터 4개 써 보세요.

7의 배수 → □, □, □, □

3 두 수의 최대공약수와 최소공배수를 각각 구해 보세요.

> (20, 36)

최대공약수 (   )
최소공배수 (   )

4 도윤이는 4일마다, 채은이는 6일마다 수영장에 갑니다. 두 사람이 오늘 함께 수영장에 갔다면 다음번에 두 사람이 함께 수영장에 가는 날은 며칠 후인지 구해 보세요.

(   )

최대공약수를 이용하여 공약수 구하기

01 최대공약수를 이용하여 **두 수의 공약수는 모두 몇 개**인지 구해 보세요.

$$(54, 90)$$

(   )

▲번째의 배수 구하기

02 ㉠과 ㉡이 나타내는 수의 합을 구해 보세요.

㉠ 7의 배수 중에서 6번째로 작은 수
㉡ 11의 배수 중에서 3번째로 작은 수

(   )

◆레벨UP공략 **01**

◆ ■의 배수 중 ▲번째로 작은 수를 구하려면?

■의 배수

→ ■×1, ■×2, ■×3······ ■×▲ ······
첫 번째   두 번째   세 번째   ▲번째

약수의 합 구하기

💡창의융합

03 고대 그리스의 수학자인 피타고라스는 다음과 같은 수를 발견하고 이러한 수를 '완전수'라고 불렀습니다. 다음 |**보기**| 중에서 **완전수를 찾아 써 보세요.**

완전수는 자기 자신을 제외한 약수들의 합이 자기 자신이 되는 수입니다.
6의 약수: 1, 2, 3, 6 → 1+2+3=6

|보기|
51,   39,   28,   42

(   )

조건을 만족하는 수 구하기

04 주어진 **세 조건을 만족하는 수**를 모두 구해 보세요.

> • 6의 배수입니다.
> • 8의 배수입니다.
> • 70과 100 사이의 수입니다.

(   )

남김없이 똑같이 나누기

05 서윤이는 초콜릿 68개를 친구들에게 남김없이 똑같이 나누어 주려고 합니다. 5명보다 많은 친구들에게 나누어 준다면 초콜릿을 **나누어 줄 수 있는 방법은 모두 몇 가지**인지 구해 보세요.

(   )

◀레벨UP공략 **02**

◆ ■개의 물건을 남김없이 똑같이 나누는 방법의 수는?
(방법의 수)=(■의 약수의 개수)

배수 판정하기   ⦀ 서술형

06 다음 네 자리 수는 4의 배수입니다. ★**에 알맞은 수를 모두** 구하려고 합니다. 풀이 과정을 쓰고, 답을 구해 보세요.

> 17★6

풀이

_____

_____

_____

답 _____

나머지가 있을 때 어떤 수 구하기

07 어떤 수로 32를 나누면 나머지가 2이고, 27을 나누면 나머지가 3입니다. **어떤 수**를 구해 보세요.

(   )

직사각형을 똑같은 크기로 잘라 정사각형 만들기   ✎ 서술형

08 가로가 110 cm, 세로가 90 cm인 직사각형 모양의 종이를 남김없이 똑같은 크기로 잘라 될 수 있는 대로 큰 정사각형을 여러 개 만들었습니다. **만든 정사각형의 한 변의 길이는 몇 cm**인지 풀이 과정을 쓰고, 답을 구해 보세요.

풀이

_____

_____

_____

답 _____

◈ 레벨UP공략 **03**

◇ 가로가 ■, 세로가 ▲인 직사각형을 정사각형으로 남는 부분 없이 나누려면?

■와 ▲를 똑같은 수로 나누어야 하므로
(정사각형의 한 변의 길이)
=(■와 ▲의 공약수)

조건에 맞는 배수 구하기   💡 창의융합

09 다음은 세계에서 유명한 건축물의 높이를 나타낸 것입니다. 높이가 **3의 배수이면서 7의 배수인 건축물**을 찾아 이름을 써 보세요.

┌→영국 런던 엘리자베스 타워	┌→이집트 카이로 피라미드	┌→프랑스 파리 에펠탑
106 m	147 m	324 m

(   )

어떤 두 수로 나누었을 때 나머지가 같은 어떤 수 구하기

10 12로 나누어도 8이 남고 20으로 나누어도 8이 남는 어떤 수가 있습니다. 어떤 수가 될 수 있는 수 중에서 **가장 작은 세 자리 수**를 구해 보세요.

( )

레벨UP공략 ④

◇ ■와 ▲로 나누었을 때 나머지가 같은 어떤 수를 구하려면?

(어떤 수)÷■=몫…●
(어떤 수)÷▲=몫…●

→ (어떤 수)−●를 ■와 ▲로 나누면 나누어떨어집니다.

→ (어떤 수)−●는 ■와 ▲의 공배수

→ 어떤 수는 ■와 ▲의 공배수보다 ● 큰 수

2
단원

동시에 출발하여 다시 만나는 시간 구하기

11 어느 버스 터미널에서 가 버스와 나 버스가 출발 시간표에 따라 일정한 간격으로 출발합니다. 오전 6시에 이 버스 터미널에서 두 버스가 동시에 출발하였다면 **다음번에 동시에 출발하는 시각은 오전 몇 시 몇 분**인지 구해 보세요.

	1회	2회	3회	……
가	오전 06:00	오전 06:21	오전 06:42	……
나	오전 06:00	오전 06:24	오전 06:48	……

( )

레벨UP공략 ⑤

◇ 문제에 다음과 같은 표현이 있을 때 구해야 하는 것은?

가장 많은 / 가능한 많은 / 가능한 큰 / 최대한	최대공약수
가장 적은 / 가능한 적은 / 가능한 작은 / 최소한 / 동시에 / 처음으로 다시 만나는	최소공배수

최대공약수, 최소공배수를 이용하여 어떤 수 구하기

12 72와 어떤 수의 최대공약수는 12이고 최소공배수는 360입니다. **어떤 수**를 구해 보세요.

12) 72 (어떤 수)
      6   ㉠

( )

약수와 배수의 관계 알아보기

13 왼쪽 수는 오른쪽 수의 약수입니다. ㉠, ㉡이 두 자리 수일 때 ㉠과 ㉡의 차가 가장 큰 경우의 두 수의 차를 구해 보세요.

| 14 | ㉠ | | 31 | ㉡ |

( )

두 수의 배수인 수 구하기

14 100부터 300까지의 자연수 중에서 **3의 배수이면서 8의 배수인 수는 모두 몇 개**인지 구해 보세요.

( )

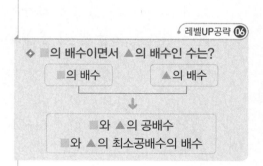

레벨UP공략 **06**

◆ ■의 배수이면서 ▲의 배수인 수는?

| ■의 배수 | ▲의 배수 |

↓

■와 ▲의 공배수
■와 ▲의 최소공배수의 배수

수 카드로 조건에 맞는 배수 만들기

15 다음 5장의 수 카드 중에서 3장을 뽑아 세 자리 수를 만들려고 합니다. **만들 수 있는 9의 배수는 모두 몇 개**인지 구해 보세요.

| 1 | 2 | 5 | 6 | 7 |

( )

두 수의 최대공약수와 최소공배수를 알 때 두 수 구하기   _서술형_

16 최대공약수가 **12**이고 최소공배수가 **168**인 두 수를 구하려고 합니다. 풀이 과정을 쓰고, 답을 구해 보세요. (단, 두 수는 모두 두 자리 수입니다.)

풀이

답

세 수의 최대공약수 구하기

17 빨간 공 96개, 노란 공 54개, 파란 공 36개를 상자 여러 개에 같은 색깔은 같은 개수만큼씩 남김없이 똑같이 나누어 담으려고 합니다. 상자 수를 가능한 많게 하여 공을 나누어 담으려면 **한 상자에 담는 공은 몇 개**인지 구해 보세요.

(   )

레벨UP공략 07

◈ 세 수의 최대공약수를 구하는 방법은?

방법1 공약수로 각 수를 나눕니다.

2) 12   24   30
3) 6   12   15
    2   4   5

(최대공약수)$=2\times3=6$

방법2 세 수를 약수가 1과 자기 자신인 수들의 곱셈식으로 나타낸 후 공통으로 들어 있는 수들을 찾아 곱합니다.

$12=2\times2\times3$
$24=2\times2\times2\times3$
$30=2\times3\times5$

(최대공약수)$=2\times3=6$

일정한 간격으로 놓기   _new 신유형_

18 길이가 480 m인 도로의 한쪽에 8 m 간격으로 가로수를 세우고, 30 m 간격으로 가로등을 세우려고 합니다. 가로수와 가로등이 겹치는 부분에는 가로등만 세우고 도로의 처음과 끝에는 가로등만 세웁니다. **필요한 가로수는 모두 몇 그루**인지 구해 보세요. (단, 가로등은 처음부터 세우고, 가로수와 가로등의 두께는 생각하지 않습니다.)

(   )

레벨UP공략법을 활용한 고난도 문제를 풀어 최상위에 도전합니다.

01 **약수의 수가 가장 많은 수**는 어느 것인지 구해 보세요.

16	20	35	43

( )

02 두 수의 **최소공배수가 가장 큰 것**을 찾아 기호를 써 보세요.

㉠ (12, 32)   ㉡ (25, 15)   ㉢ (14, 21)

( )

03 주어진 **두 조건을 만족하는 수 ●의 값**을 구해 보세요.

- ●는 28의 약수입니다.
- ●의 약수를 모두 더하면 24입니다.

( )

| 해결 순서 |

❶ 28의 약수 구하기

❷ 위 ❶에서 약수를 모두 더하면 24가 되는 수 구하기

04 올해 12살인 도균이는 삼촌과 띠가 서로 같습니다. 띠는 태어난 해를 상징하는 동물의 이름으로 모두 12가지가 있고, 12년마다 같은 띠가 되풀이됩니다. 삼촌의 연세가 40살인 아버지보다 많고, 50살인 이모보다 적다면 **삼촌의 연세는 몇 살**인지 구해 보세요.

( )

| 해결 순서 |
❶ 삼촌의 연세가 될 수 있는 수 구하기
❷ 삼촌의 연세 구하기

✍ 서술형

05 15와 40의 공배수 중에서 **500에 가장 가까운 수**는 얼마인지 풀이 과정을 쓰고, 답을 구해 보세요.

풀이

답

💡 창의융합

06 행성이 태양의 둘레를 주기적으로 도는 것을 공전이라고 합니다. 지구의 공전 주기를 1년이라 할 때 목성과 토성의 공전 주기는 다음과 같습니다. 어느 날 태양, 목성, 토성이 일직선을 이루었다면 **다음 번에 다시 같은 순서로 일직선을 이루는 날은 며칠 후**인지 구해 보세요. (단, 1년은 365일입니다.)

《031쪽 11번 레벨UP공략

행성	목성	토성
공전 주기	12년	30년

( )

07 다음 계산 결과는 3의 배수입니다. □ **안에 들어갈 수 있는 두 자리 수는 모두 몇 개**인지 구해 보세요.

$$510 + \square$$

(   )

08 오른쪽과 같이 가로가 12 cm, 세로가 16 cm인 직사각형 모양의 색종이를 겹치지 않게 이어 붙여서 가장 작은 정사각형을 만들려고 합니다. **필요한 색종이는 모두 몇 장**인지 구해 보세요.

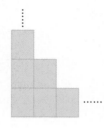

(   )

| 해결 순서 |
❶ 만드는 정사각형의 한 변의 길이 구하기
❷ 필요한 색종이의 수 구하기

≪≪ 서술형

09 서로 맞물려 도는 두 톱니바퀴 ㉮와 ㉯가 있습니다. ㉮의 톱니 수는 24개, ㉯의 톱니 수는 42개입니다. 처음 맞물렸던 톱니가 다시 같은 자리에서 만나려면 **톱니바퀴 ㉮는 최소한 몇 바퀴를 돌아야 하는지** 풀이 과정을 쓰고, 답을 구해 보세요.

≪031쪽 11번   레벨UP공략

풀이

답

10
[★]는 ★의 모든 약수의 곱이라고 할 때 21부터 30까지의 수 중에서 **다음을 만족하는 수는 모두 몇 개**인지 구해 보세요.

$$[★]=★$$

(   )

| 해결 순서 |
❶ [★]=★인 경우 알아보기
❷ 위 **❶**의 경우를 만족하는 수의 개수 구하기

11 1부터 400까지의 자연수 중에서 **5의 배수도 아니고 6의 배수도 아닌 수는 모두 몇 개**인지 구해 보세요.

(   )

《032쪽 14번》 레벨UP공략

2
단원

12 ♀ 창의융합
육십갑자는 십간과 십이지를 결합하여 나타내는 방식으로 '십간'은 10년에 한 번씩, '십이지'는 12년에 한 번씩 돌아옵니다. 병인양요가 일어난 1866년은 병인년입니다. **1866년 후 처음으로 병인년이 되는 해는 몇 년도**인지 구해 보세요.

십간	갑	을	병	정	무	기	경	신	임	계	
십이지	자	축	인	묘	진	사	오	미	신	유	술	해

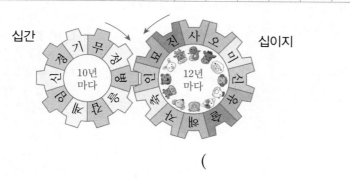

(   )

잠깐!

병인양요는 어떤 사건인지 알아볼까요?
1866년에 흥선대원군이 천주교를 금지하고 선교사를 체포한 일이 있었습니다.
이를 문제삼아 프랑스 함대가 강화도에 침입한 사건을 병인양요라고 합니다.

new 신유형

13 다음은 선생님께서 내 주신 숙제입니다. **현수가 답해야 하는 수는** 얼마인지 구해 보세요.

> 어떤 수를 14로 나누면 11이 남고, 6으로 나누면 3이 남고, 4로 나누면 1이 남습니다. 어떤 수가 될 수 있는 수 중에서 300에 가장 가까운 수를 구해 보세요.

( )

┃ 해결 순서 ┃
❶ 나머지와 나누는 수의 관계 알아보기
❷ 어떤 수가 될 수 있는 수 구하기
❸ 위 ❷에서 300에 가장 가까운 수 구하기

14 어떤 두 수의 곱은 3600이고, 두 수의 최소공배수는 240입니다. 이 **두 수의 공약수들의 합**을 구해 보세요.

( )

15 다음 다섯 자리 수는 2의 배수이면서 9의 배수입니다. **다섯 자리 수가 될 수 있는 수 중에서 가장 작은 수를 구해 보세요.**

5⊙89ⓛ

( )

┃ 해결 순서 ┃
❶ 2의 배수가 되는 경우 알아보기
❷ 위 ❶의 경우 중에서 9의 배수가 되는 경우 알아보기
❸ 위 ❶과 ❷를 만족하는 다섯 자리 수가 될 수 있는 수 중에서 가장 작은 수 구하기

STEP **3** 최상위 도전하기

경시 수준의 **최상위 문제**에 도전하여 사고력을 키웁니다.

정답 및 풀이 > 13쪽

1 2부터 40까지의 수가 적힌 수 카드가 있습니다. 처음에 2의 배수인 수 카드를 모두 꺼낸 후 다음으로 3의 배수, 4의 배수, 5의 배수……의 순서로 모두 꺼낸다면 **마지막에 꺼내는 수 카드에 적힌 수**는 무엇인지 구해 보세요.

(　　　　　　　　　　)

창의융합

2 빨간 전구는 4초 동안 켜졌다가 2초 동안 꺼지고 파란 전구는 3초 동안 켜졌다가 5초 동안 꺼지기를 반복합니다. 오후 5시에 두 전구가 동시에 켜졌다면 오후 5시부터 오후 6시까지 **두 전구가 함께 켜져 있는 시간의 합은 몇 분**인지 구해 보세요.

(　　　　　　　　　　)

3 진석이가 가지고 있는 사탕과 초콜릿을 포장하려고 합니다. 한 개에 500원인 사탕 105개와 한 개에 700원인 초콜릿 45개를 똑같이 나누어 최대한 많은 묶음으로 포장하려고 합니다. **한 묶음의 가격은 얼마**인지 구해 보세요.

(　　　　　　　　　　)

4 세 변의 길이가 각각 54 m, 84 m, 72 m인 삼각형 모양의 잔디밭이 있습니다. 이 잔디밭의 둘레에 일정한 간격으로 나무를 심으려고 합니다. 세 꼭짓점에는 반드시 나무를 심고, 나무는 가능한 한 적게 심으려고 합니다. **필요한 나무는 모두 몇 그루**인지 구해 보세요. (단, 나무의 두께는 생각하지 않습니다.)

세 꼭짓점에도 반드시 나무를 심으므로 필요한 나무의 수를 구할 때 각 변에 심는 나무의 수에서 중복되는 나무의 수는 빼야 합니다.

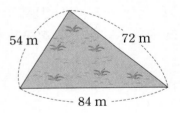

54 m　　72 m

84 m

(　　　　　　　　　　)

5 영우네 학교 체험 학습에 참여하는 학생이 200명보다 많고 300명보다 적습니다. 체험 학습에 참여하는 학생들을 각 모둠의 학생 수가 똑같이 되도록 배정하려고 합니다. 한 모둠에 학생 수를 6명, 8명, 10명의 어느 인원으로 배정해도 항상 3명이 남는다면 **체험 학습에 참여하는 학생은 모두 몇 명**인지 구해 보세요.

(   )

1% 도전

6 어떤 장난감 자동차에 톱니가 각각 45개, 27개, 36개인 세 톱니바퀴 ㉮, ㉯, ㉰가 서로 맞물려 돌아가고 있습니다. 톱니바퀴 ㉯가 한 바퀴 회전하면 장난감 자동차는 10 cm를 움직인다고 합니다. 세 톱니바퀴가 회전하기 시작하여 처음으로 다시 같은 톱니에서 맞물릴 때까지 **장난감 자동차가 움직인 거리는 몇 cm**인지 구해 보세요.

(   )

01 100부터 150까지의 수 중에서 13의 배수는 모두 몇 개인지 구해 보세요.

( )

02 왼쪽 수가 오른쪽 수의 배수일 때 ☐ 안에 들어갈 수 있는 수를 모두 구해 보세요.

(63, ☐)

( )

03 우리나라 산의 높이를 나타낸 것입니다. 높이가 9의 배수인 산을 찾아 써 보세요.

소백산	설악산	지리산

1440 m	1708 m	1915 m

( )

04 주어진 두 조건을 만족하는 수를 구해 보세요.

- 이 수는 42의 약수입니다.
- 이 수의 약수를 모두 더하면 32입니다.

( )

05 다음 네 자리 수는 6의 배수입니다. ☐ 안에 들어갈 수 있는 수를 구해 보세요.

419☐

( )

06 가로가 60 cm, 세로가 80 cm인 직사각형 모양의 종이를 남김없이 똑같은 크기로 잘라 될 수 있는 대로 큰 정사각형을 여러 개 만들려고 합니다. 정사각형을 모두 몇 개 만들 수 있는지 구해 보세요.

( )

07 어떤 수를 15로 나누어도, 27로 나누어도 나머지가 모두 9입니다. 어떤 수가 될 수 있는 수 중에서 가장 작은 수를 구해 보세요.

(   )

08 최대공약수가 6이고 최소공배수가 84인 두 수가 있습니다. 두 수 중 한 수가 12일 때 다른 한 수는 얼마인지 구해 보세요.

(   )

09 서로 맞물려 도는 톱니바퀴 ㉮와 ㉯가 있습니다. ㉮의 톱니 수는 36개, ㉯의 톱니 수는 45개입니다. 처음 맞물렸던 톱니가 다시 같은 자리에서 만나려면 톱니바퀴 ㉮는 최소한 몇 바퀴를 돌아야 하는지 구해 보세요.

(   )

10 [★]는 ★의 모든 약수의 곱이라고 할 때 50부터 60까지의 수 중에서 다음을 만족하는 수는 모두 몇 개인지 구해 보세요.

$$[★]=★$$

(   )

최상위

11 다음 다섯 자리 수는 3의 배수이면서 5의 배수입니다. 다섯 자리 수가 될 수 있는 수 중에서 가장 작은 수를 구해 보세요.

$$73㉠2㉡$$

(   )

최상위

12 민기네 학교 가을 운동회에 참여하는 학생이 150명보다 많고 200명보다 적습니다. 운동회에 참여하는 학생들을 각 모둠의 학생 수가 똑같이 되도록 배정하려고 합니다. 한 모둠에 학생 수를 3명, 4명, 5명의 어느 인원으로 배정해도 항상 2명이 남는다고 합니다. 운동회에 참여하는 학생은 모두 몇 명인지 구해 보세요.

(   )

오리무중

五里霧中

다섯 **오**   마을 **리**   안개 **무**   가운데 **중**

바로 뜻 5리의 거리가 모두 안개 속에 덮여 있다는 뜻.

깊은 뜻 어떤 일에 대하여 방향이나 상황을 알 길이 없다는 말이에요.

후한 때 **장해**라는 선비는 학문이 뛰어나 임금이 **벼슬**을 내리려 하였어요.

하지만 장해는 정직하지 못한 사람들과 가까이 지내는 것이 싫었어요. 그래서 병을 **핑계** 삼아 벼슬길에 오르지 않았지요.

또한 장해는 **학문**뿐만 아니라 **도술**도 뛰어나 안개를 5리까지 뒤덮이게 만드는 **재주**를 가지고 있었어요.

안개를 3리까지 만들 수 있는 재주를 가진 **배우**라는 사람은 장해를 **스승**으로 삼고 싶었지만 장해는 안개를 5리까지 만들어 이 사람을 피해 몸을 숨기고 만나 주지 않았어요.

이와 같이 깊은 **안개** 속에서 앞을 가리지 못하고 길을 찾기 어려운 **상황**을

☐ ☐ ☐ ☐ 이라고 한답니다.

잠깐! Quiz

Q ☐☐☐☐에 들어갈 말은?

A 위의 글을 읽고 파란색 글자들을 아래에서 모두 찾아 /표로 지웁니다.

장		안	개	배	우
해			재	주	
상	오	리	무	중	
황	벼			도	술
	슬	학	문	스	
핑	계			승	

3

규칙과 대응

개념 넓히기

1 두 양 사이의 관계

예 만두를 한 접시에 7개씩 담았을 때 만두 접시 수와 만두 수 사이의 대응 관계 알아보기

① 표를 이용하여 알아보기

접시 수(접시)	1	2	3	……
만두 수(개)	7	14	21	……

×7   ÷7

② 대응 관계 알아보기

말로 나타내기	식으로 나타내기
만두 수는 접시 수의 **7배** 입니다.	(만두 수)＝(접시 수)×7
접시 수는 만두 수를 **7로** 나눈 몫입니다.	(접시 수)＝(만두 수)÷7

③ 기호를 사용하여 식으로 나타내기

접시 수를 □, 만두 수를 △라 하면

□×7＝△, △÷7＝□입니다.

중요 두 양 사이의 대응 관계를 식으로 간단하게 나타낼 때는 각 양을 ○, □, △, ☆ 등과 같은 기호로 표현할 수 있습니다.

응용 2 쌓은 모양에서 대응 관계 알아보기

예 나무 막대로 규칙적인 배열을 만들 때 배열 순서와 나무 막대의 수 사이의 대응 관계 알아보기

① 나무 막대를 쌓는 규칙 찾기

배열 순서	1	2	3	……
나무 막대의 수(개)	2	4	6	……

×2

② 배열 순서와 나무 막대의 수 사이의 대응 관계 알아보기

➡ 나무 막대의 수는 배열 순서의 2배입니다.

3 규칙적인 배열에서 대응 관계 알아보기

예 분홍색 사각형과 파란색 사각형으로 규칙적인 배열을 만들 때, 분홍색 사각형과 파란색 사각형의 수 사이의 대응 관계 알아보기

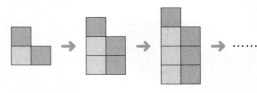

① 표를 이용하여 알아보기

분홍색 사각형의 수(개)	1	2	3	……
파란색 사각형의 수(개)	2	3	4	……

+1   -1

② 대응 관계 알아보기

말로 나타내기	식으로 나타내기
파란색 사각형의 수는 분홍색 사각형의 수보다 1개 많습니다.	(파란색 사각형의 수)＝(분홍색 사각형의 수)＋1
분홍색 사각형의 수는 파란색 사각형의 수보다 1개 적습니다.	(분홍색 사각형의 수)＝(파란색 사각형의 수)－1

③ 기호를 사용하여 식으로 나타내기

파란색 사각형의 수를 □, 분홍색 사각형의 수를 △라 하면 □＝△＋1, △＝□－1입니다.

중요 두 양 사이의 관계를 식으로 나타내기(단, □가 △보다 큽니다.)

□와 △의 합이 일정할 때	□와 △의 차가 일정할 때
□＋△＝●	□－△＝●
□와 △의 곱이 일정할 때	□를 △로 나눈 몫이 일정할 때
□×△＝●	□÷△＝●

선행 개념 [중1] 정비례

• **정비례**: 두 변수 x, y에 대하여 x의 값이 2배, 3배, 4배…… 로 변함에 따라 y의 값도 2배, 3배, 4배……로 변하는 관계가 있을 때, y는 x에 **정비례**한다고 합니다.

예

여러 가지로 변하는 양

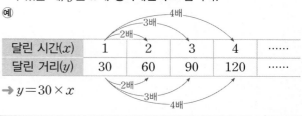

달린 시간(x)	1	2	3	4	……
달린 거리(y)	30	60	90	120	……

➡ $y＝30×x$

4 대응 관계에서 알맞은 수 구하기

예 우유 묶음 수를 □, 우유의 수를 △라 할 때 우유를 21개 사려면 몇 묶음을 사야 하는지 구하기

우유 묶음 수(묶음)	1	2	3	4
우유의 수(개)	3	6	9	12

×3 ↗ ÷3

① □와 △ 사이의 대응 관계를 식으로 나타내기

   □×3=△, △÷3=□

② △가 21일 때 □의 값 구하기

   □×3=21, □=21÷3=7

   ➡ □=7이므로 우유를 7묶음 사면 됩니다.

선행 개념 [중2] 함수

• 함수: 한 양이 변함에 따라 다른 양이 하나씩 정해지는 두 양 사이의 대응 관계

➡ y가 x의 함수일 때, 기호로 $y=f(x)$와 같이 나타냅니다.

예 $y=4×x$

x	1	2	3	……
y	4	8	12	……

2배 3배
2배 3배

예 $y=x+3$

x	1	2	3	……
y	4	5	6	……

5 세 양 사이의 대응 관계

예 □, △, ○ 사이의 대응 관계를 식으로 나타내기

□	1	2	3	4	5
△	2	4	6	8	10
○	3	5	7	9	11

① □와 △ 사이의 대응 관계 구하기

   식 □×2=△

② △와 ○ 사이의 대응 관계 구하기

   식 △+1=○

③ □와 ○ 사이의 대응 관계 구하기

   식 □×2+1=○

---

1 표를 보고 오리의 수와 오리 다리의 수 사이의 대응 관계를 써 보세요.

오리의 수(마리)	1	2	3	4
오리 다리의 수(개)	2	4	6	8

( )

[2~4] 어느 호두과자 가게에서 호두과자를 한 봉지에 9개씩 담아 팔고 있습니다. 호두과자 봉지 수와 호두과자 수 사이에는 어떤 대응 관계가 있는지 물음에 답하세요.

2 호두과자 봉지 수와 호두과자 수 사이의 대응 관계를 표로 나타내어 보세요.

호두과자 봉지 수(봉지)	1	2	3	4
호두과자 수(개)	9			36

3 호두과자 봉지 수를 □, 호두과자 수를 △라 할 때 두 양 사이의 대응 관계를 식으로 나타내어 보세요.

식 _____

4 수영이가 이 가게에서 호두과자 63개를 사려면 호두과자를 몇 봉지 사야 하는지 구해 보세요.

( )

3 단원

두 양 사이의 대응 관계
01 □와 △ 사이의 대응 관계를 나타낸 표입니다. ㉠과 ㉡에 알맞은 수의 합을 구해 보세요.

□	2	4	㉠	7	10
△	8	16	20	28	㉡

(   )

두 양 사이의 대응 관계에서 ■째 수 구하기   📝 서술형
02 □와 ◎ 사이의 대응 관계를 나타낸 표입니다. □가 **72**일 때 ◎의 값을 구하려고 합니다. 풀이 과정을 쓰고, 답을 구해 보세요.

□	12	22	32	42	52
◎	16	26			56

풀이

답

규칙적인 배열에서 대응 관계인 두 양 알아보기
03 구슬을 이용하여 규칙적인 배열을 만들고 있습니다. **8**째에 놓이는 구슬은 **몇 개**인지 구해 보세요.

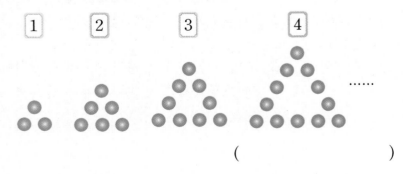

| 1 | 2 | 3 | 4 |

......

(   )

레벨UP공락 **01**

◆ 규칙적인 배열에서 두 양 사이의 대응 관계를 알아보려면?

배열 순서와 물건의 수 사이의 관계를 알아봅니다.

↓

대응 관계를 식으로 나타냅니다.

대응 관계 설명하기

04 표를 보고 ○, △, ♡ 사이의 대응 관계를 잘못 설명한 것을 찾아 기호를 써 보세요.

○	1	2	3	4	5
△	3	6	9	12	15
♡	2	5	8	11	14

> ㉠ △는 ○의 3배입니다.
>
> ㉡ ♡는 △보다 1 작습니다.
>
> ㉢ ♡는 ○의 3배보다 1 큽니다.

(   )

[05~06] 공책의 수와 공책 가격 사이의 대응 관계를 나타낸 표입니다. 물음에 답하세요.

대응 관계에서 ■째 수 구하기

05 **16500원으로 살 수 있는 공책은 몇 권**인가요?

공책의 수(권)	1	2	3	4
공책의 가격(원)	1500	3000		

(   )

수가 변할 때 두 수 사이의 대응 관계 알아보기

06 공책의 수를 □, 공책의 가격을 △라 할 때 공책 한 권의 가격이 100원씩 더 오른다면 **공책의 수와 공책의 가격 사이의 대응 관계는 어떻게 변할지** 식을 써 보세요.

식

◖레벨UP공략 ⑫

◇ 두 수의 합, 차, 곱, 몫이 일정하지 않을 때 두 수 사이의 대응 관계를 식으로 나타 내려면?

＋, －, ×, ÷를 2개 이상 사용한 혼합 계산식으로 나타냅니다.

◖레벨UP공략 ⑬

◇ 두 양 사이의 대응 관계를 알아보려면?

두 양 사이의 대응 관계를 표로 나타냅니다.

↓

한 양이 일정하게 늘어나거나 줄어들 때 다른 양의 변화를 찾아 두 양 사이의 대응 관계를 알아봅니다.

3 단원

두 도시의 시각 사이의 대응 관계　　　　　　　　　　　　♀ 창의융합

07 세계의 시각은 그리니치 천문대를 기준으로 달라집니다. 서울의 시각과 밴쿠버의 시각 사이의 대응 관계를 나타낸 표입니다. 서울이 12월 25일 오전 9시일 때 **밴쿠버는 몇 월 며칠 몇 시**인지 구해 보세요.

서울(대한민국)

밴쿠버(캐나다)

서울	12월 24일 오후 7시	12월 24일 오후 8시	12월 24일 오후 9시	12월 24일 오후 10시
밴쿠버	12월 24일 오전 2시	12월 24일 오전 3시	12월 24일 오전 4시	12월 24일 오전 5시

(　　　　　　　　　　　　)

색 테이프를 자르는 데 걸리는 시간 구하기　　　　　　　Ⅲ 서술형

08 영미는 색 테이프를 한 번 자르는 데 7초가 걸립니다. 영미가 색 테이프를 쉬지 않고 **30도막으로 자르는 데 걸리는 시간은 모두 몇 초**인지 풀이 과정을 쓰고, 답을 구해 보세요.

풀이

_____

_____

_____

　　　　　　　　　　답

　　　　　　　　　　　　　　　레벨UP공략 ❹

◈ 색 테이프를 자르는 데 걸리는 시간을 구하려면?
　(색 테이프를 자르는 데 걸리는 시간)
　=(한 번 자르는 데 걸리는 시간)
　　×(자른 횟수)

쌓은 모양에서 규칙 찾기

09 쌓기나무를 다음과 같은 규칙으로 쌓고, 쌓은 순서에 따라 수 카드를 놓았습니다. **9층까지 쌓는 데 필요한 쌓기나무는 몇 개**인지 구해 보세요. (단, 보이지 않는 쌓기나무는 없습니다.)

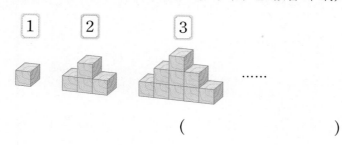

( )

대응 관계 알아맞히기

10 주호와 아라가 대응 관계 알아맞히기 놀이를 하고 있습니다. 주호가 20 이라고 말하면 아라가 4 라고 답하고, 주호가 36 이라고 말하면 아라가 8 이라고 답합니다. 또 주호가 44 라고 말하면 아라는 10 이라고 말합니다. 주호가 100 이라고 말하면 **아라는 어떤 수를 답해야 하는지** 구해 보세요.

( )

늘어놓은 모양에서 규칙 찾기

11 한쪽 면에 의자를 2개씩 놓을 수 있는 식탁을 그림과 같이 한 줄로 길게 이어 붙이려고 합니다. **식탁 8개를 한 줄로 이어 붙일 때 놓을 수 있는 의자는 모두 몇 개**인지 구해 보세요.

레벨UP공략 **05**

◆ 늘어놓은 모양에서 두 수 사이의 규칙을 찾으려면?
변하는 부분과 변하지 않는 부분을 생각하여 식탁의 수에 따라 의자의 수가 어떻게 변하는지 알아봅니다.

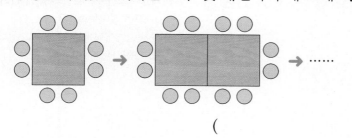

( )

두 사람이 만나는 시간 구하기

12 수정이가 학교를 떠난 지 3분 후에 민현이가 뒤따라갔습니다. 수정이는 1분에 40 m씩 걸어가고, 민현이는 1분에 70 m씩 뛰어갔습니다. **민현이는 출발한 지 몇 분 만에 수정이를 만날 수 있는지** 구해 보세요.

(   )

물건을 팔고 남는 이익 구하기   ⫸ 서술형

13 어느 마트에서 1500원짜리 음료수 한 병을 팔 때마다 음료수 값의 $\frac{1}{6}$이 이익으로 남는다고 합니다. 팔린 음료수의 수를 □, 남는 이익을 △라 할 때 **□와 △ 사이의 대응 관계를 식으로 나타내고**, 남는 이익이 17500원일 때 **팔린 음료수는 몇 병**인지 풀이 과정을 쓰고, 답을 구해 보세요.

풀이

_____

_____

답 _____ , _____

조각의 수와 도형의 둘레 사이의 대응 관계

14 정삼각형 조각으로 규칙적인 배열을 만들고 있습니다. 정삼각형 조각을 13개 이어 붙인 **도형의 둘레는 몇 cm**인지 구해 보세요.

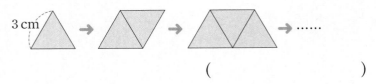

(   )

⫸ 레벨UP공략 **06**

◆ 조각의 수와 도형의 둘레 사이의 대응 관계를 알아보려면?
도형이 1개씩 늘어날 때마다 둘레는 몇 cm씩 늘어나는지 구합니다.

15

온도의 변화

🔎 창의융합

다음은 온도가 30 ℃인 물의 온도 변화를 관찰하여 나타낸 표입니다. 1분마다 온도가 일정하게 증가했다고 할 때 **물의 온도가 90 ℃일 때 가열 시간은 몇 분**인지 구해 보세요.

┗• 어떤 물질에 열을 가하는 것

가열 시간(분)	1	2	3	4
물의 온도(℃)	36	42	48	54

(   )

16

연도와 나이 사이의 대응 관계

new 신유형

1988년에 우리나라에서 제24회 서울 올림픽이 개최되었고, 이때 어머니의 나이는 12살이었습니다. 어머니가 30살일 때 하리가 태어났다면 **제29회 베이징 올림픽이 개최된 해에 하리의 나이는 몇 살**인지 구해 보세요. (단, 올림픽은 4년마다 열리고, 태어나는 해의 나이는 1살입니다.)

(   )

📘 레벨UP공략 **07**

◆ 연도와 나이 사이의 대응 관계를 알아보려면?

연도(년)	나이(살)
2019	12
2020	13
⋮	⋮

연도가 1년씩 늘어날 때마다 나이도 1살씩 많아집니다.

3
단원

17

수직선에서 대응 관계 알아보기

수직선 위에 수들이 다음과 같이 일정한 규칙으로 짝 지어 있습니다. ㉠과 ㉡에 알맞은 수의 합을 구해 보세요.

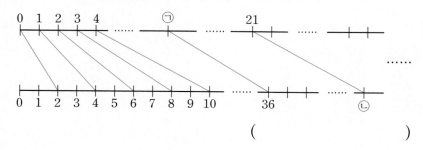

(   )

01 진규가 일정한 빠르기로 달리기를 한 시간과 소모된 열량 사이의 대응 관계를 나타낸 표입니다. 달리기를 한 시간을 □, 소모된 열량을 △라 할 때 **표를 완성하고, 대응 관계를 식으로 나타내어 보세요.**

《049쪽 05번 레벨UP공략

시간(분)		3	4	10	25		……
열량(kcal)	6	18			150	210	……

( )

02 어느 물건을 지구에서 잰 무게와 달에서 잰 무게를 나타낸 표입니다. 지구에서 잰 무게가 48 kg일 때 **지구에서 잰 무게와 달에서 잰 무게의 차는 몇 kg인지 구해 보세요.**

💡창의융합

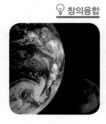

| 해결 순서 |
❶ 달에서 잰 무게 구하기
❷ 지구에서 잰 무게와 달에서 잰 무게의 차 구하기

지구에서 잰 무게(kg)	12	18	24	30
달에서 잰 무게(kg)	2	3	4	5

( )

03 사각형 조각으로 규칙적인 배열을 만들고 있습니다. **15째에 놓이는 사각형 조각은 몇 개인지 구해 보세요.**

《048쪽 03번 레벨UP공략

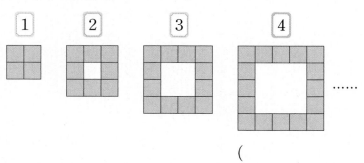

( )

04 어느 공연의 시작 시각과 끝난 시각을 나타낸 표입니다. **오후 7시 30분에 공연이 시작하면 끝나는 시각은 오후 몇 시 몇 분**인지 풀이 과정을 쓰고, 답을 구해 보세요.

시작 시각	끝난 시각
오전 9시 10분	오전 11시 50분
오후 1시 10분	오후 3시 50분
오후 4시 20분	오후 7시

풀이

답

05 모스부호는 점(•)과 선(–)을 이용하여 다음과 같은 규칙으로 만든 부호입니다. 모스부호 기호를 소리로 낼 때 점(•)은 "뚜", 선(–)은 점(•)의 3배 길이로 "뚜～～" 소리를 냅니다. 1을 모스부호의 소리로 내면 "뚜 뚜～～뚜～～뚜～～뚜～～"입니다. 서준이가 한 말을 보고 **서준이의 생일은 몇 월 며칠**인지 구해 보세요.

창의융합

모스부호 기호

숫자	모스부호	숫자	모스부호
0	–––––	5	••••
1	•––––	6	–••••
2	••–––	7	––•••
3	•••––	8	–––••
4	••••–	9	––––•

"내가 태어난 달은 뚜뚜뚜뚜～～뚜～～"이고, 태어난 날은 "뚜뚜뚜뚜뚜"야.

서준

(   )

| 해결 순서 |
❶ 서준이가 낸 소리를 모스부호로 나타내고, 모스부호에 맞는 숫자 찾기
❷ 서준이의 생일 구하기

3 단원

서술형

06 ★, ◆, ♠ 사이의 대응 관계를 나타낸 표입니다. **★과 ♠ 사이의 대응 관계를 식으로 나타내려고 합니다.** 풀이 과정을 쓰고, 답을 구해 보세요.

≪049쪽 04번 레벨UP공략

★	1	2	3	4	5
◆	5	10	15	20	25
♠	7	12	17	22	27

풀이

답

07 다음은 수를 일정한 규칙에 따라 짝 지은 것입니다. ㉠에 알맞은 **수를 구해 보세요.**

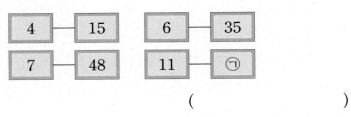

( )

08 성냥개비를 사용하여 다음과 같은 규칙으로 정육각형을 만들고 있습니다. **정육각형을 12개 만드는 데 필요한 성냥개비는 적어도 몇 개**인지 구해 보세요.

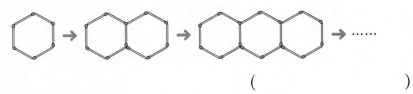

( )

| 해결 순서 |
❶ 배열 순서와 성냥개비의 수 사이의 대응 관계 알아보기
❷ 정육각형을 12개 만드는 데 필요한 성냥개비의 수 구하기

09 옛날 로마의 통치자 카이사르는 비밀 편지를 주고받을 때 암호를 만들어 사용했습니다. 다음은 암호문을 만드는 규칙과 규칙에 따라 만든 암호를 해독한 것입니다. 오른쪽 비밀 편지에 적힌 **암호문을 알파벳으로 풀면 어떤 단어가 되는지** 구해 보세요.

ORYH

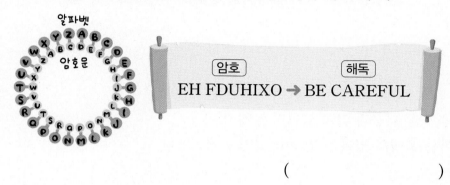

(   )

10 4분에 12 L의 따뜻한 물이 나오는 수도와 7분에 14 L의 찬물이 나오는 수도를 동시에 틀어 물통에 물을 받고 있습니다. 물통에 따뜻한 물을 18 L 받았을 때 **찬물은 몇 L 받았는지** 구해 보세요. (단, 수도에서 나오는 물의 양은 일정합니다.)

(   )

| 해결 순서 |
❶ 1분 동안 나오는 따뜻한 물과 찬물의 양 각각 구하기
❷ 따뜻한 물을 18 L 받았을 때 찬물은 몇 L 받았는지 구하기

11 끈을 다음과 같이 자르려고 합니다. **끈이 26도막으로 나누어지게 하려면 몇 번 잘라야 하는지** 구해 보세요.

≪051쪽 11번 레벨UP공략

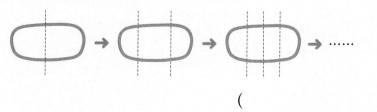

(   )

3
단원

12 다현이가 똑같은 도넛 6개를 만드는 데 밀가루 300 g이 필요하다고 합니다. **밀가루 5 kg으로는 도넛을 몇 개까지 만들 수 있는지** 구해 보세요. (단, 도넛은 한 번에 6개씩 만듭니다.)

(   )

13 한 변의 길이가 1 cm인 정사각형을 다음과 같이 겹치지 않게 이어 붙였습니다. **31째에 만들어지는 도형의 넓이는 몇 cm²인지** 구해 보세요.

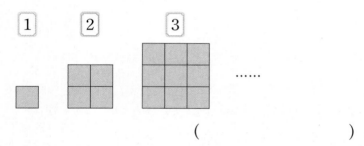

(   )

14 길이가 250 mm인 초의 연소 반응을 관찰하여 나타낸 표입니다. 초의 길이는 1분마다 일정하게 줄어듭니다. 남은 초의 길이가 166 mm일 때 **연소 시간은 몇 분인지** 구해 보세요.

┌─ 물질이 빛과 열을 내면서 타는 현상

연소 시간(분)	1	2	3	4	5	……
남은 초의 길이(mm)	247	244	241	238	235	……

(   )

| 해결 순서 |
❶ 1분마다 줄어드는 초의 길이 구하기
❷ 남은 초의 길이가 166 mm일 때 연소 시간 구하기

1 태민이는 암호를 만들었습니다. 한글 자음은 알파벳을 A부터 순서대로 연결하고, 한글 모음은 숫자를 1부터 순서대로 연결하였습니다. 다음 **편지의 암호**를 풀어 보세요.

암호	A	B	C	D	E	F	G	H	I				
자음	ㄱ	ㄴ	ㄷ	ㄹ	ㅁ	ㅂ	ㅅ	ㅇ	ㅈ	ㅊ	ㅋ	ㅌ	ㅍ	ㅎ

암호	1	2	3	4	5					
모음	ㅏ	ㅑ	ㅓ	ㅕ	ㅗ	ㅛ	ㅜ	ㅠ	ㅡ	ㅣ

H8E4HN1B   A1G7

( )

2 다음과 같이 만나는 점의 수가 최대가 되도록 직선을 그었습니다. 직선을 12개 그었을 때 **만나는 점은 모두 몇 개**인지 구해 보세요.

> 직선이 1개씩 늘어날 때 만나는 점은 몇 개씩 늘어나는지 구합니다.

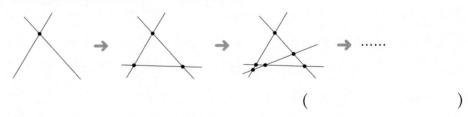

( )

3 흰색 바둑돌과 검은색 바둑돌을 |**보기**|와 같이 늘어놓았습니다. □째에 놓이는 바둑돌이 모두 239개라면 □**째에 놓이는 흰색 바둑돌은 몇 개**인지 구해 보세요.

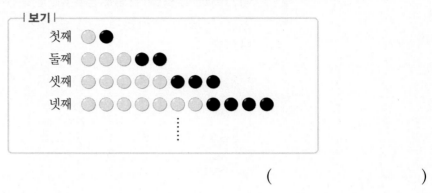

( )

🔍 창의융합

4 다음과 같이 암컷, 수컷 한 쌍의 햄스터를 시작으로 두 번째 달부터 각 쌍이 매달 햄스터를 한 쌍씩 낳는다면 **8개월 동안 햄스터는 모두 몇 마리**가 되는지 구해 보세요.

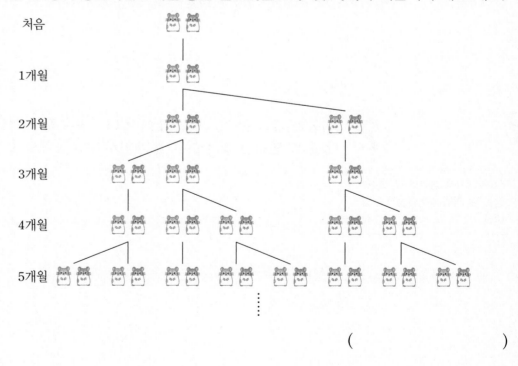

( )

5 정오각형 모양의 색종이를 다음과 같은 규칙으로 잘라서 꽃 모양을 만들려고 합니다. **여섯째에 놓이는 꽃 모양에서 보라색 정오각형은 몇 개인지 구해 보세요.**

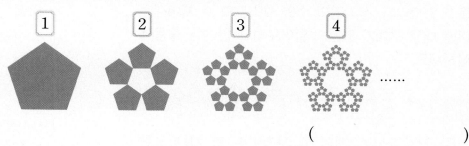

(   )

3
단원

**1%
도전**

6 한 변의 길이가 4 cm인 정사각형 모양의 초록색 타일과 흰색 타일을 번갈아 가며 다음과 같은 규칙으로 반복하여 붙였습니다. 만든 큰 정사각형의 바깥쪽 네 변의 길이의 합이 224 cm일 때 **초록색 타일과 흰색 타일의 수의 차는 몇 개인지 구해 보세요.**

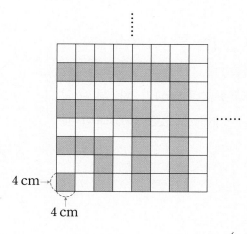

4 cm

4 cm

(   )

[01~02] 삼각판과 사각판으로 규칙적인 배열을 만들고 있습니다. 삼각판의 수와 사각판의 수 사이에는 어떤 대응 관계가 있는지 알아보려고 합니다. 물음에 답하세요.

01 삼각판이 32개일 때 사각판은 몇 개 필요한지 구해 보세요.

(   )

02 삼각판의 수와 사각판의 수 사이의 대응 관계를 써 보세요.

식 _____

03 일정한 빠르기로 2시간 동안 180 km를 달리는 기차가 있습니다. 기차가 달린 시간을 □(시간), 간 거리를 △(km)라 할 때 □와 △ 사이의 대응 관계를 식으로 나타내어 보세요.

식 _____

04 한 변의 길이가 2 cm인 정사각형의 수와 모든 변의 길이의 합 사이의 대응 관계를 나타낸 표입니다. 정사각형의 수와 모든 변의 길이의 합 사이의 대응 관계를 표로 나타내어 보세요.

정사각형의 수(개)	1	2	3	4	5
모든 변의 길이의 합(cm)					

[05~06] 11월 1일에 서울과 모스크바의 시각 사이의 대응 관계를 나타낸 표입니다. 물음에 답하세요.

서울의 시각	오후 5시	오후 6시	오후 7시	오후 8시
모스크바의 시각	오전 11시	낮 12시	오후 1시	오후 2시

05 서울의 시각을 ◇, 모스크바의 시각을 ▽라 할 때 ◇와 ▽사이의 대응 관계를 식으로 나타내어 보세요.

식 _____

06 모스크바가 11월 7일 오후 8시일 때 서울은 몇 월 며칠 몇 시인지 구해 보세요.

(   )

07 바둑돌로 규칙적인 배열을 만들고 있습니다. 일곱째에 놓이는 바둑돌은 몇 개인지 구해 보세요.

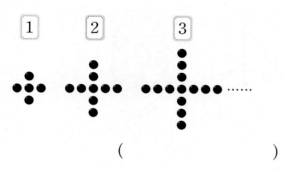

( )

08 철근을 자르려고 합니다. 철근을 한 번 자르는 데 3분이 걸린다면 쉬지 않고 25도막으로 자르는 데 걸리는 시간은 몇 분인지 구해 보세요.

( )

09 문구점에서 700원짜리 지우개를 한 개 팔 때마다 지우개 값의 $\frac{1}{5}$이 이익으로 남는다고 합니다. 지우개를 팔아 남는 이익이 8400원일 때 팔린 지우개는 몇 개인지 구해 보세요.

( )

10 정육각형 조각으로 규칙적인 배열을 만들고 있습니다. 정육각형 조각을 9개 이어 붙인 도형의 둘레는 몇 cm인지 구해 보세요.

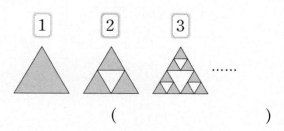

( )

최상위
11 일정한 빠르기로 타는 길이가 360 mm인 초를 관찰하여 나타낸 표입니다. 초의 길이는 1분마다 일정하게 줄어듭니다. 남은 초의 길이가 98 mm일 때 초가 타는 데 걸린 시간은 몇 시간 몇 분인지 구해 보세요.

시간(분)	1	2	3	4
남은 초의 길이(mm)	358	356	354	352

( )

최상위
12 정삼각형 모양의 색종이를 다음과 같은 규칙으로 자르려고 합니다. **일곱째에 놓이는 모양에서 초록색 정삼각형은 몇 개**인지 구해 보세요.

( )

각주구검

刻 舟 求 劍

새길 **각**   배 **주**   구할 **구**   칼 **검**

바로 뜻 배에 표시를 새겨 칼을 구한다는 뜻.
깊은 뜻 어리석고 미련하여 융통성이 없다는 말이에요.

어느 날 사람들이 강을 건너기 위해 각자 가져온 짐을 가지고 배에 올랐어요.

한 젊은이는 집안 대대로 내려오는 칼이라며 사람들에게 자랑을 하기 시작했어요.

그런데 파도가 크게 일어나 배가 출렁거렸어요.

젊은이는 중심을 잃고 쓰러져서 들고 있던 칼이 바다에 빠지자

주머니에서 칼을 꺼내 칼을 떨어뜨린 자리를 배에 표시하기 시작했어요.

이를 이상하게 여긴 노인이 이렇게 말했어요.

"이런 어리석은 사람이 있나! 배가 움직인 것은 생각도 하지 않고 여기에 표시를 해두다니!"

이때부터 융통성없이 옛일만 기억하여 고집하는 어리석은 행동을

☐☐☐☐이라 부르게 되었답니다.

잠깐! Quiz

Q ☐☐☐☐에 들어갈 말은?

A 왼쪽 한자와 오른쪽 음을 알맞은 것
끼리 선으로 이어 봅니다.

刻 ·   · 각

舟 ·   · 검

求 ·   · 구

劍 ·   · 주

4

약분과 통분

1 크기가 같은 분수

(1) 크기가 같은 분수

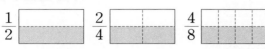

→ $\dfrac{1}{2}$, $\dfrac{2}{4}$, $\dfrac{4}{8}$ ……는 크기가 같은 분수입니다.

(2) 크기가 같은 분수 만들기

① 분모와 분자에 각각 0이 아닌 같은 수를 곱하면 크기가 같은 분수가 됩니다.

$$\dfrac{1}{3}=\dfrac{2}{6}=\dfrac{3}{9}=\dfrac{4}{12}$$

② 분모와 분자를 각각 0이 아닌 같은 수로 나누면 크기가 같은 분수가 됩니다.

$$\dfrac{8}{32}=\dfrac{4}{16}=\dfrac{2}{8}=\dfrac{1}{4}$$

선행 개념 [중1] 등식

• **등식**: 등호(=)를 사용하여 수나 식이 서로 같음을 나타낸 식
예) $a=b$이면
① 덧셈: $a+c=b+c$ ② 뺄셈: $a-c=b-c$
③ 곱셈: $a \times c=b \times c$ ④ 나눗셈: $\dfrac{a}{c}=\dfrac{b}{c}$
(단, c는 0이 아닌 수)

2 약분

(1) 약분한다: 분모와 분자를 공약수로 나누어 간단히 하는 것 → 1 이외의 공약수

$$\dfrac{\overset{4}{\cancel{8}}}{\underset{6}{\cancel{12}}}=\dfrac{4}{6} \qquad \dfrac{\overset{2}{\cancel{8}}}{\underset{3}{\cancel{12}}}=\dfrac{2}{3} \;\to\; \text{8과 12의 공약수:}\; 1,\,2,\,4$$

(2) 기약분수: 분모와 분자의 공약수가 1뿐인 분수

예) $\dfrac{12}{30}$를 기약분수로 나타내기

방법 ① 분모와 분자를 두 수의 공약수로 나누기

12와 30의 공약수: 1, 2, 3, 6 → $\dfrac{\overset{6}{\cancel{12}}}{\underset{15}{\cancel{30}}}=\dfrac{\overset{2}{\cancel{6}}}{\underset{5}{\cancel{15}}}=\dfrac{2}{5}$

방법 ② 분모와 분자를 두 수의 최대공약수로 나누기

12와 30의 최대공약수: 6 → $\dfrac{\overset{2}{\cancel{12}}}{\underset{5}{\cancel{30}}}=\dfrac{2}{5}$

3 약분하기 전 분수 구하기

응용

예) 분모와 분자를 5로 나누어 약분하면 $\dfrac{3}{4}$이 되는 분수 구하기

분모와 분자에 각각 분모와 분자를 나눈 수를 곱하여 크기가 같은 분수를 만듭니다.

→ $\dfrac{3}{4}=\dfrac{3 \times 5}{4 \times 5}=\dfrac{15}{20}$

4 통분

(1) 통분한다: 분수의 분모를 같게 하는 것

(2) $\dfrac{7}{8}$과 $\dfrac{5}{6}$를 통분하기

방법 ① $\left(\dfrac{7}{8}, \dfrac{5}{6}\right) \to \left(\dfrac{7 \times 6}{8 \times 6}, \dfrac{5 \times 8}{6 \times 8}\right) \to \left(\dfrac{42}{48}, \dfrac{40}{48}\right)$

방법 ② $\left(\dfrac{7}{8}, \dfrac{5}{6}\right) \to \left(\dfrac{7 \times 3}{8 \times 3}, \dfrac{5 \times 4}{6 \times 4}\right) \to \left(\dfrac{21}{24}, \dfrac{20}{24}\right)$

참고 분모가 작을 때는 두 분모의 곱을 공통분모로, 분모가 클 때는 두 분모의 최소공배수를 공통분모로 하는 것이 편리합니다.

5 분수의 크기 비교

(1) $\dfrac{5}{8}$와 $\dfrac{7}{9}$의 크기 비교하기

$\left(\dfrac{5}{8}, \dfrac{7}{9}\right) \to \left(\dfrac{45}{72}, \dfrac{56}{72}\right) \to \dfrac{5}{8} < \dfrac{7}{9}$

(2) $\dfrac{1}{2}$, $\dfrac{4}{5}$, $\dfrac{3}{7}$의 크기 비교하기

방법 ① 두 분수씩 차례로 통분하여 크기 비교하기

$\left(\dfrac{1}{2}, \dfrac{4}{5}\right) \to \left(\dfrac{5}{10}, \dfrac{8}{10}\right) \to \dfrac{1}{2} < \dfrac{4}{5}$

$\left(\dfrac{4}{5}, \dfrac{3}{7}\right) \to \left(\dfrac{28}{35}, \dfrac{15}{35}\right) \to \dfrac{4}{5} > \dfrac{3}{7}$

$\left(\dfrac{1}{2}, \dfrac{3}{7}\right) \to \left(\dfrac{7}{14}, \dfrac{6}{14}\right) \to \dfrac{1}{2} > \dfrac{3}{7}$

→ $\dfrac{3}{7} < \dfrac{1}{2} < \dfrac{4}{5}$

방법 ② 세 분수를 한 번에 통분하여 크기 비교하기

$\left(\dfrac{1}{2}, \dfrac{4}{5}, \dfrac{3}{7}\right) \to \left(\dfrac{35}{70}, \dfrac{56}{70}, \dfrac{30}{70}\right)$

→ $\dfrac{3}{7} < \dfrac{1}{2} < \dfrac{4}{5}$

6 분자가 같은 두 분수의 크기 비교

분자가 같은 분수는 분모가 작을수록 큰 분수입니다.

예 $\dfrac{4}{5}$와 $\dfrac{4}{7}$의 크기 비교하기

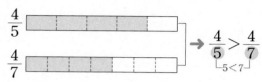

$$\rightarrow \dfrac{4}{5} > \dfrac{4}{7}$$

5 < 7

7 □ 안에 들어갈 수 있는 자연수 구하기

예 $\dfrac{2}{5} > \dfrac{4}{\square}$ 에서 □ 안에 들어갈 수 있는 가장 작은 자연수 구하기

① 분모 또는 분자를 같게 만들기

$$\rightarrow \dfrac{2 \times 2}{5 \times 2} = \dfrac{4}{10}$$

② 분수의 크기를 비교하기

$$\dfrac{4}{10} > \dfrac{4}{\square} \rightarrow 10 < \square \rightarrow \square = 11$$

└ • 분자가 같으므로 분모의 크기를 비교합니다.

8 분수와 소수의 크기 비교

예 $1\dfrac{1}{4}$과 1.27의 크기 비교하기

방법 ❶ 분수를 소수로 나타내어 크기 비교하기

① 분모를 10, 100, 1000인 분수로 고친 뒤 소수로 나타냅니다.

② 소수끼리 크기를 비교합니다.

$$1\dfrac{1}{4} = 1\dfrac{25}{100} = 1.25 \rightarrow 1.25 < 1.27$$

방법 ❷ 소수를 분수로 나타내어 크기 비교하기

① 소수를 분모가 10, 100, 1000인 분수로 나타냅니다.

② 분수끼리 크기를 비교합니다.

$$1.27 = 1\dfrac{27}{100}, \quad 1\dfrac{1}{4} = 1\dfrac{25}{100}$$

$$\rightarrow 1\dfrac{25}{100} < 1\dfrac{27}{100}$$

---

1 $\dfrac{6}{15}$과 크기가 같은 분수를 찾아 써 보세요.

| $\dfrac{2}{3}$ | $\dfrac{2}{5}$ | $\dfrac{4}{12}$ |

(   )

2 $\dfrac{8}{12}$을 기약분수로 나타내어 보세요.

(   )

3 분모의 최소공배수를 공통분모로 하여 통분해 보세요.

$$\left(\dfrac{9}{10}, \dfrac{7}{12} \right)$$

(,   )

4 집에서 우체국, 도서관까지의 거리를 각각 나타낸 것입니다. 우체국과 도서관 중 집에서 더 가까운 곳은 어디인지 구해 보세요.

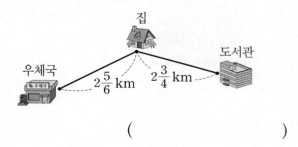

(   )

약분한 분수 구하기

01 다음은 윤정이가 $\dfrac{8}{24}$ 을 약분하여 나타낸 것입니다. ㉠과 ㉡에 알맞은 수의 합은 얼마인지 구해 보세요.

$$\dfrac{8}{24} = \dfrac{㉠}{12} = \dfrac{2}{㉡}$$

(   )

크기가 같은 분수 구하기

02 분모가 30보다 크고 70보다 작은 분수 중에서 $\dfrac{8}{13}$ 과 크기가 같은 분수는 모두 **몇 개**인지 구해 보세요.

(   )

레벨UP공략 **01**

◇ $\dfrac{\blacksquare}{\square}$ 와 크기가 같은 분수는?

★, ♥이 0이 아닐 때

$$\dfrac{\blacksquare}{\square} = \dfrac{\blacksquare \times ★}{\square \times ★}, \quad \dfrac{\blacksquare}{\square} = \dfrac{\blacksquare \div ♥}{\square \div ♥}$$

세 분수의 크기 비교   💡 창의융합

03 다음은 마늘 전체의 양을 1로 보았을 때 마늘에 들어 있는 영양소 중 3가지의 양을 나타낸 것입니다. 탄수화물, 단백질, 지방 중에서 **마늘에 가장 많이 들어 있는 영양소**를 써 보세요.

탄수화물	단백질	지방
$\dfrac{1}{5}$	$\dfrac{7}{200}$	$\dfrac{1}{250}$

(   )

약분하여 나타낼 수 있는 분수 구하기

04 분모가 65인 진분수 중에서 **약분하여 나타낼 수 있는 분수는 모두 몇 개**인지 구해 보세요.

$$\frac{1}{65},\ \frac{2}{65},\ \frac{3}{65}\ \cdots\cdots\ \frac{62}{65},\ \frac{63}{65},\ \frac{64}{65}$$

( )

레벨UP공략 ⑫

◈ 약분하여 나타낼 수 있는 분수를 구하려면?

$\dfrac{(분자)}{(분모)}$가 약분될 때

분자는 분모의 약수의 배수입니다.

$\frac{1}{2}$과 분수의 크기 비교하기

05 다음 4개의 분수 중에서 $\dfrac{1}{2}$보다 큰 분수의 분모와 분자의 합은 얼마인지 구해 보세요.

$$\frac{6}{13}\qquad \frac{3}{7}\qquad \frac{5}{11}\qquad \frac{8}{15}$$

( )

레벨UP공략 ⑬

◈ $\dfrac{1}{2}$과 분수의 크기를 비교하는 방법은?

· (분자)×2<(분모) → $\dfrac{1}{2}$보다 작은 분수

· (분자)×2>(분모) → $\dfrac{1}{2}$보다 큰 분수

4
단원

공통분모가 될 수 있는 수 구하기

◢◢ 서술형

06 $\dfrac{3}{4}$과 $\dfrac{7}{10}$을 통분하려고 합니다. **40보다 크고 180보다 작은 수 중에서 공통분모가 될 수 있는 수는 모두 몇 개**인지 풀이 과정을 쓰고, 답을 구해 보세요.

풀이

답

분수의 크기 비교에서 ☐ 안에 들어갈 수 있는 자연수 구하기

07 ☐ 안에 들어갈 수 있는 자연수 중에서 **가장 큰 수**를 구해 보세요.

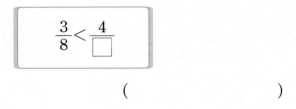

$$\frac{3}{8} < \frac{4}{\square}$$

(   )

두 분수 사이의 분수 구하기

08 다음 두 분수 사이에 있는 분수 중에서 **분모가 84인 분수**는 **모두 몇 개**인지 구해 보세요.

$$\frac{3}{7} \qquad \frac{7}{12}$$

(   )

분모와 분자의 합을 알 때 분수 구하기

09 어떤 분수의 분모와 분자의 합은 85이고, 약분하여 기약분수로 나타내면 $\frac{2}{15}$입니다. **어떤 분수**를 구해 보세요.

(   )

◀ 레벨UP공략 **04**

◇ 분자가 같은 두 분수의 크기를 비교하려면?
분자가 같은 분수는 분모가 작을수록 큰 수입니다.

▲ > ●이면 $\frac{■}{▲} < \frac{■}{●}$

◀ 레벨UP공략 **05**

◇ 조건에 맞는 분수를 구하려면?

| 조건 알아보기 |

↓

| 분모와 분자의 합이 기약분수의 분모와 분자의 합의 몇 배인지 구하기 |

↓

| 알맞은 분수 구하기 |

분자가 분모보다 1 작은 분수의 크기 비교

10 세 분수의 크기를 비교하여 **작은 분수부터 차례로** 써 보세요.

$$\frac{1}{2}, \frac{2}{3}, \frac{3}{4}$$

(   )

분모 또는 분자에 더하거나 빼는 수 구하기

🖋 서술형

11 $\frac{14}{25}$의 분자에 28을 더했을 때 분수의 크기가 변하지 않으려면 **분모에 얼마를 더해야 하는지** 구하려고 합니다. 풀이 과정을 쓰고, 답을 구해 보세요.

풀이

답

◀ 레벨UP공략 **06**

◆ 분모 또는 분자에 수를 더하거나 빼도 분수의 크기가 변하지 않으려면?

처음 분수와 크기가 같은 분수 구하기

⬇

크기가 같은 분수 중에서 수를 더하거나 빼서 만든 분수의 분자(분모)와 같은 수 찾기

4 단원

세 수의 크기 비교하기

💡 창의융합

12 피타고라스는 두 음의 진동수로 진분수를 만들어 기약분수로 나타내었을 때 분모와 분자가 모두 7보다 작으면 두 음이 잘 어울려 아름답게 들린다는 것을 알아냈습니다. |**보기**|에서 **잘 어울리는 음**을 찾아 기호를 써 보세요.

각 음의 진동수

음	도	레	미	파	솔	라	시
진동수	264	297	330	352	396	440	495

|**보기**|

㉠ (도, 레)   ㉡ (레, 미)   ㉢ (솔, 시)

(   )

분수와 소수의 크기 비교

13 0.21보다 크고 0.31보다 작은 분수 중에서 **분모가 25인 기약분수**를 모두 구해 보세요.

(   )

약분하기 전 분수 구하기   📖서술형

14 어떤 분수의 분모와 분자에서 각각 4를 **뺀** 후 8로 약분하였더니 $\frac{11}{18}$이 되었습니다. **어떤 분수는 얼마**인지 풀이 과정을 쓰고, 답을 구해 보세요.

풀이

_____

_____

답

레벨UP공략 **07**

◆ 어떤 분수를 약분하기 전의 분수를 구하려면?

| 약분한 후 분수 | $\dfrac{▲}{■}$ | |
| 약분하기 전 분수 | $\dfrac{▲×★}{■×★}$ | $×★$ |

수직선 위에 나타냈을 때 어떤 분수에 더 가까운 수 구하기

15 다음 분수를 수직선 위에 나타냈을 때 $\frac{3}{4}$에 더 가까운 분수를 찾아 써 보세요.

$$\frac{5}{9}, \ \frac{11}{12}$$

(   )

레벨UP공략 **03**

◆ 분수 ★에 더 가까운 분수를 구하려면?
분수를 모두 통분했을 때 ★과 각 분수의 분자끼리의 차가 작을수록 ★에 더 가까운 분수입니다.

통분하기 전 분수 구하기

16 세 분수를 기약분수로 고친 후 오른쪽과 같이 통분하였습니다. 세 분모 ㉠, ㉡, ㉢의 합은 얼마인지 구해 보세요.

$$\left(\frac{8}{㉠}, \frac{36}{㉡}, \frac{95}{㉢}\right) \rightarrow \left(\frac{60}{210}, \frac{135}{210}, \frac{114}{210}\right)$$

( )

수직선에 알맞은 수 구하기   new 신유형

17 ㉠에 알맞은 수는 얼마인지 소수로 나타내어 보세요.

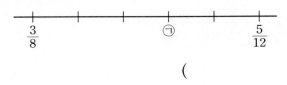

( )

◀ 레벨UP공략 **09**

◈ **기약분수를 소수로 나타내려면?**
• 분모가 2, 5인 분수 ➡ 소수 한 자리 수
• 분모가 4, 20, 25, 50인 분수 ➡ 소수 두 자리 수
• 분모가 8, 40, 125, 200, 250, 500인 분수 ➡ 소수 세 자리 수

4
단원

두 식을 만족하는 수 구하기

18 다음 두 식을 만족하는 $\dfrac{\blacktriangle}{\blacksquare}$를 기약분수로 나타내어 보세요.

$$\frac{\blacktriangle}{\blacksquare+2}=\frac{2}{3} \qquad \frac{\blacktriangle}{\blacksquare+8}=\frac{1}{2}$$

( )

레벨UP공략법을 활용한 **고난도 문제**를 풀어 최상위에 도전합니다.

01 다음 세 분수는 크기가 같은 분수입니다. **㉠과 ㉡에 알맞은 수의 합**을 구해 보세요.

$\frac{48}{72}$　$\frac{㉠}{6}$　$\frac{20}{㉡}$

(　　　　　　　　)

«068쪽 02번 레벨UP공략

창의융합

02 희수는 석탑의 높이를 조사하였습니다. 석탑의 높이가 다음과 같을 때 **두 번째로 높은 석탑**을 찾아 이름을 써 보세요.

정림사지 5층 석탑	현화사 7층 석탑	불국사 3층 석탑	나원리 5층 석탑
$8\frac{3}{10}$ m	8.64 m	$8\frac{1}{5}$ m	8.8 m

(　　　　　　　　)

| 해결 순서 |
❶ 분수를 소수로 나타내기
❷ 두 번째로 큰 수 구하기

서술형

03 분모가 두 자리 수인 분수 중에서 $\frac{56}{128}$**과 크기가 같은 분수는 모두 몇 개**인지 풀이 과정을 쓰고, 답을 구해 보세요.

풀이

답

04 두 분수를 통분하려고 합니다. 공통분모가 될 수 있는 수 중에서
200에 가장 가까운 수를 공통분모로 하여 통분해 보세요.

$$\frac{7}{12} \qquad \frac{13}{15}$$

(,   )

| 해결 순서 |
❶ 공통분모가 될 수 있는 200에 가장 가까운 수 구하기
❷ 위 ❶의 수를 공통분모로 하여 통분하기

05 □ 안에 들어갈 수 있는 자연수 중에서 가장 작은 수를 구해 보세요.

$$\frac{1}{3} < \frac{6}{\square} < \frac{12}{17}$$

(   )

《070쪽 07번》 레벨UP공략

06 길이가 120 cm인 막대를 다음과 같이 긴 도막이 짧은 도막보다 16 cm 더 길게 되도록 두 도막으로 나누었습니다. 긴 도막의 길이를 ㉠ cm, 짧은 도막의 길이를 ㉡ cm라 할 때 $\frac{㉡}{㉠}$을 **기약분수**로 나타내어 보세요.

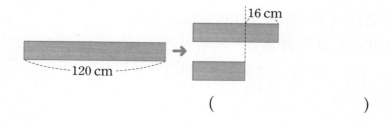

(   )

07 다음은 영민이가 크기가 같은 두 진분수를 칠판에 써 놓은 것입니다. ●와 ★에 알맞은 수의 합은 얼마인지 구해 보세요.

$$\frac{●}{20} = \frac{★}{6}$$

(   )

📘 서술형

≪070쪽 09번 레벨UP공략

08 선생님께서 현준이에게 내 주신 숙제입니다. **현준이가 답해야 할 분수**는 얼마인지 풀이 과정을 쓰고, 답을 구해 보세요.

> 어떤 분수의 분모와 분자의 최소공배수가 108이고, 약분하여 기약분수로 나타내면 $\frac{4}{9}$ 입니다. 어떤 분수를 구해 보세요.

풀이 _____

_____

_____

답 _____

09 다음 수 카드 중에서 2장을 뽑아 진분수를 만들려고 합니다. **만들 수 있는 진분수 중에서 기약분수는 모두 몇 개**인지 구해 보세요.

| 4 | 5 | 6 | 7 | 8 |

(   )

10 $\dfrac{11}{23}$의 분모와 분자에서 각각 같은 수를 뺐더니 $\dfrac{3}{7}$과 크기가 같은 분수가 되었습니다. **분모와 분자에서 각각 뺀 수**는 얼마인지 구해 보세요.

(   )

≪071쪽 11번   레벨UP공략

11 수직선에서 $\dfrac{1}{9}$과 $\dfrac{1}{8}$ 사이에 2개의 분수를 넣어 $\dfrac{1}{9}$과 $\dfrac{1}{8}$ 사이를 3등분 하려고 합니다. **2개의 분수**를 구해 보세요.

(,   )

| 해결 순서 |
❶ $\dfrac{1}{9}$과 $\dfrac{1}{8}$을 통분하기
❷ $\dfrac{1}{9}$과 $\dfrac{1}{8}$ 사이의 분수 구하기

4
단원

쌀에 잡곡을 섞어서 먹음

12 영미네 집에서는 혼식을 합니다. 어머니께서 현미, 귀리, 흑미를 한 통에 담았습니다. 현미와 귀리의 무게의 합은 전체의 $\dfrac{3}{5}$, 귀리와 흑미의 무게의 합은 전체의 $\dfrac{13}{20}$, 현미와 흑미의 무게의 합은 전체의 $\dfrac{3}{4}$입니다. **무게가 무거운 곡식부터 차례로** 써 보세요.

(   )

new 신유형

13 다음과 같이 사각형 ㄱㄴㄷㄹ의 각 꼭짓점에 일정한 규칙에 따라 진분수를 늘어놓았습니다. **꼭짓점 ㄹ에 놓이는 분수 중에서 분자가 1인 진분수는 모두 몇 개**인지 구해 보세요.

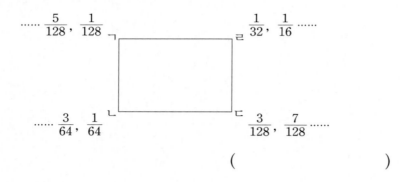

$$\cdots\cdots \frac{5}{128}, \frac{1}{128} \quad\urcorner \qquad\qquad \llcorner\frac{1}{32}, \frac{1}{16} \cdots\cdots$$

$$\cdots\cdots \frac{3}{64}, \frac{1}{64} \quad\llcorner \qquad\qquad \llcorner\frac{3}{128}, \frac{7}{128} \cdots\cdots$$

(   )

14 분수를 작은 수부터 차례로 늘어놓은 것입니다. ㉠과 ㉡에 알맞은 자연수 중에서 **두 수의 곱이 가장 클 때의 곱**을 구해 보세요.

$$\frac{4}{11}, \frac{10}{㉠}, \frac{5}{8}, \frac{8}{㉡}, \frac{20}{17}$$

(   )

| 해결 순서 |
❶ 분자가 같은 분수로 나타내기
❷ ㉠과 ㉡에 알맞은 자연수 각각 구하기
❸ 두 수의 곱이 가장 클 때의 곱 구하기

15 $\dfrac{\blacksquare}{\blacktriangle \times \blacktriangle \times \blacktriangle} = \dfrac{1}{63}$ 을 만족하는 서로 다른 자연수 ■, ▲가 있습니다. **■, ▲에 알맞은 가장 작은 자연수**를 각각 구해 보세요.

■ (   )

▲ (   )

1 두 진분수 $\left(\dfrac{3}{4}, \dfrac{7}{\blacktriangle}\right)$을 가장 작은 수를 공통분모로 하여 통분한 것입니다. ■에 들어갈 수 있는 자연수는 모두 몇 개인지 구해 보세요. (단, $\dfrac{7}{\blacktriangle}$은 기약분수입니다.)

$$\left(\frac{3}{4}, \frac{7}{\blacktriangle}\right) \rightarrow \left(\frac{15}{20}, \frac{\blacksquare}{20}\right)$$

(   )

4 단원

🔆 창의융합

2 소진이는 비 오는 날 강우량을 측정하여 과학탐구보고서를 작성하려고 오전 9시부터 오후 1시까지 한 시간마다 강우량을 재었습니다. 기록 중에서 오후 1시에 잰 강우량이 가장 적었을 때 □ **안에 들어갈 수 있는 자연수를** 모두 구해 보세요.

• 일정 기간 동안 일정한 곳에 내린 비의 양

시간	오전 9시~오전 10시	오전 10시~오전 11시	오전 11시~낮 12시	낮 12시~오후 1시
강우량 (mm)	$\dfrac{7}{9}$	$\dfrac{5}{12}$	$\dfrac{7}{3}$	$\dfrac{\square}{6}$

(   )

3 바구니에 들어 있는 콩을 세 사람이 모두 나누어 모양과 크기가 같은 투명한 병에 각각 담으려고 합니다. 소윤이는 전체의 $\frac{3}{7}$ 을, 순범이는 전체의 $\frac{4}{11}$ 를, 서현이는 나머지를 전부 담았습니다. **콩을 담은 높이가 가장 낮은 사람은 누구인가요?**

크기가 전체의 $\frac{\triangle}{\blacksquare}$, $\frac{\bullet}{\blacksquare}$ 인 두 분수가 있을 때 전체의 크기는 $1 = \frac{\blacksquare}{\blacksquare}$ 입니다.

(   )

4 주어진 조건을 모두 만족하는 **자연수 ㉠과 ㉡의 값**을 각각 구해 보세요.

- ㉠과 ㉡은 짝수이고 7의 배수입니다.
- ㉠과 ㉡은 30보다 크고 80보다 작습니다.
- 진분수 $\frac{㉡}{㉠}$ 을 기약분수로 나타내면 분모와 분자의 합이 9입니다.

㉠ (   )
㉡ (   )

5 0.5와 $\dfrac{45}{47}$ 사이에 있는 분수 중에서 **분자가 9인 기약분수는 모두 몇 개**인지 구해 보세요.

(   )

**1%
도전**

6 분모와 분자가 각각 1씩 커지는 분수들을 나열한 것입니다. $\dfrac{5}{23}$ **와 크기가 같은 분수는 몇째**인지 구해 보세요.

$$\frac{1}{55}, \ \frac{2}{56}, \ \frac{3}{57} \ \cdots\cdots$$

(   )

01 $\frac{5}{6}$와 크기가 같은 분수 중에서 분자가 25인 분수를 구해 보세요.

( )

02 어떤 두 기약분수를 통분하였더니 다음과 같았습니다. 통분하기 전의 두 기약분수를 구해 보세요.

$$\left(\frac{20}{88}, \frac{55}{88} \right)$$

(,)

03 분수와 소수의 크기를 비교하여 가장 큰 수를 찾아 써 보세요.

$$0.6 \qquad \frac{7}{12} \qquad \frac{5}{9}$$

( )

04 다음 두 분수를 150에 가장 가까운 수를 공통분모로 하여 통분해 보세요.

$$\left(\frac{3}{14}, \frac{13}{21} \right)$$

( )

05 □ 안에 들어갈 수 있는 수는 모두 몇 개인지 구해 보세요.

$$\frac{2}{7} < \frac{\square}{21} < \frac{2}{3}$$

( )

06 |보기|에서 설명하는 분수를 구해 보세요.

| 보기 |
• 분모와 분자의 차는 21입니다.
• 기약분수로 나타내면 $\frac{5}{8}$입니다.

( )

07 기약분수로 나타내면 $\frac{3}{8}$이 되는 분수 중에서 분모가 100보다 크고 150보다 작은 분수는 모두 몇 개인지 구해 보세요.

(   )

08 $\frac{8}{21}$의 분자에 16을 더해도 분수의 크기가 변하지 않으려면 분모에 얼마를 더해야 하는지 구해 보세요.

(   )

09 $\frac{1}{5}$보다 크고 $\frac{2}{3}$보다 작은 분수 중에서 분모가 15인 기약분수를 모두 구해 보세요.

(   )

10 오른쪽 두 분수는 왼쪽의 두 분수를 통분한 것입니다. □ 안에 알맞은 수를 구해 보세요.

$$\left(\frac{9}{14}, \frac{\square}{35} \right) \rightarrow \left(\frac{45}{\blacksquare}, \frac{38}{\blacksquare} \right)$$

(   )

〔최상위〕
11 $\dfrac{\blacksquare}{\blacktriangle \times \blacktriangle \times \blacktriangle} = \dfrac{1}{20}$ 을 만족하는 서로 다른 자연수 ■, ▲가 있습니다. ■, ▲에 알맞은 가장 작은 자연수를 각각 구해 보세요.

■ (   )

▲ (   )

〔최상위〕
12 과학 실험을 하기 위하여 시험관에 담긴 용액을 세 사람이 모두 나누어 모양과 크기가 같은 투명한 병에 각각 담으려고 합니다. 보현이는 전체의 $\frac{3}{8}$을, 진규는 전체의 $\frac{2}{9}$를, 서영이는 나머지를 전부 담았습니다. 용액을 담은 높이가 가장 높은 사람은 누구인가요?

(   )

수어지교

水 魚 之 交

물 **수**   물고기 **어**   갈 **지**   사귈 **교**

바로 뜻 물과 물고기의 사귐이라는 뜻.
깊은 뜻 아주 가까워 잠시라도 떨어질 수 없는 사이라는 말이에요.

중국 **삼국시대**에 유비, 관우, 장비라는 사람들은 의형제를 맺었어요.

어느 날 **유비**는 제갈량이라는 사람의 도움을 받기 위해 세 번이나 찾아가 부탁한 끝에 군사

로 맞이하게 되었어요.

이후 유비는 제갈량을 절대적으로 **신뢰**하였고 가까이 지내게 되었어요.

반면에 의형제였던 관우와 장비는 이에 대해 **불만**을 가지게 되었어요.

그러자 유비는 **관우**와 **장비**에게 이렇게 말했어요.

"내가 제갈량을 얻은 것은 마치 **물고기**가 **물**을 만난 것과 같다네. 그러니 불만을 가지지 않

았으면 좋겠네."

이렇게 뗄레야 뗄 수 없는 관계를 ☐☐☐☐ 라

부르게 되었답니다.

잠깐! Quiz

Q ☐☐☐☐에 들어갈 말은?

A 위의 글을 읽고 파란색 글자들을 아래에서 모두 찾아 /표로 지웁니다.

				신
삼	국	시	대	뢰
	물		불	관
유	고		만	우
비	기	수	어	지	교
제	갈	량	장	비

5

분수의
덧셈과 뺄셈

1 분모가 다른 진분수의 덧셈

예) $\frac{5}{6} + \frac{2}{3}$ 의 계산 —→ 분수를 통분하여 분모가 같은 진분수의 덧셈을 합니다.

방법 ❶ 분모의 곱으로 통분하여 계산하기

$$\frac{5}{6} + \frac{2}{3} = \frac{5 \times 3}{6 \times 3} + \frac{2 \times 6}{3 \times 6} = \frac{15}{18} + \frac{12}{18} = \frac{27}{18}$$
$$= 1\frac{9}{18} = 1\frac{1}{2}$$

방법 ❷ 분모의 최소공배수로 통분하여 계산하기

$$\frac{5}{6} + \frac{2}{3} = \frac{5}{6} + \frac{2 \times 2}{3 \times 2} = \frac{5}{6} + \frac{4}{6} = \frac{9}{6} = 1\frac{3}{6} = 1\frac{1}{2}$$

2 분모가 다른 대분수의 덧셈

예) $1\frac{3}{4} + 2\frac{2}{5}$ 의 계산

방법 ❶ 자연수끼리, 분수끼리 더해서 계산하기

$$1\frac{3}{4} + 2\frac{2}{5} = 1\frac{15}{20} + 2\frac{8}{20} = (1+2) + \left(\frac{15}{20} + \frac{8}{20}\right)$$
$$= 3 + \frac{23}{20} = 3 + 1\frac{3}{20} = 4\frac{3}{20}$$

방법 ❷ 가분수로 고쳐서 계산하기

$$1\frac{3}{4} + 2\frac{2}{5} = \frac{7}{4} + \frac{12}{5} = \frac{35}{20} + \frac{48}{20} = \frac{83}{20} = 4\frac{3}{20}$$

계산 결과는 대분수로 나타냅니다.

응용 3 조건에 알맞은 수 구하기

예) $1\frac{4}{5} + 2\frac{2}{3} > 4\frac{\square}{15}$ 에서 □ 안에 알맞은 가장 큰 자연수 구하기

① $1\frac{4}{5} + 2\frac{2}{3}$ 를 계산하기

$$1\frac{4}{5} + 2\frac{2}{3} = 1\frac{12}{15} + 2\frac{10}{15} = 3\frac{22}{15} = 4\frac{7}{15}$$

② □ 안에 알맞은 가장 큰 자연수 구하기

$4\frac{7}{15} > 4\frac{\square}{15}$ 에서 $7 > \square$ 이므로 □ 안에 알맞은 가장 큰 자연수는 6입니다.

응용 4 세 분수의 계산

예) $\frac{1}{3} + \frac{1}{4} + \frac{3}{8}$ 의 계산

방법 ❶ 두 분수씩 차례로 통분하여 계산하기

$$\frac{1}{3} + \frac{1}{4} + \frac{3}{8} = \frac{4}{12} + \frac{3}{12} + \frac{3}{8} = \frac{7}{12} + \frac{3}{8}$$
$$= \frac{14}{24} + \frac{9}{24} = \frac{23}{24}$$

방법 ❷ 세 분수를 한번에 통분하여 계산하기

$$\frac{1}{3} + \frac{1}{4} + \frac{3}{8} = \frac{8}{24} + \frac{6}{24} + \frac{9}{24} = \frac{23}{24}$$

5 분모가 다른 진분수의 뺄셈

예) $\frac{7}{8} - \frac{1}{2}$ 의 계산 —→ 분수를 통분하여 분모가 같은 진분수의 뺄셈을 합니다.

방법 ❶ 분모의 곱으로 통분하여 계산하기

$$\frac{7}{8} - \frac{1}{2} = \frac{7 \times 2}{8 \times 2} - \frac{1 \times 8}{2 \times 8} = \frac{14}{16} - \frac{8}{16} = \frac{6}{16} = \frac{3}{8}$$

방법 ❷ 분모의 최소공배수로 통분하여 계산하기

$$\frac{7}{8} - \frac{1}{2} = \frac{7}{8} - \frac{1 \times 4}{2 \times 4} = \frac{7}{8} - \frac{4}{8} = \frac{3}{8}$$

6 분모가 다른 대분수의 뺄셈

예) $2\frac{4}{5} - 1\frac{3}{10}$ 의 계산

방법 ❶ 자연수끼리, 분수끼리 빼서 계산하기

$$2\frac{4}{5} - 1\frac{3}{10} = 2\frac{8}{10} - 1\frac{3}{10} = (2-1) + \left(\frac{8}{10} - \frac{3}{10}\right)$$
$$= 1\frac{5}{10} = 1\frac{1}{2}$$

방법 ❷ 가분수로 고쳐서 계산하기

$$2\frac{4}{5} - 1\frac{3}{10} = \frac{14}{5} - \frac{13}{10} = \frac{28}{10} - \frac{13}{10}$$
$$= \frac{15}{10} = \frac{3}{2} = 1\frac{1}{2}$$

계산 결과는 대분수로 나타냅니다.

선행 개념 [5-2] 분수의 곱셈

- (진분수) × (진분수): 분자는 분자끼리, 분모는 분모끼리 곱하고 약분이 되면 약분하여 계산합니다.

예) $\frac{3}{5} \times \frac{4}{9} = \frac{\overset{1}{3} \times 4}{5 \times \underset{3}{9}} = \frac{4}{15}$

7 **단위분수의 합으로 나타내기**

㉠ $\dfrac{5}{8}$ 를 서로 다른 단위분수의 합으로 나타내기

① 분모의 약수 구하기

8의 약수: 1, 2, 4, 8

② 위 ①에서 합이 분자가 되는 약수 찾기

→ $1+4=5$이므로 1, 4입니다.

③ 약분하여 단위분수의 합으로 나타내기

$$\dfrac{5}{8}=\dfrac{1}{8}+\dfrac{4}{8}=\dfrac{1}{8}+\dfrac{1}{2}$$

8 **어떤 수 구하기**

㉠ 어떤 수에 $2\dfrac{2}{5}$ 를 더했더니 $5\dfrac{3}{4}$ 이 되었을 때 어떤 수 구하기

① 어떤 수를 □라 하여 식 세우기

→ $\square+2\dfrac{2}{5}=5\dfrac{3}{4}$

② 덧셈과 뺄셈의 관계를 이용하기

→ $\square=5\dfrac{3}{4}-2\dfrac{2}{5}$

③ 어떤 수 구하기

→ $\square=5\dfrac{3}{4}-2\dfrac{2}{5}=5\dfrac{15}{20}-2\dfrac{8}{20}=3\dfrac{7}{20}$

 9 **시간을 분수로 나타내어 계산하기**

㉠ 30분$+\dfrac{1}{6}$ 시간을 분수를 이용하여 시간 단위로 나타내기

① 시간을 분수로 나타내기

1시간$=60$분, 1분$=\dfrac{1}{60}$시간

→ 30분$=\dfrac{30}{60}$시간$=\dfrac{1}{2}$시간

② 분수의 덧셈을 이용하여 시간 단위로 나타내기

→ 30분$+\dfrac{1}{6}$시간

→ $\dfrac{1}{2}+\dfrac{1}{6}=\dfrac{3}{6}+\dfrac{1}{6}=\dfrac{4}{6}=\dfrac{2}{3}$ → $\dfrac{2}{3}$시간

1 빈칸에 알맞은 분수를 써넣으세요.

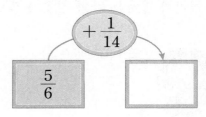

2 □ 안에 알맞은 분수를 써넣으세요.

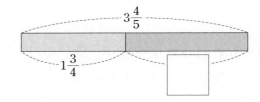

3 계산 결과를 비교하여 ○ 안에 >, =, <를 알맞게 써넣으세요.

$$\boxed{\dfrac{11}{12}-\dfrac{1}{3}} \bigcirc \boxed{\dfrac{7}{12}-\dfrac{1}{4}}$$

4 어느 과수원에서 한 시간 동안 포도를 $8\dfrac{5}{6}$ kg, 토마토를 $9\dfrac{3}{8}$ kg 땄습니다. 이 과수원에서 한 시간 동안 딴 포도와 토마토의 무게는 모두 몇 kg인지 구해 보세요.

(   )

분수로 나타내어 차 구하기

01 승연이가 말하는 수와 진호가 말하는 수의 차를 구해 보세요.

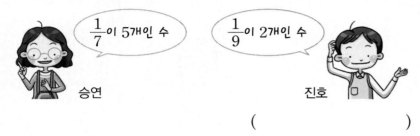

$\dfrac{1}{7}$이 5개인 수   승연

$\dfrac{1}{9}$이 2개인 수   진호

(   )

진분수의 합 구하기   ◢◢◢ 서술형

02 계산 결과가 **1보다 큰** 것을 찾아 기호를 쓰려고 합니다. 풀이 과정을 쓰고, 답을 구해 보세요.

> ㉠ $\dfrac{1}{3}+\dfrac{4}{7}$ ㉡ $\dfrac{7}{10}+\dfrac{3}{4}$ ㉢ $\dfrac{1}{5}+\dfrac{5}{8}$

풀이

답

도형의 둘레 구하기

03 오른쪽 **삼각형의 세 변의 길이의 합**은 **몇 m**인지 구해 보세요.

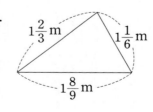

$1\dfrac{2}{3}$ m $1\dfrac{1}{6}$ m

$1\dfrac{8}{9}$ m

(   )

레벨UP공략 **01**

◆ 진분수의 덧셈에서 계산 결과가 **1보다 큰 식**은?

> (진분수)＋(진분수)＞1인 경우
> ↓
> (진분수)＋(진분수)의 계산 결과가 (가분수)가 되는 경우

계산 결과 비교하기

04 계산 결과가 **가장 큰 것과 가장 작은 것의 차**를 구해 보세요.

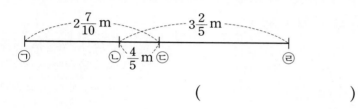

(   )

두 지점 사이의 거리 구하기

05 그림을 보고 ㉠에서 ㉣까지의 길이는 몇 **m**인지 구해 보세요.

(   )

레벨UP공략 **02**

◆ 전체의 길이를 구하려면?

(전체의 길이)
＝(각각의 길이의 합)－(겹쳐진 부분의 길이)
＝①＋②－③

5
단원

분수의 뺄셈 결과의 크기 비교하기

💡 창의융합

06 유럽연합에서 사용하는 화폐의 단위는 유로(EURO)입니다. 10유로와 20유로 중에서 **각각의 가로와 세로의 차가 더 작은 쪽은 어느 것인지** 구해 보세요.

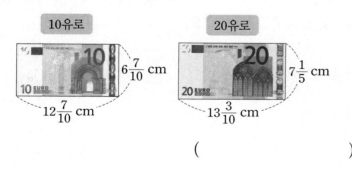

(   )

차가 가장 큰 분수식 만들기

07 두 분수의 차가 가장 크게 되도록 뺄셈식을 만들려고 합니다.
□ **안에 알맞은 수를 써넣고 계산해 보세요.**

$$3\frac{2}{9} \qquad 2\frac{5}{6} \qquad 3\frac{7}{12} \qquad 2\frac{3}{10}$$

$$\boxed{} - \boxed{} = \boxed{}$$

분수의 뺄셈에서 조건에 알맞은 수 구하기

08 □ **안에 들어갈 수 있는 자연수를 모두 구해 보세요.**

$$4\frac{\boxed{}}{6} - 2\frac{7}{10} < 2\frac{2}{15}$$

(   )

레벨UP공략 **03**

◇ > 또는 < 가 있는 식에서 분자에 있는
□의 값을 구하려면?

> 또는 < 를 =로 생각하여 계산합니다.

↓

분자끼리 계산하여 □의 범위를 구합니다.

남은 양 구하기

🔎 창의융합

09 콩, 쌀, 좁쌀의 혼합물이 $10\frac{23}{25}$ g 있습니다. 이 혼합물을 구멍이 큰 체와 작은 체를 이용하여 쌀과 좁쌀을 분리하였더니 다음과 같았습니다. **남은 콩의 무게는 몇 g**인지 구해 보세요.

• 쌀의 무게: $4\frac{7}{10}$ g

• 좁쌀의 무게: $2\frac{4}{5}$ g

(   )

바르게 계산한 결과 구하기 ✎서술형

10 다음을 읽고 **바르게 계산하면 얼마**인지 풀이 과정을 쓰고, 답을 구해 보세요.

> 어떤 수에 $\dfrac{3}{4}$을 더해야 할 것을 잘못하여 뺐더니 $1\dfrac{2}{3}$가 되었습니다.

풀이

답

전체를 1로 생각하고 계산하기

11 진규는 동화책을 어제는 전체의 $\dfrac{3}{10}$을 읽었고, 오늘은 전체의 $\dfrac{1}{8}$을 읽었습니다. 동화책을 모두 읽으려면 **전체의 몇 분의 몇을 더 읽어야 하는지** 구해 보세요.

( )

레벨UP공략 **04**

◆ 전체의 양을 1이라 할 때 남은 부분을 구하려면?

(남은 부분)

= (전체의 양) − (전체의 $\dfrac{\triangle}{\blacksquare}$) − (전체의 $\dfrac{\bullet}{\bigstar}$)

= 1 − $\dfrac{\triangle}{\blacksquare}$ − $\dfrac{\bullet}{\bigstar}$

5 단원

분수의 덧셈과 뺄셈 계산하기

12 가로와 세로에 있는 세 분수의 합이 각각 같을 때 ㉠에 알맞은 분수를 구해 보세요.

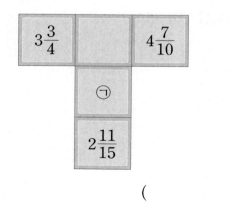

( )

분수를 이용하여 시간 계산하기

13 선우는 오후 5시 30분부터 $1\frac{8}{15}$시간 동안 수학 숙제를 한 뒤에 $\frac{19}{20}$시간 동안 국어 숙제를 하였습니다. 선우가 **숙제를 모두 마친 시각은 오후 몇 시 몇 분**인가요?

( )

일을 끝내는 데 걸리는 시간 구하기

14 어떤 일을 하루 동안 하는 데 동준이가 하면 전체의 $\frac{1}{8}$을 할 수 있고, 선영이가 하면 전체의 $\frac{1}{24}$을 할 수 있습니다. 두 사람이 함께 일을 한다면 **일을 모두 끝내는 데 며칠이 걸리는지** 구해 보세요. (단, 두 사람은 각각 일정한 빠르기로 일을 합니다.)

( )

> 레벨UP공략 **05**
>
> ◇ 일을 모두 끝내는 데 며칠이 걸리는지 구하려면?
> 어떤 일의 $\frac{1}{■}$을 하는 데 ▲일이 걸린다면 일을 모두 끝내는 데 (■×▲)일이 걸립니다.

이어 붙인 색 테이프의 전체 길이 구하기

15 길이가 $2\frac{5}{9}$ cm인 색 테이프 3장을 $\frac{4}{5}$ cm씩 겹치도록 한 줄로 길게 이어 붙였습니다. **이어 붙인 색 테이프의 전체 길이는 몇 cm**인지 구해 보세요.

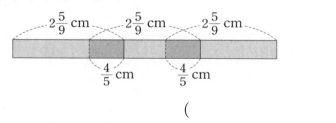

( )

수 카드로 만든 두 대분수의 합 또는 차가 가장 크게 될 때의 값 구하기

16 6장의 수 카드를 모두 한 번씩 사용하여 2개의 대분수를 만들었습니다. 만든 **두 대분수의 합이 가장 크게 될 때의 합**을 구해 보세요.

| 1 | 3 | 4 | 5 | 7 | 9 |

(   )

규칙에 따라 늘어놓은 분수의 합 구하기   new 신유형

17 다음은 규칙에 따라 수를 늘어놓은 것입니다. **9째에 올 분수와 14째에 올 분수의 합**을 구해 보세요.

$$\frac{1}{4} \qquad \frac{3}{6} \qquad \frac{5}{8} \qquad \frac{7}{10} \qquad \frac{9}{12} \qquad \frac{11}{14} \cdots\cdots$$

(   )

빈 물통의 무게 구하기   ✍ 서술형

18 물이 가득 들어 있는 물통의 무게를 재었더니 $14\frac{1}{4}$ kg이었습니다. 이 물통에 들어 있는 물의 반을 사용하고 무게를 다시 재었더니 $7\frac{5}{7}$ kg이었습니다. **빈 물통의 무게는 몇 kg**인지 풀이 과정을 쓰고, 답을 구해 보세요.

풀이

_____

_____

_____

답 _____

◀ 레벨UP공략 **06**

◆ 수 카드 3장을 골라 한 번씩 사용하여 가장 큰 대분수와 가장 작은 대분수를 만들려면?

| 1 | 2 | 3 | 7 |

• 가장 큰 대분수: $7\frac{2}{3}$ → 나머지 수를 이용하여
      가장 큰 수 •┘   가장 큰 진분수 만들기

• 가장 작은 대분수: $1\frac{2}{7}$ → 나머지 수를 이용하여
      가장 작은 수 •┘   가장 작은 진분수 만들기

◀ 레벨UP공략 **07**

◆ 빈 물통의 무게를 구하려면?

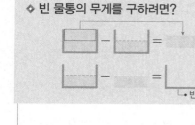

5
단원

분수의 덧셈과 뺄셈을 이용하여 높이 구하기

19 길이가 $4\frac{13}{30}$ m인 막대로 바닥이 평평한 연못의 깊이를 재려고 합니다. 막대를 연못 바닥에 수직이 되도록 넣고 물이 닿은 부분까지 표시한 다음 다시 같은 방법으로 거꾸로 넣었더니 표시한 부분의 길이가 $1\frac{1}{6}$ m가 되었습니다. **연못의 깊이는 몇 m**인가요?

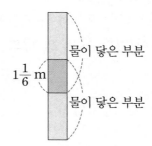

$1\frac{1}{6}$ m

물이 닿은 부분

물이 닿은 부분

(   )

단위분수의 합으로 나타내기

20 ㉠, ㉡, ㉢은 각각 단위분수입니다. ㉠, ㉡, ㉢에 알맞은 분수를 각각 구해 보세요.

- ㉠ + ㉡ = $\frac{12}{27}$ - ㉡ + ㉢ = $\frac{8}{15}$

㉠ (   ), ㉡ (   ), ㉢ (   )

◀ 레벨UP공략 **03**

◇ $\frac{\blacktriangle}{\blacksquare}$를 단위분수의 합으로 나타내려면?

분모(■)의 약수 구하기

↓

약수의 합이 분자(▲)가 되는 경우를 찾아 약분하여 단위분수의 합으로 나타내기

전체의 수 구하기

21 다영이네 학교 5학년 학생 중 영화를 좋아하는 학생은 전체의 $\frac{3}{5}$, 연극을 좋아하는 학생은 전체의 $\frac{7}{20}$, 영화와 연극을 모두 좋아하는 학생은 전체의 $\frac{9}{20}$입니다. 영화와 연극을 모두 좋아하지 않는 학생이 100명이였다면 다영이네 학교 **5학년 학생은 모두 몇 명**인지 구해 보세요.

(   )

01 다음 직사각형의 둘레는 $7\frac{2}{3}$ cm이고 가로는 $2\frac{1}{2}$ cm입니다. 이 직사각형의 **세로는 몇 cm**인지 구해 보세요.

$2\frac{1}{2}$ cm

(   )

│ 해결 순서 │
❶ 직사각형의 둘레를 구하는 식 세우기
❷ 직사각형의 세로 구하기

💡창의융합

02 다음은 세계의 유명한 건물들의 높이입니다. **높이가 가장 높은 것과 가장 낮은 것의 차는 몇 m**인지 구해 보세요.

→아랍에미리트의 두바이	→미국의 뉴욕	→말레이시아의 쿠알라룸푸르
버즈 칼리파	울워스 빌딩	페트로나스 타워
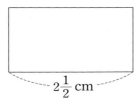		
$829\frac{21}{25}$ m	$241\frac{2}{5}$ m	$452\frac{1}{10}$ m

(   )

03 1부터 9까지의 자연수 중에서 ☐ 안에 알맞은 수는 모두 몇 개인지 구해 보세요.

《090쪽 08번 레벨UP공략

$$2\frac{6}{7}+1\frac{17}{21}>4\frac{\square}{7}$$

(   )

04 희주네 집에서 **은행을 지나 도서관까지 가는 거리는** 도서관으로 곧바로 가는 거리보다 **몇 km 더 먼지** 구해 보세요.

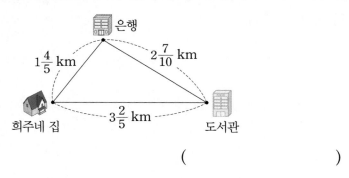

( )

05 4장의 분수 카드 중 2장을 골라 계산 결과가 가장 크게 되도록 □ 안에 알맞은 수를 써넣고, 식을 계산한 값을 구해 보세요.

$$\frac{2}{3} \qquad \frac{1}{4} \qquad \frac{5}{6} \qquad \frac{1}{2}$$

$$\boxed{} + \boxed{} = \boxed{}$$

| 해결 순서 |
❶ 분수의 크기 비교하기
❷ 계산 결과가 가장 크게 되도록 □ 안에 알맞은 수를 써넣고, 식을 계산한 값 구하기

06 선물 상자를 포장하는 데 끈을 성우는 $1\frac{2}{7}$ m 사용하였고, 소연이는 $\frac{13}{21}$ m 사용하였습니다. 성우와 소연이가 사용하고 남은 끈의 길이가 $5\frac{2}{3}$ m일 때 **처음 끈의 길이는 몇 m**인가요?

( )

07 기호 ◆에 대하여 ㉠◆㉡=㉠+㉠−(㉡+㉡)으로 약속할 때 **다음을 계산해 보세요.**

$$3\frac{9}{10} ◆ 2\frac{11}{15}$$

(   )

08 어떤 수는 $\frac{5}{8}$와 $\frac{2}{3}$ 사이에 있는 분수 중에서 분자가 20인 진분수입니다. **어떤 수보다 $\frac{16}{93}$ 큰 수를** 구해 보세요.

(   )

| 해결 순서 |
❶ 어떤 수 구하기
❷ 어떤 수보다 $\frac{16}{93}$ 큰 수 구하기

≪091쪽 11번 레벨UP공략

💡창의융합 ▦서술형

09 고대 이집트의 '호루스의 눈'입니다. 호루스의 눈의 각 부분에 쓰인 분수들의 합은 1에서 약간 모자라는데 부족한 부분은 지혜의 신인 토트가 채워 준다고 합니다. 토트가 채워 줄 부분의 **분수들의 합은 얼마**인지 풀이 과정을 쓰고, 답을 구해 보세요.

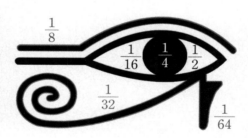

풀이

답

10 승아가 3일 동안 운동을 한 시간입니다. **승아가 3일 동안 운동을 한 시간은 모두 몇 시간 몇 분**인지 풀이 과정을 쓰고, 답을 구해 보세요.

월요일	화요일	수요일
$1\frac{3}{4}$시간	$\frac{1}{2}$시간	$1\frac{1}{3}$시간

풀이

답

11 어떤 수에서 $2\frac{5}{9}$를 빼고 $1\frac{3}{5}$을 더해야 할 것을 잘못하여 어떤 수에 $2\frac{5}{9}$를 더하고 $1\frac{3}{5}$을 뺐더니 $7\frac{1}{3}$이 되었습니다. **바르게 계산한 값**을 구해 보세요.

( )

| 해결 순서 |
❶ 문제에 알맞은 식 세우기
❷ 어떤 수 구하기
❸ 바르게 계산한 값 구하기

12 합이 $1\frac{38}{63}$이고 차가 $\frac{11}{63}$인 두 기약분수를 각각 구해 보세요.

( )

13 다음 4장의 수 카드 중에서 3장을 골라 한 번씩만 사용하여 가장 큰 대분수와 가장 작은 대분수를 만들었습니다. **만든 두 대분수의 차**를 구해 보세요.

≪093쪽 16번 레벨UP공략

$$\boxed{3} \quad \boxed{7} \quad \boxed{9} \quad \boxed{4}$$

(   )

14 $\dfrac{18}{25}$ 을 세 단위분수의 합 $\dfrac{1}{\bullet}+\dfrac{1}{\blacktriangle}+\dfrac{1}{\bigstar}$ 로 나타내려고 합니다. $\bullet + \blacktriangle + \bigstar$ **의 값**을 구해 보세요.

≪094쪽 20번 레벨UP공략

(   )

15 통나무를 한 번 자르는 데 걸리는 시간은 $4\dfrac{1}{6}$ 분이고, 통나무를 한 번 자른 다음 $1\dfrac{1}{4}$ 분 동안 쉽니다. **같은 빠르기로 통나무를 8도막으로 자르는 데 걸리는 시간은 몇 분 몇 초**인지 구해 보세요. (단, 마지막에 자른 후에는 쉬지 않습니다.)

| 해결 순서 |
❶ 통나무를 자르는 시간 구하기
❷ 쉬는 시간 구하기
❸ 통나무를 8도막으로 자르는 데 걸리는 시간 구하기

(   )

16 분수를 다음과 같이 규칙에 따라 늘어놓았습니다. **10째에 올 분수와 21째에 올 분수의 차**를 구해 보세요.

$$\frac{1}{2}, \frac{1}{3}, \frac{2}{3}, \frac{1}{4}, \frac{2}{4}, \frac{3}{4}, \frac{1}{5} \cdots\cdots$$

(   )

🔎 창의융합

17 고대 그리스의 수학자인 디오판토스의 묘비에는 오른쪽과 같은 내용의 글이 새겨져 있습니다. 글을 읽고 **디오판토스가 몇 년 동안 살았는지** 구해 보세요.

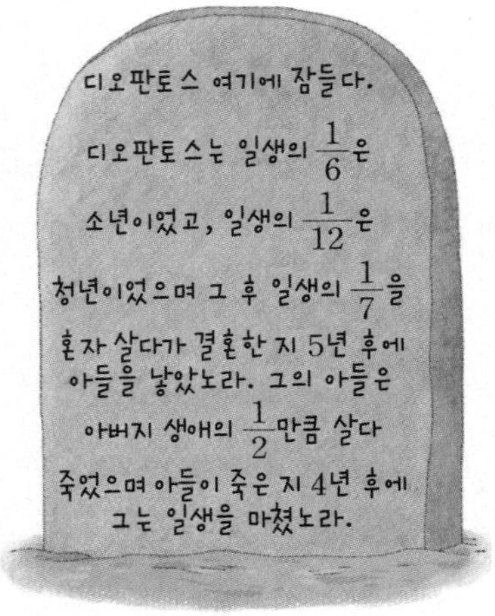

디오판토스 여기에 잠들다.
디오판토스는 일생의 $\frac{1}{6}$은 소년이었고, 일생의 $\frac{1}{12}$은 청년이었으며 그 후 일생의 $\frac{1}{7}$을 혼자 살다가 결혼한 지 5년 후에 아들을 낳았노라. 그의 아들은 아버지 생애의 $\frac{1}{2}$만큼 살다 죽었으며 아들이 죽은 지 4년 후에 그는 일생을 마쳤노라.

(   )

18 창고에 있던 옥수수를 첫째 날은 전체의 $\frac{1}{4}$, 둘째 날은 전체의 $\frac{1}{8}$, 셋째 날은 전체의 $\frac{3}{10}$, 넷째 날은 전체의 $\frac{5}{16}$를 팔았습니다. 팔고 남은 옥수수가 24자루일 때 **처음 창고에 있던 옥수수는 몇 자루인지** 구해 보세요. (단, 옥수수는 자루로만 판매합니다.)

(   )

| 해결 순서 |
❶ 판 옥수수의 양은 전체의 얼마인지 구하기
❷ 처음 창고에 있던 옥수수는 몇 자루인지 구하기

1 다음을 만족하는 세 분수 ㉠, ㉡, ㉢이 있습니다. **세 분수의 합**을 구해 보세요.

$$㉠+㉡=\frac{5}{12} \qquad ㉡+㉢=\frac{7}{24} \qquad ㉠+㉢=\frac{3}{8}$$

( )

♀ 창의융합

5 단원

2 어느 날 산을 100 m 올라갈 때마다 기온이 $\frac{3}{5}$ ℃씩 일정하게 낮아졌습니다. 산 입구의 기온이 $21\frac{2}{5}$ ℃일 때 **기온이 $19\frac{12}{20}$ ℃인 곳은 산을 몇 m 올라간 곳인** 지 구해 보세요.

( )

5. 분수의 덧셈과 뺄셈 **101**

3 작동과 정지를 번갈아가며 반복하는 어떤 기계가 한 번 작동하는 시간은 $2\frac{3}{4}$시간이고, 한 번 정지하는 시간은 $\frac{1}{6}$시간입니다. **이 기계가 3번 작동하는 데 걸리는 시간은 모두 몇 시간 몇 분**인지 구해 보세요.

> 기계가 3번 작동하는 데 걸리는 시간은 몇 번 작동과 정지를 반복하는 것인지 찾습니다.

(   )

4 빈 욕조에 ㉮ 수도꼭지로 물을 가득 채우는 데 30분이 걸리고, ㉯ 수도꼭지로 물을 가득 채우는 데 15분이 걸립니다. 같은 크기의 빈 욕조에 구멍이 나서 ㉯ 수도꼭지로만 물을 가득 채우는 데 20분이 걸렸습니다. ㉮와 ㉯ 수도꼭지를 동시에 틀어 구멍이 난 빈 욕조를 채울 때 **두 수도꼭지로 1분 동안 채울 수 있는 물의 양은 전체의 몇 분의 몇**인지 구해 보세요. (단, 두 수도꼭지에서 나오는 물의 양과 구멍으로 나가는 물의 양은 각각 일정합니다.)

(   )

5 분수를 다음과 같이 규칙에 따라 늘어놓았습니다. **20째 분수와 30째 분수의 차**를 구해 보세요.

$$1\frac{1}{5},\ 1\frac{2}{5},\ 1\frac{3}{5},\ 1\frac{4}{5},\ 2\frac{1}{6},\ 2\frac{2}{6},\ 2\frac{3}{6},\ 2\frac{4}{6},\ 3\frac{1}{7}\ \cdots\cdots$$

(   )

★1%★
도전

6 영서네 학교 학생 중 전체의 $\frac{7}{40}$은 5학년이고, 전체의 $\frac{1}{5}$은 6학년입니다. 1학년부터 4학년 학생 중에서 여학생은 $\frac{2}{5}$이고, 안경을 쓴 남학생은 $\frac{1}{5}$입니다. 1학년부터 4학년 학생 중에서 안경을 쓰지 않은 남학생이 200명이라면 영서네 학교 **전체 학생 수는 몇 명**인지 구해 보세요.

(   )

01 다음 세 분수 중에서 가장 큰 수와 가장 작은 수의 합을 구해 보세요.

$$5\frac{8}{9} \quad 4\frac{5}{12} \quad 5\frac{4}{7}$$

(   )

02 ⓒ에 알맞은 수를 구해 보세요.

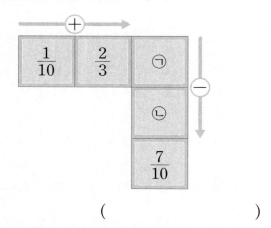

(   )

03 냉장고에 우유가 $\frac{5}{6}$ L 있었습니다. 그중에서 주연이가 $\frac{4}{15}$ L를 마셨고, 동생이 $\frac{3}{10}$ L를 마셨습니다. 남은 우유는 몇 L인지 구해 보세요.

(   )

04 계산 결과가 가장 큰 것과 가장 작은 것의 차를 구해 보세요.

$$\bigcirc\ \frac{1}{4}+\frac{5}{12} \quad \bigcirc\ \frac{1}{2}+\frac{1}{3} \quad \bigcirc\ \frac{11}{15}-\frac{3}{10}$$

(   )

05 어떤 수에서 $2\frac{4}{5}$ 를 빼야 할 것을 잘못하여 더했더니 $7\frac{3}{4}$ 이 되었습니다. 바르게 계산하면 얼마인지 구해 보세요.

(   )

06 3장의 수 카드를 한 번씩 모두 사용하여 가장 큰 대분수와 가장 작은 대분수를 만들었습니다. 만든 두 대분수의 차를 구해 보세요.

$$\boxed{1} \quad \boxed{5} \quad \boxed{9}$$

(   )

07 성은이는 이모 댁에 가는 데 오전 11시에 출발하여 버스로 $\frac{4}{5}$시간, 기차로 $2\frac{7}{12}$시간을 갔습니다. 성은이가 이모 댁에 도착한 시각은 오후 몇 시 몇 분인지 구해 보세요.

(   )

08 효주는 전체가 360쪽인 소설책을 어제까지 전체의 $\frac{4}{9}$를 읽었고, 오늘은 전체의 $\frac{7}{18}$을 읽었습니다. 남은 쪽수는 몇 쪽인지 구해 보세요.

(   )

09 다음 식을 만족하는 네 자연수 ㉠, ㉡, ㉢, ㉣의 합을 구해 보세요.

$$\frac{15}{16} = \frac{1}{㉠} + \frac{1}{㉡} + \frac{1}{㉢} + \frac{1}{㉣}$$

(   )

10 길이가 $3\frac{4}{7}$ m인 색 테이프 3장을 $\frac{16}{21}$ m씩 겹치도록 한 줄로 길게 이어 붙였습니다. 이어 붙인 색 테이프의 전체 길이는 몇 m인가요?

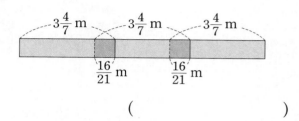

(   )

최상위
11 과수원에 있던 귤을 첫째 날은 전체의 $\frac{1}{6}$, 둘째 날은 전체의 $\frac{1}{4}$, 셋째 날은 전체의 $\frac{5}{12}$, 넷째 날은 전체의 $\frac{1}{8}$을 팔았습니다. 팔고 남은 귤이 50상자일 때 처음에 있던 귤은 모두 몇 상자인지 구해 보세요. (단, 귤은 상자로만 판매합니다.)

(   )

최상위
12 분수를 다음과 같이 규칙에 따라 늘어놓았습니다. 16째 분수와 20째 분수의 차를 구해 보세요.

$$2\frac{1}{3}, \ 2\frac{2}{3}, \ 3\frac{1}{4}, \ 3\frac{2}{4}, \ 4\frac{1}{5}, \ 4\frac{2}{5}, \ 5\frac{1}{6} \ \cdots\cdots$$

(   )

절치부심

切 齒 腐 心

끊을 절　　이 치　　썩을 부　　마음 심

바로 뜻 이를 갈고 마음을 썩인다는 뜻.
깊은 뜻 매우 화가 나고 분하여 속을 썩인다는 말이에요.

어릴 적부터 태권도를 배우기 시작한 지현이는 유명한 태권도 선수가 되는 것이 꿈이었어요.

어느 날 열린 태권도 대회에서 지현이는 사람들의 응원을 받으며 경기를 시작했어요!

그런데 경기가 시작되자 상대 선수는 반칙을 하며 지현이를 공격했어요.

하지만 심판은 이것을 보지 못 했고 경기에서 진 지현이는 분한 마음이 들었어요.

다음 대회가 열리는 날 지현이는 경기 전 인터뷰에서 이렇게 말했어요.

"지난 대회 후 저는 1년 동안 ☐☐☐☐하여 이기기 위해 준비해왔습니다.

오늘 꼭 승리할 수 있도록 하겠습니다!"

잠깐! Quiz

Q ☐☐☐☐에 들어갈 말은?

A 왼쪽 한자와 오른쪽 음을 알맞은 것 끼리 선으로 이어 봅니다.

切 ·	· 심
齒 ·	· 치
腐 ·	· 부
心 ·	· 절

6

다각형의 둘레와 넓이

1 평면도형의 둘레

(1) (정다각형의 둘레)＝(한 변의 길이)×(변의 수)

(2) (직사각형의 둘레)＝{(가로)＋(세로)}×2

(3) (평행사변형의 둘레)

＝{(한 변의 길이)＋(다른 한 변의 길이)}×2

(4) (마름모의 둘레)＝(한 변의 길이)×4

2 넓이의 단위

(1) $1\ cm^2$: 한 변의 길이가 $1\ cm$인 정

사각형의 넓이

→ 읽기: 1 제곱센티미터

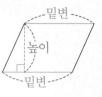

(2) $1\ m^2$: 한 변의 길이가 $1\ m$인 정사

각형의 넓이

→ 읽기: 1 제곱미터

(3) $1\ km^2$: 한 변의 길이가 $1\ km$

인 정사각형의 넓이

→ 읽기: 1 제곱킬로미터

$$1\ m^2＝10000\ cm^2,\ 1\ km^2＝1000000\ m^2$$

> **선행 개념** [5-2] 직육면체, [6-1] 부피의 단위
>
> • **직육면체**: 직사각형 6개로 둘러싸인 도형
>
> | | | |
> |---|---|---|
> | $1\ cm^3$ | (그림) | 한 모서리의 길이가 $1\ cm$인 정육면체의 부피
→ 읽기: 1 세제곱센티미터 |
> | $1\ m^3$ | (그림) | 한 모서리의 길이가 $1\ m$인 정육면체의 부피
→ 읽기: 1 세제곱미터 |

3 직사각형의 넓이

(1) (직사각형의 넓이)＝(가로)×(세로)

(2) (정사각형의 넓이)＝(한 변의 길이)×(한 변의 길이)

예 8 cm, 5 cm

(직사각형의 넓이)

＝8×5＝40 (cm²)

4 평면도형의 넓이

(1) 평행사변형

① 밑변: 평행사변형에서 평행한 두 변

② 높이: 두 밑변 사이의 거리

③ (평행사변형의 넓이)

＝(밑변의 길이)×(높이)

(2) 삼각형

① 밑변: 삼각형의 한 변

② 높이: 밑변과 마주 보는 꼭짓점에서 밑변에 수직으로 그은 선분의 길이

③ (삼각형의 넓이)

＝(밑변의 길이)×(높이)÷2

(3) (마름모의 넓이)

＝(한 대각선의 길이)×(다른 대각선의 길이)÷2

예

4 cm, 7 cm

(마름모의 넓이)

＝7×4÷2

＝28÷2＝14 (cm²)

(4) 사다리꼴

윗변, 아랫변

① 밑변: 사다리꼴에서 평행한 두 변

② 높이: 두 밑변 사이의 거리

③ (사다리꼴의 넓이)

＝{(윗변의 길이)

＋(아랫변의 길이)}×(높이)÷2

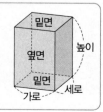

> **선행 개념** [6-1] 직육면체의 부피와 겉넓이
>
> • (직육면체의 부피)
>
> ＝(가로)×(세로)×(높이)
>
> • (직육면체의 겉넓이)
>
> ＝(한 밑면의 넓이)×2＋(옆면의 넓이)

5 밑변과 높이가 같은 삼각형의 넓이

예 삼각형 가의 넓이가 $24\ cm^2$일 때 삼각형 나와 다의 넓이는 몇 cm^2인지 각각 구하기

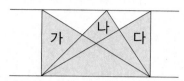

삼각형의 밑변의 길이와 높이가 같으면 모양이 다르더라도 넓이는 같습니다.

→ (가의 넓이)＝(나의 넓이)＝(다의 넓이)
　　　　　　　＝$24\ cm^2$

6 도형에서 선분의 길이 구하기

예 삼각형의 넓이를 이용하여 선분 ㄷㄹ의 길이 구하기

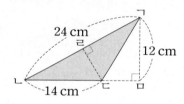

① (삼각형의 넓이)＝$14 \times 12 \div 2 = 84\ (cm^2)$
② 선분 ㄱㄴ을 밑변으로 할 때 높이는 선분 ㄷㄹ입니다.
　　→ $24 \times (선분\ ㄷㄹ) \div 2 = 84,$
　　　　$(선분\ ㄷㄹ) = 84 \times 2 \div 24 = 7\ (cm)$

7 직각으로 이루어진 도형의 둘레

예 직각으로 이루어진 도형의 둘레 구하기

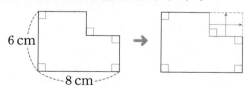

① 도형의 변을 화살표 방향으로 이동해 봅니다.
② (도형의 둘레)
　　＝(가로 8 cm, 세로 6 cm인 직사각형의 둘레)
③ (도형의 둘레)＝$(8+6) \times 2$
　　　　　　　　＝$14 \times 2 = 28\ (cm)$

1 정육각형의 둘레는 몇 cm인지 구해 보세요.

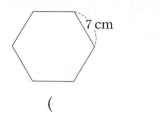

(　　　　　　　　　)

2 직사각형의 넓이를 구해 보세요.

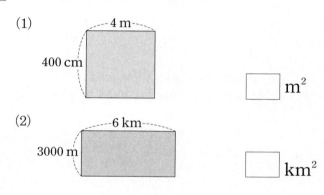

(1)　　　　　　　　　　$\square$ m^2

(2)　　　　　　　　　　$\square$ km^2

3 삼각형의 넓이는 몇 cm^2인지 구해 보세요.

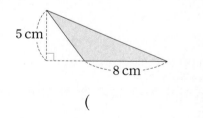

(　　　　　　　　　)

4 다음과 같은 사다리꼴 모양의 텃밭이 있습니다. 텃밭의 넓이는 몇 m^2인지 구해 보세요.

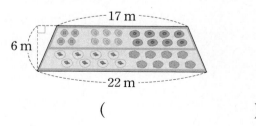

(　　　　　　　　　)

여러 가지 사각형의 둘레 구하기

01 **직사각형 가와 마름모 나의 둘레의 합은 몇 cm인지 구해 보세요.**

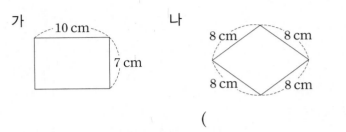

( )

모눈 한 칸의 넓이를 이용하여 도형의 넓이 구하기

02 **도형 가와 나의 넓이의 차는 몇 cm²인지 구해 보세요.**

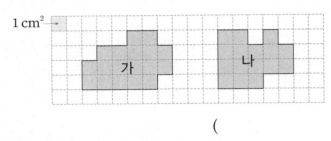

( )

▸레벨UP공략 **01**

◆ 모눈 한 칸의 넓이가 주어진 경우 도형의
넓이는?
(도형의 넓이)
=(모눈 한 칸의 넓이)×(모눈 칸의 개수)

도형의 넓이 비교하기

03 **넓이가 가장 넓은 것을 찾아 기호를 써 보세요.**

> ㉠ 밑변의 길이가 3 cm, 높이가 8 cm인 삼각형의
> 넓이
> ㉡ 한 대각선의 길이가 9 cm, 다른 대각선의 길이가
> 4 cm인 마름모의 넓이
> ㉢ 윗변의 길이가 5 cm, 아랫변의 길이가 6 cm, 높
> 이가 4 cm인 사다리꼴의 넓이

( )

정다각형의 한 변의 길이 구하기 💡창의융합

04 민서가 다음과 같은 교통안전 표지판을 그렸습니다. 서행 표지인 정삼각형의 둘레는 15 cm이고, 일시정지 표지인 정팔각형의 둘레는 48 cm입니다. **두 도형의 한 변의 길이의 차는 몇 cm**인지 구해 보세요.

서행   일시정지

(   )

둘레가 주어진 도형의 넓이 구하기 ✏서술형

05 오른쪽 사다리꼴의 둘레는 78 cm입니다. 이 **사다리꼴의 넓이는 몇 cm²**인지 풀이 과정을 쓰고, 답을 구해 보세요.

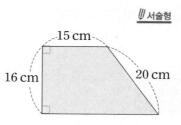

풀이

_____

_____

답

레벨UP공략 ②

◇ 둘레가 주어진 도형에서 모르는 변의 길이를 구하려면?

둘레에서 알고 있는 변의 길이를 뺍니다.

□=(둘레)−㉠−㉡

6
단원

넓이를 이용하여 선분의 길이 구하기

06 삼각형과 마름모의 넓이가 같을 때 **마름모의 다른 대각선의 길이는 몇 cm**인지 구해 보세요.

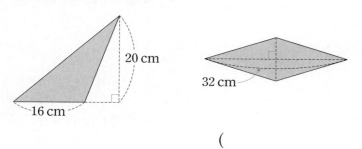

(   )

직각으로 이루어진 도형의 둘레 구하기

07 도형의 둘레는 몇 **cm**인지 구해 보세요.

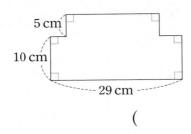

(   )

레벨UP공략 **03**

◇ 직각으로 이루어진 도형의 둘레를 구하려면?

[방법1] 변의 위치를 평행하게 옮겨 직사각형으로 만들어 구하기

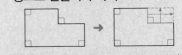

[방법2] 모든 선분의 길이를 구하여 더하기

색칠한 부분의 넓이 구하기

💡창의융합

08 다음은 세준이가 덴마크의 국기를 그린 것입니다. 덴마크의 국기에서 **빨간색으로 색칠한 부분의 넓이**는 몇 **cm²**인지 구해 보세요.

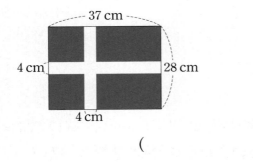

(   )

삼각형의 넓이를 이용하여 변의 길이 구하기

09 삼각형에서 **변 ㄴㄷ의 길이**는 몇 **cm**인지 구해 보세요.

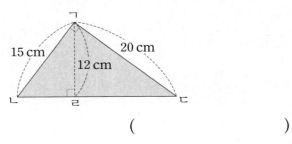

(   )

레벨UP공략 **04**

◇ 밑변의 길이에 따라 달라지는 삼각형의 넓이를 구하는 식은?

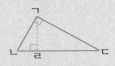

(삼각형 ㄱㄴㄷ의 넓이)
= (변 ㄴㄷ)×(선분 ㄱㄹ)÷2
= (변 ㄱㄴ)×(선분 ㄱㄷ)÷2

└ 밑변의 길이

겹쳐진 도형에서 색칠한 부분의 넓이 구하기   ⚒️ 서술형

10 다음과 같이 모양과 크기가 같은 두 직사각형이 겹쳐져 있습니다. **겹쳐진 부분이 직사각형일 때 색칠한 부분의 넓이는 몇 km²인지** 풀이 과정을 쓰고, 답을 구해 보세요.

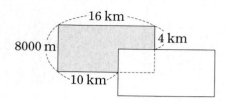

풀이 _____

_____

_____

답 _____

변의 길이를 몇 배하여 새로 만든 도형의 넓이 구하기

11 밑변의 길이가 9 cm, 높이가 8 cm인 삼각형이 있습니다. 이 삼각형의 밑변의 길이와 높이를 각각 2배 하여 새로운 삼각형을 만들었습니다. **새로 만든 삼각형의 넓이는 처음 삼각형의 넓이의 몇 배**인지 구해 보세요.

(   )

복잡한 도형의 넓이 구하기

12 **도형의 넓이는 몇 cm²인지** 구해 보세요.

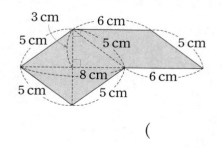

(   )

◀레벨UP공략 **05**

❖ 복잡한 도형의 넓이를 구하려면?
도형을 삼각형, 직사각형, 평행사변형 등으로 나누어 넓이를 구합니다.

6
단원

정사각형을 겹치지 않게 이어 붙여서 만든 도형의 넓이

13 정사각형 6개를 겹치지 않게 이어 붙여서 오른쪽과 같은 도형을 만들었습니다. **도형의 둘레가 126 cm일 때 도형의 넓이는 몇 cm²인지 구해 보세요.**

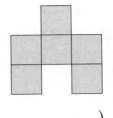

(   )

> 레벨UP공략 **06**
>
> ◇ 정사각형 여러 개를 겹치지 않게 이어 붙여 만든 도형에서 정사각형의 한 변의 길이를 구하려면?
> (정사각형의 한 변의 길이)
> =(전체 둘레)
>   ÷(도형 둘레의 정사각형의 변의 개수)

도형의 겹쳐지는 부분의 넓이 구하기   new 신유형

14 다음 그림과 같이 똑같은 직사각형 모양의 색 테이프 2장을 겹쳐 붙이려고 합니다. **겹쳐지는 부분의 넓이는 몇 cm²인가요?**

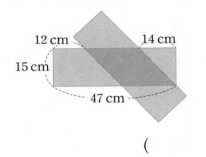

12 cm   14 cm

15 cm

47 cm

(   )

둘레와 넓이가 주어진 직사각형의 가로와 세로 구하기

15 둘레가 48 cm이고 넓이가 140 cm²인 직사각형이 있습니다. 이 직사각형의 가로가 세로보다 길 때 **가로와 세로는 각각 몇 cm인지 구해 보세요.**

가로 (   )

세로 (   )

색칠한 부분의 넓이 구하기

16 오른쪽 도형에서 색칠한 부분의 넓이는 몇 m^2인지 구해 보세요.

500 cm
6 m
500 cm
15 m

(   )

• 레벨UP공략 **07**

◆ 도형에서 색칠한 부분의 넓이를 구하려면?

방법1 전체 도형의 넓이에서 색칠하지 않은 부분의 넓이 빼기

방법2 색칠한 부분을 나누어서 구하기

정사각형의 넓이를 이용하여 평행사변형의 넓이 구하기   〰서술형

17 정사각형 가와 나의 넓이가 각각 $9\,cm^2$, $16\,cm^2$입니다. **평행사변형 ㄱㄴㄷㄹ의 넓이는 몇 cm^2인지 풀이 과정을 쓰고, 답을 구해 보세요.**

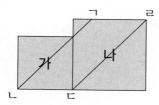

풀이

_____

_____

답 _____

높이가 같은 도형의 넓이 구하기

18 오른쪽 도형에서 사각형 ㄱㄴㄷㅁ과 사각형 ㅂㄷㄹㅁ은 평행사변형입니다. 평행사변형 ㄱㄴㄷㅁ의 넓이가 $132\,cm^2$일 때 **평행사변형 ㅂㄷㄹㅁ의 넓이는 몇 cm^2인지** 구해 보세요.

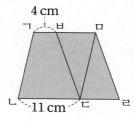

4 cm
11 cm

(   )

넓이의 관계를 이용하여 삼각형의 넓이 구하기

19 오른쪽 직사각형 ㄱㄴㄷㄹ에서 점 ㅁ, 점 ㅂ은 대각선 ㄱㄷ을 3등분 한 점입니다. **삼각형 ㄹㅁㅂ의 넓이는 몇 cm²**인지 구해 보세요.

( )

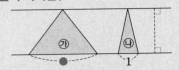

레벨UP공략 **03**

◆ 넓이의 관계를 이용하여 삼각형의 넓이를 구하려면?

삼각형 ㉮와 삼각형 ㉯의 높이는 같고 삼각형 ㉮의 밑변의 길이가 삼각형 ㉯의 밑변의 길이의 ●배일 때
(삼각형 ㉮의 넓이)=(삼각형 ㉯의 넓이)×●

사다리꼴의 넓이를 이용하여 변의 길이 구하기

20 도형에서 사다리꼴 ㄱㄴㄷㅁ의 넓이는 삼각형 ㅁㄷㄹ의 넓이의 2배입니다. **선분 ㄱㅁ의 길이는 몇 cm**인지 구해 보세요.

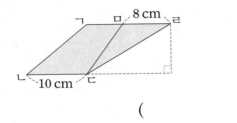

( )

같은 변을 갖는 두 도형의 넓이 구하기

21 오른쪽 그림은 직사각형 ㄱㄴㄷㄹ과 평행사변형 ㅁㄴㄷㅂ을 겹쳐 놓은 것입니다. 색칠한 부분의 넓이가 196 cm²일 때 **선분 ㅅㄷ의 길이는 몇 cm**인지 구해 보세요.

new 신유형

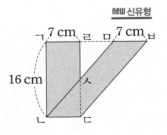

( )

01 평행사변형 가와 사다리꼴 나의 넓이의 차는 몇 cm²인가요?

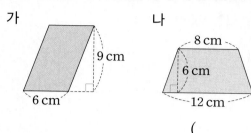

가

나

( )

| 해결 순서 |
❶ 평행사변형 가와 사다리꼴 나의 넓이
  각각 구하기
❷ 위 ❶에서 구한 두 넓이의 차 구하기

02 원 안에 가장 큰 마름모를 그렸습니다. 이 마름모의 넓이가 128 km²일 때 **원의 반지름은 몇 km**인지 풀이 과정을 쓰고, 답을 구해 보세요.

⫸서술형

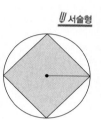

풀이

답

6
단원

03 실러캔스 화석이 들어 있던 돌을 모눈종이에 나타낸 그림입니다. 모눈종이에 나타낸 그림의 넓이가 264 cm²일 때 **모눈종이 한 칸의 넓이는 몇 cm²**인지 구해 보세요.

┌─▶ 수만 년 전 멸종된 것으로 알려졌으나 아프리카에서 발견된 물고기

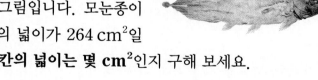

≪110쪽 02번 레벨UP공략

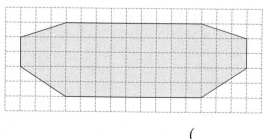

( )

6. 다각형의 둘레와 넓이 | **117**

04 큰 마름모 모양의 땅 안에 작은 마름모 모양의 호수가 있습니다. 작은 마름모의 두 대각선의 길이는 각각 큰 마름모의 두 대각선의 길이의 반입니다. **호수를 제외한 땅 부분의 넓이는 몇 m²인지 구해 보세요.**

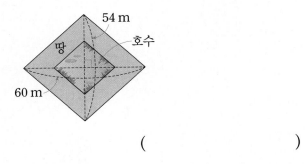

(   )

05 그림에서 **색칠한 부분의 넓이는 몇 km²인지 구해 보세요.**

《112쪽 08번 레벨UP공략

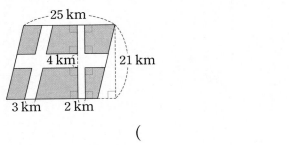

(   )

06 넓이가 64 cm²인 정사각형의 가로와 세로를 각각 5배 하여 정사각형을 새로 만들었습니다. **새로 만든 정사각형의 둘레와 넓이를 각각 구해 보세요.**

둘레 (   )

넓이 (   )

07 직사각형 모양의 종이에서 직사각형 3개를 잘라내고 남은 것입니다. **잘라 내고 남은 종이의 둘레는 몇 cm인지 구해 보세요.**

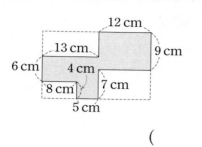

≪112쪽 07번 레벨UP공략

(   )

💡창의융합 ✍서술형

08 한옥 문살에 한 변의 길이가 24 cm인 정사각형 모양의 한지 4장을 그림과 같이 4 cm씩 겹쳐지게 붙였습니다. **문살에 한지를 붙인 부분의 넓이는 몇 cm²인지 풀이 과정을 쓰고, 답을 구해 보세요.**

 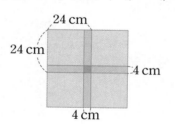

풀이

답

09 오른쪽 그림은 크기가 다른 마름모 2개를 겹쳐 놓은 것입니다. 겹쳐진 부분도 마름모일 때 **도형 전체의 넓이는 몇 cm²인지 구해 보세요.**

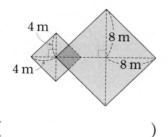

(   )

| 해결 순서 |
❶ 작은 마름모와 큰 마름모의 넓이 각각 구하기
❷ 겹쳐진 부분의 넓이 구하기
❸ 도형 전체의 넓이 구하기

6
단원

10 사각형 ㄱㄴㄷㄹ은 크기가 같은 직사각형 4개를 겹치지 않게 이어 붙여서 만든 도형입니다. 사각형 ㄱㄴㄷㄹ의 둘레가 84 cm일 때 **사각형 ㄱㄴㄷㄹ의 넓이는 몇 cm²인지 구해 보세요.**

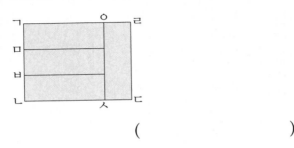

( )

11 오른쪽 사각형 ㄱㄴㄷㄹ은 직각삼각형 ㄱㄴㄷ과 한 각이 직각인 이등변삼각형 ㄱㄷㄹ을 겹치지 않게 이어 붙여서 만든 것입니다. **이 사각형 ㄱㄴㄷㄹ의 넓이는 몇 cm²인지 구해 보세요.**

《112쪽 09번 레벨UP공략

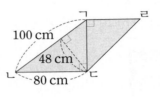

( )

new 신유형

12 소정이와 현기가 한글날을 맞이하여 한글 모양의 도형을 각각 만든 것입니다. **두 사람이 만든 도형의 넓이의 차는 몇 cm²인지 구해 보세요.**

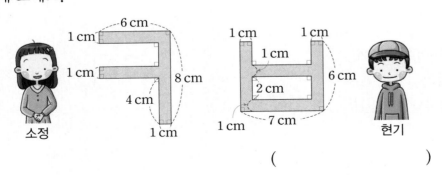

( )

잠깐!

자음을 만든 원리를 알아볼까요?

'ㄱ'은 혀가 목구멍에 닿는 모양을, 'ㄴ'은 혀가 윗잇몸에 붙는 모양을 본 떠서 만들었습니다.

13 평행사변형 ㄱㄴㄷㄹ의 넓이는 $168\ m^2$입니다. 변 ㄴㅂ과 변 ㅂㄷ의 길이가 같고 변 ㄱㅁ과 변 ㅁㄴ의 길이가 같을 때 **삼각형 ㄱㅁㅂ의 넓이는 몇 cm^2인지** 구해 보세요.

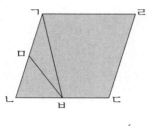

(   )

| 해결 순서 |
❶ 삼각형 ㄱㄴㅂ의 넓이 구하기
❷ 삼각형 ㄱㅁㅂ의 넓이 구하기

///서술형

14 한 변의 길이가 $10\ cm$인 정사각형과 윗변의 길이가 $8\ cm$, 아랫변의 길이가 $12\ cm$인 사다리꼴을 겹쳐 놓은 도형입니다. 정사각형의 넓이는 겹쳐진 부분의 넓이의 5배이고, 사다리꼴의 넓이는 겹쳐진 부분의 넓이의 8배입니다. **사다리꼴의 높이는 몇 cm인지** 풀이 과정을 쓰고, 답을 구해 보세요.

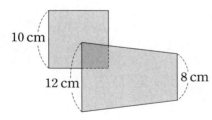

10 cm

12 cm   8 cm

풀이

답

6 단원

15 사다리꼴 ㄱㄴㅂㅅ의 넓이는 삼각형 ㄱㅂㅅ의 넓이의 5배이고, 변 ㄴㅂ의 길이는 변 ㄷㄹ의 길이의 6배입니다. 삼각형 ㄱㅂㅅ의 넓이가 36 cm²일 때 **삼각형 ㄱㄷㄹ의 넓이는 몇 cm²인지** 구해 보세요.

≪116쪽 19번 　레벨UP공략

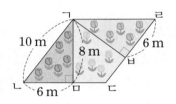

(　　　　　　　　　)

16 오른쪽과 같이 마름모 모양의 꽃밭에 빨간색, 노란색, 분홍색 튤립을 각각 심었습니다. 선분 ㄱㅁ과 선분 ㄱㅂ의 길이가 같을 때 **노란색 튤립을 심은 부분의 넓이는 몇 m²인지** 구해 보세요.

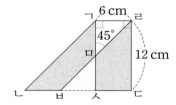

(　　　　　　　　　)

17 삼각형 ㄱㄴㅅ과 삼각형 ㄹㅂㄷ은 모양과 크기가 같습니다. **색칠한 부분의 넓이는 몇 cm²인지** 구해 보세요.

(　　　　　　　　　)

| 6 cm |
| 45° |
| 12 cm |

〔 **해결 순서** 〕
❶ 선분 ㄱㅁ, 선분 ㅁㅅ의 길이 구하기
❷ 색칠한 부분의 넓이 구하기

정답 및 풀이 ▶ 45쪽

1 다음과 같이 정사각형 모양의 공원 안에 마름모 모양의 연못이 있습니다. 공원의 넓이가 50 m²이고, 선분 ㅁㅂ이 3 m일 때 **공원에서 연못의 넓이를 뺀 나머지 넓이는 몇 m²인지** 구해 보세요.

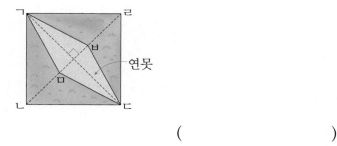

(   )

2 가로의 길이는 같고, 세로가 1 cm씩 커지는 직사각형을 겹치지 않게 이어 붙여 다음과 같은 도형을 만들었습니다. 가운데 사각형 다가 정사각형일 때 만든 도형에서 **색칠한 부분의 넓이는 몇 cm²인가요?**

> 사각형 다는 정사각형이므로 사각형 다의 가로와 세로의 길이가 같습니다.

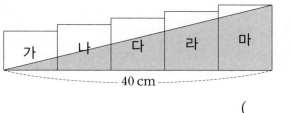

(   )

3 다음 도형에서 **색칠한 부분의 넓이는 몇 m²**인지 구해 보세요.

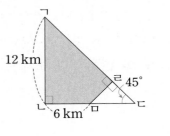

(   )

4 다음 그림과 같이 직사각형 모양의 종이를 접어서 사다리꼴을 만들었습니다. 삼각형 ㄱㄴㅂ의 넓이는 삼각형 ㅂㅁㄹ의 넓이의 4배일 때 **사다리꼴 ㄱㄴㅁㄹ의 넓이는 몇 cm²**인지 구해 보세요.

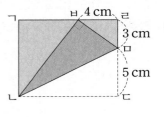

(   )

정답 및 풀이 ▶ 45쪽

5 다음은 어느 중학교 야구반의 스트라이크 존을 사각형 ㄹ
ㅇㅈㅁ으로 나타낸 그림입니다. **스트라이크 존의 둘레는
몇 cm인가요?**

• 야구에서 투수가 던진 공이
스트라이크로 판정되는 범위

💡창의융합

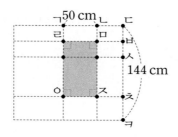

• (선분 ㄷㅋ)=(선분 ㄷㅅ)×3
• (선분 ㅅㅊ)×3=(선분 ㅊㅋ)×5
• (선분 ㄷㅂ)=(선분 ㅂㅅ)

(   )

6 평행사변형 ㄱㄴㄷㄹ에서 삼각형 ㄱㅂㅅ의 넓이가 6 cm²입니다. 변 ㄹㅁ의 길이
는 변 ㅁㄷ의 길이의 2배일 때, **평행사변형 ㄱㄴㄷㄹ의 넓이는 몇 cm²인지 구해**
보세요.

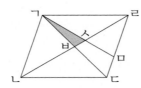

(   )

01 사다리꼴의 넓이는 몇 m²인지 구해 보세요.

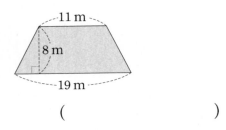

(   )

02 두 도형은 정다각형입니다. 둘레가 더 긴 것을 찾아 기호를 써 보세요.

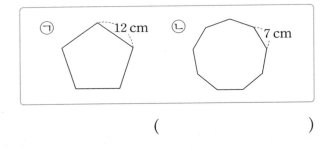

(   )

03 직사각형의 둘레는 34 cm입니다. 이 직사각형의 넓이는 몇 cm²인지 구해 보세요.

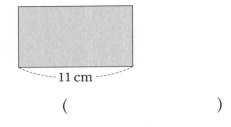

(   )

04 큰 마름모 안에 작은 마름모를 그린 것입니다. 작은 마름모의 두 대각선의 길이는 각각 큰 마름모의 두 대각선의 길이의 반입니다. 색칠한 부분의 넓이는 몇 cm²인지 구해 보세요.

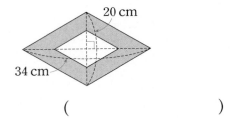

(   )

05 색칠한 부분의 넓이의 합은 몇 cm²인지 구해 보세요.

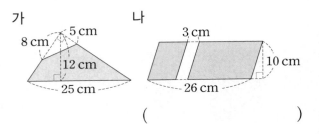

(   )

06 다음 도형에서 사다리꼴 ㄱㄷㄹㅁ의 넓이는 삼각형 ㄱㄴㄷ의 넓이의 3배입니다. 선분 ㄷㄹ의 길이는 몇 m인지 구해 보세요.

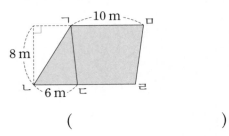

(   )

07 직사각형 모양의 종이를 그림과 같이 대각선을 따라 접었습니다. 삼각형 ㄱㅂㄷ의 넓이는 몇 cm²인지 구해 보세요.

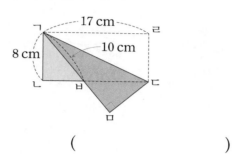

( )

08 사다리꼴 ㄱㄴㄷㄹ의 넓이는 몇 cm²인지 구해 보세요.

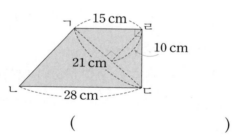

( )

09 다음 도형에서 색칠한 부분의 넓이는 몇 m²인지 구해 보세요.

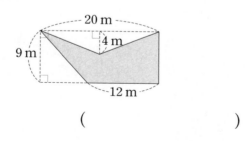

( )

10 직사각형 ㄱㄴㄷㄹ에서 점 ㅁ, 점 ㅂ, 점 ㅅ은 대각선 ㄴㄹ을 4등분 한 점입니다. 삼각형 ㄱㅂㅅ의 넓이는 몇 cm²인가요?

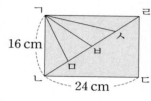

( )

⟨최상위⟩
11 직사각형 ㄱㄴㄷㄹ과 평행사변형 ㄱㅁㅂㄹ을 겹쳐 놓은 도형입니다. 색칠한 부분의 넓이가 138 cm²일 때 선분 ㅅㄷ은 몇 cm인가요?

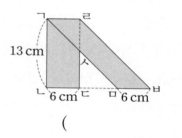

( )

⟨최상위⟩
12 다음 도형에서 색칠한 부분의 넓이는 몇 m²인지 구해 보세요.

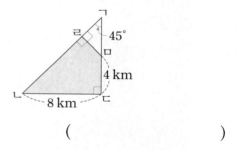

( )

망양지탄

望 洋 之 歎
바랄 **망**　　바다 **양**　　갈 **지**　　탄식할 **탄**

바로 뜻 넓은 바다를 바라보고 감탄한다는 뜻.
깊은 뜻 다른 사람의 위대함을 보고 자신의 미흡함을 부끄러워한다는 말이에요.

옛날 **황하**에 **하백**이라는 물의 신이 살고 있었어요.

하백은 늘 자기가 사는 강을 보며 그 넓고 풍부함에 **감탄**을 하였지요.

그러던 어느 날 하백은 황하를 떠나 **바다**를 직접 확인하고자 하였어요.

그래서 하백은 난생 처음 긴 여행길에 올랐고, 황하를 조금 벗어나자 새로운 세상이 펼쳐졌

어요. 그곳은 너무나 넓어 사방을 둘러보아도 끝이 보이질 않았어요.

그제서야 하백은 자신이 **세상**의 큰 모습에 비해 얼마나 초라한지를 알고 탄식하며 말했어요.

"세상에는 이렇게 큰 물도 있었구나. 나는 그동안 얼마나 어리석은 **자만**에 빠져 있었던가."

이렇게 다른 사람의 **위대함**을 보고 자신의 **미흡함**을 부끄러워한다는 말을

☐☐☐☐이라고 부르게 되었답니다.

바다―!!
이렇게 큰 물이 있다니~!!

잠깐! Quiz

Q ☐☐☐☐에 들어갈 말은?

A 위의 글을 읽고 파란색 글자들을 아래에서 모두 찾아 /표로 지웁니다.

			위	대	함
	황	하			세
자			바	다	상
만				하	
망	양	지	탄	백	
감	탄		미	흡	함

사고력을 키워 상위권을 공략하는

큐브
수학
심화
STRONG

경시대비북

◆ 경시대회 예상 문제 ¦ 실전! 경시대회 모의고사

5·1

동아출판

◐ **경시대회 예상 문제**

- 수학경시대회에서 자주 출제되는 문제들을 단원별로 2회씩 제공하였습니다.
- 진도북의 한 단원이 끝난 후 〈응용 단원 평가〉로 활용할 수 있습니다.

◐ **경시대회 모의고사**

수학경시대회에서 출제될 수 있는 실전 문제, 신유형 문제, 사고력 문제, 고난도 문제입니다.

시험 시간에 맞게 평가를 실시하여 실전 경시대회에 대비합니다.

차례 및 성취 분석표

5·1

┃ **우수**인 경우는 진도북의 〈**응용 공략하기**〉 문제를 다시 한 번 풀어 보세요.
┃ **재도전**인 경우는 진도북의 〈**응용 개념**〉, 〈**레벨UP공략법**〉을 다시 공부하세요.

경시대회 예상 문제 A형

1. 자연수의 혼합 계산

점수

1 계산 결과가 큰 순서대로 기호를 써 보세요. |5점

> ㉠ 27÷(3+6)   ㉡ 54÷(6÷3)
> ㉢ 70−(26+13)   ㉣ (18−4)×9

(   )

2 ㉠과 ㉡의 차는 얼마인지 풀이 과정을 쓰고, 답을 구해 보세요. |5점 |||서술형

> ㉠ 23×5−2
> ㉡ 23×(5−2)

풀이

답

3 어느 미술관의 오늘 입장객 수는 어른이 152명, 어린이가 84명이라고 합니다. 그중에서 남자가 102명이라면 여자는 몇 명인지 하나의 식으로 나타내어 구해 보세요. |8점

식

답

4 계산 결과가 가장 큰 것과 가장 작은 것의 합을 구해 보세요. |8점

> ㉠ 60−(19+3)
> ㉡ 42+6−5
> ㉢ 18×3÷2

(   )

5 어느 공장에서 인형을 한 명이 1시간에 5개씩 만든다고 합니다. 9명이 같은 인형 270개를 만드는 데 몇 시간이 걸리는지 구해 보세요. |8점

(   )

6 ☐ 안에 알맞은 수를 구해 보세요. |8점

> 52−19+☐=26+24−15

(   )

♀ 창의융합

7 어느 음식점에서 어머니와 세희는 볶음밥 1인 분과 새우튀김 2인분을 먹었습니다. 20000원을 냈다면 거스름돈으로 얼마를 받아야 하는지 구해 보세요. | 8점

메뉴	1인분 가격
볶음밥	6500원
라면	3000원
만두	2500원
새우튀김	2500원

(   )

8 식이 성립하도록 ○ 안에 ＋, －, ×, ÷를 한 번씩 알맞게 써넣으세요. | 10점

$$2 \bigcirc 8 \bigcirc 27 \bigcirc 9 \bigcirc 6 = 19$$

9 가★나＝가×(나＋3)×나일 때, □ 안에 알맞은 수를 구해 보세요. | 10점

$$\square ★ 11 = 770$$

(   )

10 다음 그림과 같이 길이가 25 cm인 색 테이프 16장을 8 cm씩 겹쳐지게 한 줄로 이어 붙이고 있습니다. 이어 붙인 색 테이프 전체의 길이는 몇 cm인지 구해 보세요. | 10점

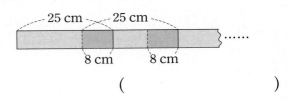

(   )

▨ 서술형

11 어떤 수에 7을 더하고 6을 곱해야 할 것을 잘 못하여 어떤 수에서 7을 빼고 6으로 나누었더니 3이 되었습니다. 바르게 계산한 값은 얼마인지 풀이 과정을 쓰고, 답을 구해 보세요. | 10점

풀이

답

12 수 카드 5장과 ＋, －, ×, ÷, (   )를 각각 한 번씩 모두 사용하여 계산 결과가 가장 큰 자연수가 되는 식을 만들어 보세요. | 10점

| 1 | 3 | 4 | 5 | 6 |

식

경시대회 예상 문제 B형

1. 자연수의 혼합 계산

점수

1 계산 결과가 50보다 큰 것을 찾아 기호를 써 보세요. |5점

> ㉠ 60÷(4+16)   ㉡ 50−20×2
> ㉢ 8×6+3   ㉣ 7×(5+1)

(   )

✍ 서술형

2 계산 결과를 비교하여 더 큰 식을 말한 사람은 누구인지 풀이 과정을 쓰고, 답을 구해 보세요.

|5점

84÷(4+2)   84÷4+2

효정   연우

풀이

답

3 똑같은 색연필 9자루의 값이 5400원일 때, 이 색연필 2자루의 값은 얼마인지 구해 보세요. |8점

식

답

4 계산기는 혼합 계산의 순서와 관계없이 누른 순서대로 계산을 합니다. 다음과 같은 순서로 계산기의 버튼을 눌렀을 때 계산 결과는 얼마인가요? |8점

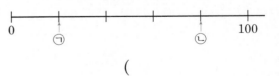

6 + 2 × 9 ÷ 3

(   )

5 동화책을 윤정이는 1주일 동안 161쪽 읽었고, 민성이는 1주일 동안 294쪽 읽었습니다. 두 사람이 매일 같은 쪽수씩 읽었다면 두 사람이 하루 동안 읽은 동화책 쪽수의 합은 몇 쪽인지 구해 보세요. |8점

(   )

6 다음 수직선에서 ㉠과 ㉡이 가리키는 수를 찾아 (㉡−㉠)÷4의 값을 구해 보세요. |8점

0   ㉠   ㉡   100

(   )

예상 문제

7 할머니의 연세는 아버지 연세의 2배보다 5살 적고, 아버지의 연세는 민정이 나이의 3배보다 7살 더 많습니다. 민정이의 나이가 13살이라면 할머니의 연세는 몇 살인지 구해 보세요. | 8점

💡창의융합

(   )

8 식이 성립하도록 (   )로 묶어 보세요. | 10점

$$23 + 15 \times 4 - 24 \div 6 = 29$$

9 다음 두 식 ㉠과 ㉡의 계산 결과가 같을 때 □ 안에 알맞은 수를 구하려고 합니다. 풀이 과정을 쓰고, 답을 구해 보세요. | 10점

✏서술형

㉠ $3 \times (46 - 28) \div 2 + 4$
㉡ $2 \times \square - (4 + 21 \div 3)$

풀이

답

10 길이가 532 cm인 철사로 다음과 같은 정삼각형 4개와 직사각형 1개를 만들려고 합니다. 겹치는 부분이 없도록 만든다면 남는 철사는 몇 cm인지 구해 보세요. | 10점

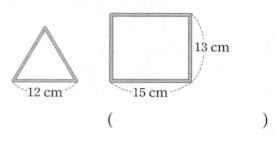

(   )

11 1부터 9까지의 자연수 중에서 □ 안에 알맞은 수를 모두 구해 보세요. | 10점

$$215 - (53 + 47) \div 5 \times 9 < 7 \times \square$$

(   )

12 성냥개비를 그림과 같은 규칙으로 놓아 정사각형을 만들고 있습니다. 성냥개비 55개로 만들 수 있는 정사각형은 모두 몇 개인가요? | 10점

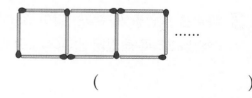

(   )

경시대회 예상 문제 A형

2. 약수와 배수

1 다음 중 약수의 수가 가장 많은 수는 어느 것인 지 구해 보세요. | 5점

| 3 | 9 | 18 | 35 |

(   )

서술형

2 대화를 읽고 잘못 말한 사람을 찾아 이름을 쓰고, 그 이유를 설명해 보세요. | 5점

1은 모든 자연수의 약수야.

16과 32의 공약수 중에서 가장 큰 수는 8이야.

19의 약수는 2개야.

영지   진석   민하

잘못 말한 사람

이유

3 8의 배수인 어떤 수가 있습니다. 이 수의 약수 들을 모두 더하였더니 60이 되었습니다. 어떤 수를 구해 보세요. | 8점

(   )

4 주어진 조건을 모두 만족하는 수를 구해 보세요. | 8점

• 15와 9의 공배수입니다.
• 150에 가장 가까운 수입니다.

(   )

5 양초 100개에 1부터 100까지 번호를 쓰고 불을 붙였습니다. 4의 배수도 되고 10의 배수도 되는 번호의 불이 꺼졌다면 불이 붙은 양초는 모두 몇 개인지 구해 보세요. | 8점

(   )

6 다음 3장의 수 카드를 한 번씩만 사용하여 세 자리 수를 만들려고 합니다. 만들 수 있는 수 중에서 4의 배수는 모두 몇 개인가요? | 8점

| 2 | 4 | 8 |

(   )

예상 문제

7 그림과 같이 직사각형 모양의 잔디가 있습니다. 잔디의 네 꼭짓점에는 반드시 기둥을 세우고 둘레에는 같은 간격으로 기둥을 세우려고 합니다. 기둥의 간격을 가능한 넓게 하려면 기둥은 모두 몇 개가 필요한지 구해 보세요. (단, 기둥의 두께는 생각하지 않습니다.) | 8점

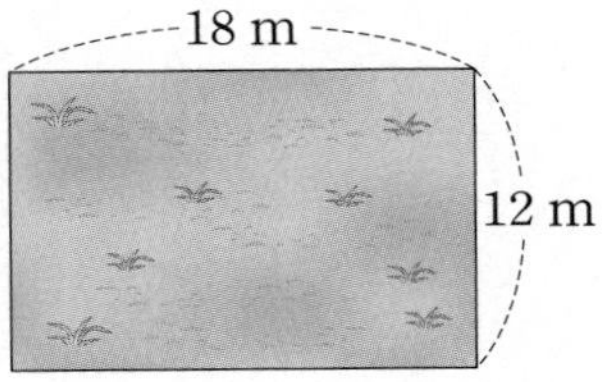

(   )

8 어떤 수와 42의 최대공약수는 6이고, 최소공배수는 210이라고 할 때 어떤 수를 구해 보세요.

| 10점

(   )

📖 서술형

9 가로가 42 cm, 세로가 63 cm인 직사각형 모양의 종이를 남김없이 똑같은 크기로 잘라 가장 큰 정사각형을 여러 개 만들려고 합니다. 만들 수 있는 정사각형은 모두 몇 개인지 풀이 과정을 쓰고, 답을 구해 보세요. | 10점

풀이

답

💡 창의융합

10 8분마다 울리는 알람시계와 5분마다 울리는 알람시계가 있습니다. 오전 8시에 처음으로 두 알람시계가 동시에 울렸다면, 세 번째로 알람시계가 동시에 울리는 시각은 오전 몇 시 몇 분인가요? | 10점

(   )

11 67을 어떤 수로 나누면 나머지가 4이고, 142를 어떤 수로 나누면 나머지가 7입니다. 어떤 수를 구해 보세요. | 10점

(   )

12 수지는 6일에 한 번씩, 지호는 10일에 한 번씩 도서관에 갑니다. 수요일인 오늘 두 사람이 도서관에 같이 갔습니다. 다음번에 수지와 지호가 도서관에 같이 가는 날이 수요일이 되려면 적어도 며칠 후인가요? | 10점

(   )

경시대회 예상 문제 B형

2. 약수와 배수

1 귤 18개를 여러 개의 접시에 똑같이 나누어 담으려고 합니다. 나누어 담는 방법은 모두 몇 가지인가요? (단, 접시는 1개보다 많습니다.) |5점

(   )

2 사과 63개와 배 54개를 될 수 있는 대로 많은 사람에게 남김없이 똑같이 나누어 주려고 합니다. 한 사람에게 사과와 배를 몇 개씩 나누어 줄 수 있는지 구해 보세요. |5점

사과 (   )

배 (   )

3 주어진 조건을 모두 만족하는 수를 모두 구해 보세요. |8점

> • 42의 약수입니다.
> • 70의 약수가 아닙니다.

(   )

4 ㉠과 ㉡의 차를 구해 보세요. |8점

$$
\begin{array}{r}
2)㉠㉡ \\
7)2835 \\
\hline
45
\end{array}
$$

(   )

5 두 수 ㉠과 ㉡의 최대공약수는 20입니다. ㉠과 ㉡의 공약수들의 합은 얼마인지 풀이 과정을 쓰고, 답을 구해 보세요. |8점 *서술형*

풀이

답

6 25로도 나누어떨어지고, 35로도 나누어떨어지는 수 중에서 가장 작은 수를 구해 보세요. |8점

(   )

🔆창의융합

7 가윤이네 반에는 1번부터 25번까지의 번호가 붙은 25개의 사물함이 닫혀 있습니다. 가윤, 석훈, 은미가 순서대로 사물함을 열고 닫았을 때 마지막에 열려 있는 사물함은 모두 몇 개인가요? |8점

가윤: 짝수 번호의 사물함을 모두 열었어.

석훈: 열려 있는 사물함 중 번호가 3의 배수인 사물함을 닫았어.

은미: 열려 있는 사물함 중 번호가 8의 배수인 사물함을 닫았어.

(   )

8 두 수 ㉮와 ㉯의 최대공약수를 ㉮▲㉯, 최소공배수를 ㉮★㉯로 나타낼 때, 다음 식을 계산해 보세요. |10점

$$(12 ▲ 32) + (15 ★ 40)$$

(   )

9 어떤 수를 3배 한 수와 9배 한 수가 각각 있습니다. 이 두 수의 최소공배수가 72일 때, 두 수의 최대공약수를 구해 보세요. |10점

(   )

10 ㉮ 상점은 8일마다, ㉯ 상점은 12일마다 정기 휴일입니다. ㉮와 ㉯ 상점이 3월 1일에 동시에 정기 휴일이었다면, 3월 1일 이후로 100일 동안 동시에 정기 휴일인 날은 모두 몇 번인가요? |10점

(   )

📝서술형

11 길이가 720 m인 산책로에 15 m마다 나무를 심고, 20 m마다 의자를 놓았습니다. 산책로 시작점에 심은 나무 밑에 의자를 놓았다면 이 산책로에서 나무 밑에 놓여 있는 의자는 모두 몇 개인지 풀이 과정을 쓰고, 답을 구해 보세요. (단, 나무와 의자의 두께는 생각하지 않습니다.) |10점

풀이 _____

_____

_____

답 _____

12 서울에서 광주행 기차는 8분, 부산행 기차는 12분, 대전행 기차는 18분마다 출발합니다. 오후 1시에 세 방향의 기차가 동시에 출발했다면 다음번에 동시에 출발하는 시각은 오후 몇 시 몇 분인가요? |10점

(   )

경시대회 예상 문제 **A형**

3. 규칙과 대응

1 책상 한 개에 서랍이 4개씩 있습니다. 서랍이 52개일 때 책상은 몇 개인가요? |5점

( )

2 사과 55개를 선호와 재희가 나누어 가지려고 합니다. 선호가 가지는 사과의 수를 ◆, 재희가 가지는 사과의 수를 ◇라고 할 때 선호가 가지는 사과의 수와 재희가 가지는 사과의 수 사이의 대응 관계를 식으로 나타내어 보세요. |5점

( )

3 흰색 바둑돌과 검은색 바둑돌로 규칙적인 배열을 만들고 있습니다. 흰색 바둑돌이 10개일 때 검은색 바둑돌은 몇 개 필요한가요? |8점

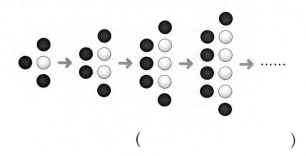

( )

4 톱니가 30개인 톱니바퀴 가와 톱니가 15개인 톱니바퀴 나가 서로 맞물려 돌아가고 있습니다. 톱니바퀴 가의 회전 수와 톱니바퀴 나의 회전 수 사이의 대응 관계를 써 보세요. |8점

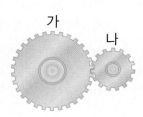

( )

5 태희는 면봉을 사용하여 다음과 같이 탑을 만들고 있습니다. 면봉 69개로 몇 층탑을 만들 수 있는지 구해 보세요. |8점

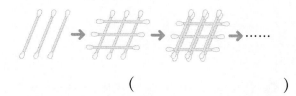

( )

6 민서가 상자를 꾸미는 데 사용한 포장지의 수와 꾸민 상자의 수 사이의 대응 관계를 나타낸 표입니다. ㉠과 ㉡의 합은 얼마인지 풀이 과정을 쓰고, 답을 구해 보세요. |8점 ⫸ 서술형

포장지의 수(장)	11	4	㉠	13	7	……
꾸민 상자의 수(개)	8	1	3	㉡	4	……

풀이

답

7 재우와 현서가 5000원을 나누어 가지려고 합니다. 현서가 재우보다 800원을 더 가지려면 현서가 가지게 되는 돈은 얼마인가요? | 8점

(   )

8 한 변의 길이가 1 cm인 정사각형을 다음과 같은 규칙으로 놓고 있습니다. 10째에 놓이는 전체 도형의 둘레는 몇 cm인가요? | 10점

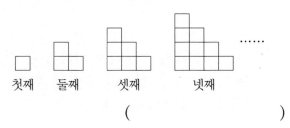

첫째 둘째 셋째 넷째

(   )

9 준서의 나이를 ●, 연아의 나이를 ■라고 할 때 다음 대화를 읽고 준서의 나이와 연아의 나이 사이의 대응 관계를 식으로 나타내고, 연아가 20살일 때 준서는 몇 살인지 풀이 과정을 쓰고, 답을 구해 보세요. | 10점

📝 서술형

2018년에 내 나이는 12살이야.

그 다음 해에 내 나이는 17살이야.

준서   연아

풀이

답   ,

🔍 창의융합

10 어떤 일을 6명이 함께 하면 완성하는 데 10일이 걸린다고 합니다. 이 일을 완성하는 데 걸리는 날수를 ◎, 일하는 사람 수를 ◇라고 할 때 걸리는 날수와 일하는 사람 수 사이의 대응 관계를 식으로 나타내어 보세요. (단, 한 사람이 하루에 하는 일의 양은 같습니다.) | 10점

(   )

11 한 변에 한 명씩 앉을 수 있는 정사각형 모양의 식탁을 그림과 같이 이어 붙이려고 합니다. 식탁의 수를 □, 앉을 수 있는 사람 수를 ☆이라고 할 때 식탁의 수와 앉을 수 있는 사람 수 사이의 대응 관계를 식으로 나타내어 보세요. | 10점

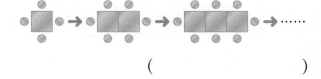

(   )

12 성냥개비를 그림과 같은 규칙으로 놓아 정삼각형을 만들고 있습니다. 정삼각형을 32개 만드는 데 필요한 성냥개비는 적어도 몇 개인가요? | 10점

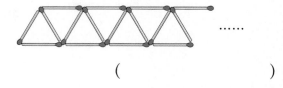

(   )

경시대회 예상 문제 B형

3. 규칙과 대응

점수

예상 문제

1 1분에 3 L의 물이 나오는 수도에서 물을 받으려고 합니다. 물을 받는 시간을 □ (분), 받은 물의 양을 ○(L)라고 할 때 □와 ○ 사이의 대응 관계를 식으로 나타내어 보세요. |5점

( )

2 구슬로 규칙적인 배열을 만들고 있습니다. 구슬이 54개 놓이는 순서는 몇 째인가요? |5점

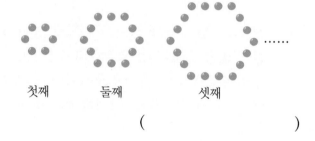

첫째　　　둘째　　　　셋째

( )

🔍창의융합

3 어머니께서 재생비누를 만드는 데 사용한 폐식용유의 양과 재생비누의 수 사이의 대응 관계를 나타낸 표입니다. ㉠과 ㉡의 차를 구해 보세요. |8점

폐식용유의 양(mL)	200	600	1400	㉠	4000	……
재생비누의 수(개)	1	3	7	9	㉡	……

( )

4 길이가 44 cm인 철사를 겹치지 않게 남김없이 모두 사용하여 직사각형 모양을 한 개 만들려고 합니다. 만든 직사각형의 긴 변의 길이를 ◇, 짧은 변의 길이를 ◆라고 할 때 ◇와 ◆ 사이의 대응 관계를 식으로 나타내어 보세요. |8점

( )

5 정수는 2019년에 13살입니다. 연도와 정수의 나이 사이의 대응 관계를 써 보세요. |8점

( )

✍서술형

6 서희가 말하는 수에 태수가 대응 관계를 만들어서 답하고 있습니다. 서희가 8이라고 말하면 태수는 어떤 수를 답해야 하는지 풀이 과정을 쓰고, 답을 구해 보세요. |8점

서희 2이면? — 태수 36이야.
서희 4이면? — 태수 18이야.
서희 6이면? — 태수 12야.

풀이

답

7 그림과 같은 규칙으로 100원짜리 동전을 놓을 때 7째에 놓이는 동전은 모두 얼마인가요? | 8점

첫째　　둘째　　셋째　　넷째

(　　　　　　　　　)

《 서술형

8 통나무를 한 번 자르는 데 4분이 걸린다고 합니다. 같은 빠르기로 통나무를 7도막으로 쉬지 않고 자르는 데 걸리는 시간은 모두 몇 분인지 풀이 과정을 쓰고, 답을 구해 보세요. | 10점

풀이

답

9 1 m의 끈을 두 도막으로 자르려고 합니다. 두 도막 중 짧은 끈의 길이가 긴 끈의 길이보다 20 cm 더 짧을 때 짧은 끈의 길이는 몇 cm인가요? | 10점

(　　　　　　　　　)

10 바둑돌로 규칙적인 배열을 만들고 있습니다. 8째 에는 흰색 바둑돌을 검은색 바둑돌보다 몇 개 더 놓아야 하는지 구해 보세요. | 10점

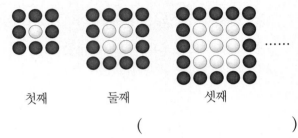

첫째　　　둘째　　　셋째

(　　　　　　　　　)

11 성냥개비를 그림과 같은 규칙으로 놓아 오각형 을 만들고 있습니다. 오각형의 수를 ◎, 성냥개 비의 수를 ◇라고 할 때 오각형의 수와 성냥개 비의 수 사이의 대응 관계를 식으로 나타내어 보세요. | 10점

(　　　　　　　　　)

12 그림과 같이 직사각형 모양의 종이를 붙이려고 합니다. 종이 9장을 붙일 때 필요한 누름 못은 모두 몇 개인가요? | 10점

(　　　　　　　　　)

경시대회 예상 문제 A형

4. 약분과 통분

1 ㉠에 알맞은 수를 구해 보세요. |5점

$$\frac{㉠}{30} = \frac{35}{42}$$

(   )

2 $\frac{4}{9}$보다 큰 분수를 찾아 기호를 써 보세요. |5점

㉠ $\frac{7}{18}$ ㉡ $\frac{10}{27}$ ㉢ $\frac{22}{45}$

(   )

3 분수와 소수의 크기를 비교하여 가장 큰 수를 써 보세요. |8점

1.4 $1\frac{17}{20}$ 1.8

(   )

4 분모가 14인 진분수 중에서 기약분수는 모두 몇 개인가요? |8점

(   )

5 $\frac{5}{12}$와 $\frac{7}{15}$ 사이에 있는 분수 중에서 분모가 60인 분수를 모두 구하려고 합니다. 풀이 과정을 쓰고, 답을 구해 보세요. |8점

풀이

답

6 $\frac{7}{9}$과 $\frac{5}{6}$를 통분하려고 합니다. 공통분모가 될 수 있는 수 중에서 100에 가장 가까운 수를 구해 보세요. |8점

(   )

7 다음 조건을 모두 만족하는 분수를 구해 보세요. | 8점

> • 소수로 나타내면 0.325입니다.
> • 분자와 분모의 차가 81입니다.

(   )

8 □ 안에 들어갈 수 있는 자연수들의 합은 얼마인지 풀이 과정을 쓰고, 답을 구해 보세요. | 10점

$$\frac{2}{5} < \frac{\square}{30} < \frac{8}{15}$$

풀이

_____

_____

답 _____

9 다음 4장의 수 카드 중에서 2장을 뽑아 한 번씩 사용하여 만들 수 있는 가장 큰 진분수를 구해 보세요. | 10점

| 3 | 4 | 7 | 8 |

(   )

10 영주네 주말농장에서는 밭 전체의 $\frac{1}{4}$에는 상추를 심고, 밭 전체의 $\frac{2}{5}$에는 토마토를 심고, 나머지에는 고추를 심었습니다. 어떤 것을 심은 밭의 넓이가 가장 넓은지 구해 보세요. | 10점

(   )

11 어떤 분수의 분모와 분자의 최대공약수는 27입니다. 기약분수로 나타내면 분모와 분자의 합이 4가 되는 이 진분수를 구해 보세요. | 10점

(   )

12 다음과 같은 규칙으로 분수를 늘어놓고 있습니다. 12째에 놓이는 분수를 기약분수로 나타내어 보세요. | 10점

$$\frac{2}{9}, \ \frac{6}{16}, \ \frac{10}{23}, \ \frac{14}{30}, \ \frac{18}{37} \ \cdots\cdots$$

(   )

경시대회 예상 문제 B형

4. 약분과 통분

1 다음 수 카드 4장 중에서 2장을 골라 $\dfrac{36}{54}$과 크기가 같은 분수를 만들어 보세요. |5점

| 2 | 5 | 6 | 9 |

(   )

✍ 서술형

2 다음 조건을 모두 만족하는 분수를 구하려고 합니다. 풀이 과정을 쓰고, 답을 구해 보세요. |5점

- 소수 2.32와 크기가 같은 대분수입니다.
- 기약분수입니다.

풀이

_____

_____

_____

답

3 집에서 학교까지의 거리는 $\dfrac{5}{6}$ km, 은행까지의 거리는 $\dfrac{7}{12}$ km, 공원까지의 거리는 $\dfrac{3}{8}$ km입니다. 집에서 가장 가까운 곳은 어디인지 구해 보세요. |8점

(   )

4 분모와 분자의 합이 45이고 약분하면 $\dfrac{4}{5}$가 되는 분수를 구해 보세요. |8점

(   )

5 $\dfrac{40}{72}$의 분자에서 35를 빼도 분수의 크기가 변하지 않게 하려면 분모에서 얼마를 빼야 하는지 구해 보세요. |8점

(   )

6 수직선에서 ㉠이 가리키는 분수를 기약분수로 나타내어 보세요. |8점

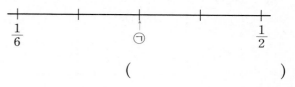

(   )

예상 문제

7 ㉠이 될 수 있는 자연수들의 합을 구해 보세요. | 8점

$$\frac{㉠}{8} < \frac{9}{20}$$

(   )

♡ 창의융합

8 정미는 수 카드 2장을 사용하여 63을 공통분모로 하여 통분할 수 있는 진분수를 만들려고 합니다. 정미가 만들 수 있는 진분수는 모두 몇 개인가요? | 10점

| 4 | | 5 | | 7 | | 9 |

(   )

9 다음을 만족하는 자연수 ㉠을 구해 보세요. | 10점

$$\frac{21}{㉠ \times ㉠} = \frac{1}{84}$$

(   )

///서술형

10 어떤 분수의 분자에 3를 더한 다음 5로 약분하였더니 $\frac{2}{3}$가 되었습니다. 어떤 분수는 얼마인지 풀이 과정을 쓰고, 답을 구해 보세요. | 10점

풀이 _____

_____

_____

답 _____

11 다음 두 조건을 만족하는 분수를 구해 보세요. | 10점

• 분모와 분자의 최소공배수는 96입니다.
• 기약분수로 나타내면 $\frac{3}{8}$입니다.

(   )

12 □ 안에 들어갈 수 있는 자연수 중에서 가장 큰 수를 구해 보세요. | 10점

$$\frac{4}{7} < \frac{8}{□} < \frac{12}{13}$$

(   )

경시대회 예상 문제 A형

5. 분수의 덧셈과 뺄셈

점수

1 빈칸에 알맞은 수를 써넣으세요. |5점

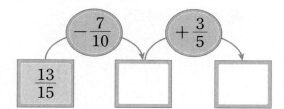

2 다음 삼각형에서 가장 긴 변과 가장 짧은 변의 길이의 차는 몇 cm인가요? |5점

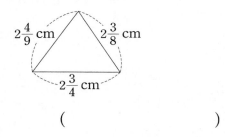

(   )

3 계산 결과가 가장 큰 것을 찾아 기호를 써 보세요. |8점

ㄱ $\frac{5}{6} + \frac{1}{4}$

ㄴ $\frac{7}{12} + \frac{3}{4}$

ㄷ $\frac{3}{7} + \frac{5}{21}$

(   )

4 □ 안에 알맞은 수를 구해 보세요. |8점

$$\square + \frac{1}{8} = \frac{5}{12}$$

(   )

5 $2\frac{3}{4}$과 $3\frac{7}{9}$의 합은 $\frac{1}{36}$이 몇 개인 수인지 구해 보세요. |8점

(   )

《서술형

6 경희와 민수는 각각 주사위 3개를 던져서 나온 눈의 수를 한 번씩 사용하여 가장 큰 대분수를 만들었습니다. 누가 만든 대분수가 얼마나 더 큰지 풀이 과정을 쓰고, 답을 구해 보세요. |8점

경희: [2] [3] [5]   민수: [4] [6] [5]

풀이

답

7 □ 안에 들어갈 수 있는 자연수를 모두 구해 보세요. | 8점

$$\frac{11}{15} + \frac{7}{12} < □ < 13\frac{1}{6} - 7\frac{5}{18}$$

( )

💡창의융합

8 다영이는 할머니 댁에 가는 데 $1\frac{2}{3}$시간은 기차를 탔고, 1시간 25분은 버스를 탔습니다. 다영이가 할머니 댁에 가는 데 걸린 시간은 모두 몇 시간인가요? | 10점

( )

✏️서술형

9 어머니의 몸무게는 $57\frac{1}{9}$ kg이고, 아버지의 몸무게는 어머니의 몸무게보다 $13\frac{7}{12}$ kg 더 무겁습니다. 어머니와 아버지의 몸무게의 합은 몇 kg인지 풀이 과정을 쓰고, 답을 구해 보세요.

| 10점

풀이

답

10 어떤 수에 $5\frac{2}{3}$를 더해야 할 것을 잘못하여 빼었더니 $2\frac{5}{7}$가 되었습니다. 바르게 계산하면 얼마인지 구해 보세요. | 10점

( )

11 ㉠과 ㉡의 차를 구해 보세요. | 10점

$$\frac{10}{21} = \frac{1}{㉠} + \frac{1}{㉡} (단, ㉠ > ㉡)$$

( )

12 아버지는 어떤 일의 $\frac{1}{4}$을 하는 데 5일이 걸리고, 삼촌은 같은 일의 $\frac{1}{5}$을 하는 데 6일이 걸립니다. 이 일을 아버지와 삼촌이 함께 한다면 일을 끝내는 데 며칠이 걸리는지 구해 보세요. (단, 두 사람이 각각 하루에 하는 일의 양은 일정합니다.) | 10점

( )

경시대회 예상 문제 B형

5. 분수의 덧셈과 뺄셈

점수

1 가장 큰 분수와 가장 작은 분수의 합은 얼마인지 구해 보세요. 5점

$$\frac{2}{5} \qquad \frac{3}{8} \qquad \frac{3}{4}$$

( )

2 밤을 시후는 $1\frac{7}{9}$ kg 주웠고, 선미는 $1\frac{5}{6}$ kg 주웠습니다. 시후와 선미 중에서 누가 밤을 몇 kg 더 많이 주웠는지 구해 보세요. 5점

(,)

3 빈칸에 알맞은 수를 써넣으세요. 8점

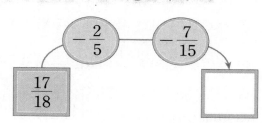

4 $2\frac{3}{4}$과 $5\frac{3}{7}$의 합보다 작은 자연수는 모두 몇 개인지 풀이 과정을 쓰고, 답을 구해 보세요. 8점 ▨서술형

풀이

답

5 ㉠과 ㉡의 합을 구해 보세요. 8점

· $2\frac{5}{9} + 4\frac{5}{6} = ㉠$

· $㉠ - 5\frac{3}{4} = ㉡$

( )

6 다음 수 카드 중 2장을 골라 진분수를 만들려고 합니다. 만들 수 있는 진분수 중 가장 큰 분수와 가장 작은 분수의 합을 구해 보세요. 8점

3   4   6

( )

7 □ 안에 들어갈 수 있는 분수 중에서 분자가 1인 분수는 모두 몇 개인가요? |8점

$$\frac{1}{4} - \frac{1}{5} < □ < \frac{1}{3} - \frac{1}{4}$$

( )

💡 창의융합

8 항아리에 식혜가 들어 있습니다. 연주와 태호가 각각 $\frac{5}{7}$ L씩 마셨더니 $4\frac{5}{8}$ L가 남았습니다. 처음 항아리에 들어 있던 식혜는 몇 L인가요? |10점

( )

📃 서술형

9 옥수수 $3\frac{3}{4}$ kg과 감자를 바구니에 넣어 무게를 재어 보았더니 $8\frac{2}{5}$ kg이었습니다. 빈 바구니의 무게가 $\frac{5}{8}$ kg이라면 감자만의 무게는 몇 kg인지 풀이 과정을 쓰고, 답을 구해 보세요. |10점

풀이

답

10 □ 안에 알맞은 자연수는 모두 몇 개인가요? |10점

$$4 > \frac{5}{6} + \frac{□}{2}$$

( )

11 길이가 $6\frac{1}{2}$ m인 색 테이프 3장을 그림과 같이 $\frac{7}{9}$ m씩 겹쳐지게 이어 붙였습니다. 이어 붙인 색 테이프 전체의 길이는 몇 m인가요? |10점

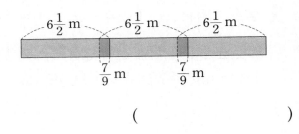

( )

12 예솔이네 반 학생들 중에서 축구를 좋아하는 학생은 전체의 $\frac{1}{2}$ 이고, 야구를 좋아하는 학생은 전체의 $\frac{3}{5}$ 이고, 축구와 야구를 모두 좋아하는 학생은 전체의 $\frac{1}{8}$ 이었습니다. 축구와 야구를 모두 좋아하지 않는 학생은 전체의 얼마인지 구해 보세요. |10점

( )

경시대회 예상 문제 A형

6. 다각형의 둘레와 넓이

점수

1 다음 도형은 정삼각형, 정육각형, 마름모를 차례로 이어 붙인 것입니다. 이어 붙인 도형 전체의 둘레는 몇 cm인가요? | 5점

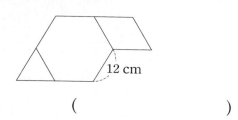

(   )

2 사다리꼴 가와 정사각형 나의 넓이가 같을 때 ㉠의 길이는 몇 cm인가요? | 5점

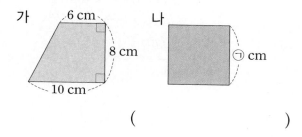

(   )

✍ 서술형

3 두 도형의 한 변의 길이의 차는 몇 cm인지 풀이 과정을 쓰고, 답을 구해 보세요. | 8점

> • 둘레가 52 cm인 정사각형
> • 둘레가 133 cm인 정칠각형

풀이

답

4 넓이가 넓은 것부터 차례로 기호를 써 보세요. | 8점

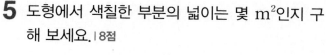

> ㉠ 가로가 4000 m, 세로가 3000 m인 직사각형
> ㉡ 밑변의 길이가 2 km, 높이가 7 km인 평행사변형
> ㉢ 밑변의 길이가 6 km, 높이가 5 km인 삼각형

(   )

5 도형에서 색칠한 부분의 넓이는 몇 m^2인지 구해 보세요. | 8점

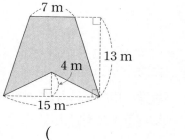

(   )

6 다음은 큰 마름모 안에 작은 마름모를 그린 것입니다. 색칠한 부분의 넓이는 몇 cm^2인가요? | 8점

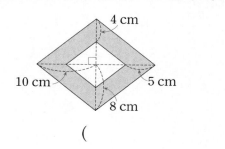

(   )

💡 창의융합

7 그림과 같이 둘레가 64 cm인 정사각형 모양의 종이를 반으로 접어서 직사각형을 만들었습니다. 이 직사각형의 넓이는 몇 cm²인가요? | 8점

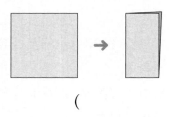

(   )

8 둘레가 36 cm이고 넓이가 72 cm²인 직사각형이 있습니다. 이 직사각형의 가로가 세로보다 길 때, 가로는 몇 cm인가요? | 10점

(   )

✍ 서술형

9 사각형 ㄱㄴㄷㅅ과 사각형 ㅅㅇㅁㅂ이 각각 정사각형입니다. 직사각형 ㅇㄷㄹㅁ의 넓이는 몇 m²인지 풀이 과정을 쓰고, 답을 구해 보세요. | 10점

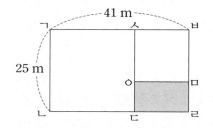

풀이

_____

_____

_____

답 _____

10 색칠한 도형의 넓이가 360 cm²일 때 ㉠의 길이는 몇 cm인가요? | 10점

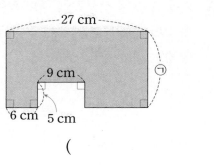

(   )

11 사다리꼴의 넓이는 몇 cm²인가요? | 10점

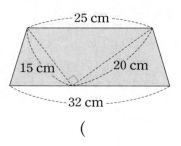

(   )

12 다음 그림에서 직사각형 ㉯와 ㉰의 넓이가 서로 같습니다. 직사각형 ㉰의 넓이는 몇 cm²인가요? | 10점

(   )

경시대회 예상 문제 B형

6. 다각형의 둘레와 넓이

1 다음 평행사변형과 둘레가 같은 정오각형이 있습니다. 이 정오각형의 한 변의 길이는 몇 cm 인가요? | 5점

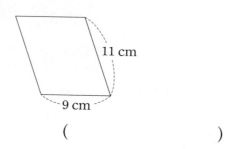

(   )

2 다음과 같은 사다리꼴 모양의 땅이 있습니다. 이 땅의 넓이는 몇 m²인가요? | 5점

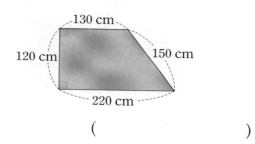

(   )

3 어떤 직사각형의 가로는 세로의 2배입니다. 세로가 14 cm일 때 직사각형의 둘레는 몇 cm 인지 풀이 과정을 쓰고, 답을 구해 보세요. | 8점

✎서술형

풀이

답

4 마름모의 넓이가 1.5 km²일 때 ㉠의 길이는 몇 m인가요? | 8점

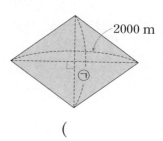

(   )

5 다음 도형에서 색칠한 부분의 넓이는 몇 cm² 인가요? | 8점

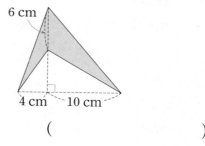

(   )

6 다음 도형의 둘레는 몇 m인가요? | 8점

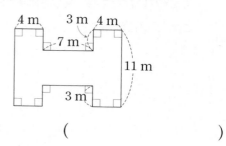

(   )

예상 문제

7 크기가 같은 정사각형 5개를 붙여서 만든 도형입니다. 도형 전체의 둘레가 84 cm일 때 이 도형의 넓이는 몇 cm² 인지 풀이 과정을 쓰고, 답을 구해 보세요. ❙8점

⟋⟋서술형

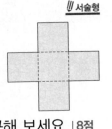

풀이

답

8 평행사변형 가, 마름모 나, 정사각형 다를 겹치지 않게 이어 붙인 것입니다. 평행사변형 가의 둘레가 38 cm일 때 이어 붙인 도형 전체의 둘레는 몇 cm인가요? ❙10점

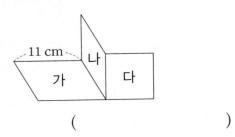

( )

9 사각형 가, 마는 직사각형이고, 사각형 나, 다, 라는 정사각형입니다. 직사각형 가의 넓이는 몇 cm²인가요? ❙10점

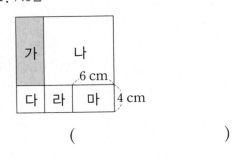

( )

○창의융합

10 직사각형 모양의 잔디에 폭이 3 m로 일정한 길을 만들었습니다. 만든 길의 넓이는 몇 m²인가요? ❙10점

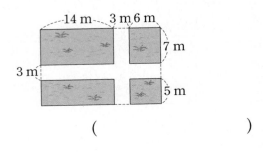

( )

11 사다리꼴 ㄱㄴㄷㄹ의 넓이가 320 cm²일 때 색칠한 부분의 넓이는 몇 cm²인가요? ❙10점

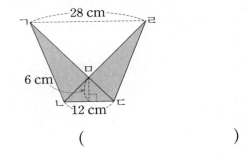

( )

12 크기가 다른 2개의 정사각형을 다음 그림과 같이 겹쳐 놓았습니다. 겹쳐지지 않은 두 부분의 넓이의 차는 몇 cm²인가요? ❙10점

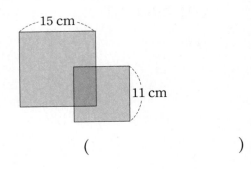

( )

1회 실전! 경시대회 모의고사

1. 자연수의 혼합 계산 ~
6. 다각형의 둘레와 넓이

점수

★ 배점: 한 문항당 5점 / 시험 시간: 50분

1 빈칸에 알맞은 수를 써넣으세요.

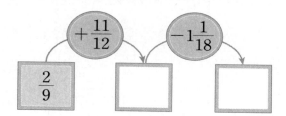

2 ㉠과 ㉡의 차를 구해 보세요.

㉠ $72 \div 8 + 9 \times 6$

㉡ $(72 \div 8 + 9) \times 6$

(   )

3 다음을 기약분수로 나타내려고 합니다. 풀이 과정을 쓰고, 답을 구해 보세요.

〰 서술형

0.1이 12개, 0.01이 5개인 수

풀이

답

4 올해 석훈이의 나이는 13살이고, 아버지의 나이는 42살입니다. 석훈이의 나이를 ◇, 아버지의 나이를 ◆라고 할 때 ◇와 ◆ 사이의 대응 관계를 식으로 나타내어 보세요.

(   )

5 다음 삼각형의 세 변의 길이의 합은 몇 m인지 구해 보세요.

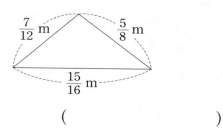

(   )

6 미진이는 문구점에서 700원짜리 연필 3자루와 350원짜리 지우개 2개를 사고 5000원을 냈습니다. 미진이는 거스름돈으로 얼마를 받아야 하는지 구해 보세요.

(   )

7 도형에서 색칠한 부분의 넓이는 몇 m²인가요?

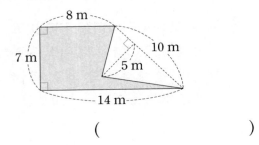

( )

8 10으로 나누어도, 16으로 나누어도 나누어떨어지는 수 중에서 가장 작은 세 자리 수를 구해 보세요.

( )

9 $\frac{6}{11}$ 의 분모에 33을 더해도 분수의 크기가 변하지 않게 하려면 분자에 얼마를 더해야 하는지 구해 보세요.

( )

10 다음 수 카드 4장을 한 번씩 사용하여 네 자리 수를 만들려고 합니다. 만들 수 있는 수 중에서 4의 배수는 모두 몇 개인가요?

| 1 | 4 | 6 | 8 |

( )

11 □ 안에 들어갈 수 있는 자연수는 모두 몇 개인가요?

$$\frac{5}{6} < \frac{\square}{126} < \frac{6}{7}$$

( )

💡창의융합

12 그림과 같이 정사각형 모양의 종이를 반씩 2번 접었더니 둘레가 30 cm인 직사각형이 되었습니다. 처음 정사각형 모양의 종이의 넓이는 몇 cm²인가요?

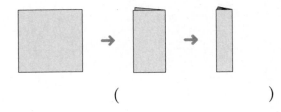

( )

13 다음 그림과 같은 삼각형 모양의 땅이 있습니다. 이 땅의 세 꼭짓점에는 반드시 나무를 심고, 둘레에는 같은 간격으로 나무를 심으려고 합니다. 나무를 될 수 있는 대로 적게 심으려면 나무 사이의 간격은 몇 m로 해야 하는지 구해 보세요. (단, 나무의 두께는 생각하지 않습니다.)

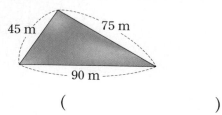

(   )

14 어떤 수에서 $3\frac{1}{4}$을 빼야 할 것을 잘못하여 더 했더니 $7\frac{2}{5}$가 되었습니다. 바르게 계산한 값은 얼마인지 풀이 과정을 쓰고, 답을 구해 보세요.

서술형

풀이

답

15 사각형 가, 나, 다, 라는 크기가 같은 직사각형이고, 사각형 마는 정사각형입니다. 사각형 마의 둘레가 24 cm일 때 사각형 ㄱㄴㄷㄹ의 둘레는 몇 cm인가요?

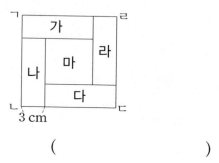

(   )

16 6명씩 앉을 수 있는 직사각형 모양의 식탁을 그림과 같이 이어 붙이려고 합니다. 30명이 앉으려면 식탁은 몇 개를 이어 붙여야 하는지 구해 보세요.

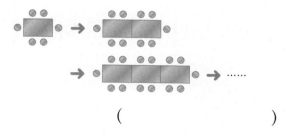

(   )

✎서술형

17 다음과 같이 약속할 때 15♥(24★4)를 계산한 값은 얼마인지 풀이 과정을 쓰고, 답을 구해 보세요.

> • 가♥나=나×(가−나)
> • 가★나=(가+나)÷나

풀이

답

18 □ 안에 들어갈 수 있는 수를 모두 구해 보세요.

$$\frac{3}{4}<\frac{21}{\square}<\frac{5}{6}$$

(   )

💡창의융합

19 굵기가 일정한 통나무를 한 번 자르는 데 5분이 걸리고 한 번 자를 때마다 3분씩 쉰다고 합니다. 이 통나무를 7도막으로 자르는 데 걸리는 시간은 모두 몇 분인가요?

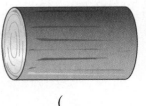

(   )

20 넓이가 같은 삼각형 ㄱㄴㄷ과 삼각형 ㄹㅂㄴ을 그림과 같이 겹쳐놓았습니다. 색칠한 부분의 넓이는 몇 cm²인가요?

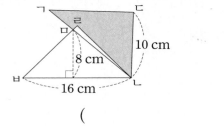

(   )

2회

실전! 경시대회 모의고사

1. 자연수의 혼합 계산 ~
6. 다각형의 둘레와 넓이

점수

★ 배점: 한 문항당 5점 / 시험 시간: 50분

1 정사각형 가와 마름모 나를 붙여서 만든 도형의 둘레는 몇 cm인가요?

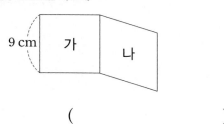

(   )

2 두 분수의 합을 구해 보세요.

| $\frac{1}{16}$이 7개인 수 | $\frac{1}{24}$이 5개인 수 |

(   )

✐서술형

3 미희네 집에서 더 가까운 곳은 어디인지 풀이 과정을 쓰고, 답을 구해 보세요.

풀이 _____

_____

_____

답 _____

4 □ 안에 알맞은 수를 써넣으세요.

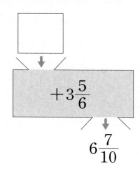

5 두 삼각형의 넓이는 같습니다. ㉠의 길이는 몇 cm인지 구해 보세요.

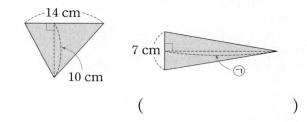

(   )

6 동원이는 이쑤시개를 사용하여 다음과 같이 탑을 만들고 있습니다. 15층탑을 만들 때 필요한 이쑤시개는 몇 개인가요?

$//$ → $\#$ → $\#$ → ......

(   )

모의고사

7 계산 결과가 큰 것부터 차례로 기호를 써 보세요.

> ㉠ $(26 \times 4 - 69) \div 5$
> ㉡ $94 - 15 \times 6 + 42 \div 7$
> ㉢ $(11 \times 5 + 8) \div 3 - 72 \div 4$

( )

8 그림과 같은 두 색 테이프를 남김없이 똑같은 길이로 자르려고 합니다. 가위질을 될 수 있는 대로 적게 하려면 한 도막의 길이를 몇 cm로 해야 하는지 구해 보세요.

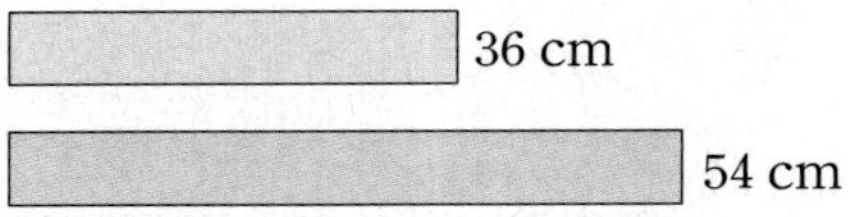

36 cm

54 cm

( )

9 $\dfrac{2}{3}$보다 크고 $\dfrac{5}{6}$보다 작은 분수 중에서 분자가 20인 분수는 모두 몇 개인가요?

( )

10 □ 안에 알맞은 수는 얼마인지 구해 보세요.

$$142 - (56 \div 7 + 21 \times \square) = 29$$

( )

11 분모가 분자보다 6 크고, 기약분수로 나타내면 $\dfrac{7}{9}$이 되는 분수를 구해 보세요.

( )

12 세 사람의 대화를 읽고 승아가 먹는 초콜릿은 몇 개인지 구해 보세요.

> 승아: 초콜릿 40개를 나누어 먹어야 해.
> 희주: 난 승아보다 4개 더 많이 먹을 거야.
> 민수: 난 승아가 먹는 초콜릿 수의 2배만 큼 먹을 거야.

( )

13 어느 버스터미널에서 강릉행 버스와 대구행 버스가 버스 출발 시간표에 따라 일정한 간격으로 출발한다고 합니다. 두 버스가 오전 8시에 처음으로 동시에 출발하였다면 세 번째로 동시에 출발하는 시각은 오전 몇 시 몇 분인가요?

버스 출발 시간표

출발 횟수	1	2	3	......
강릉행	오전 8:00	오전 8:12	오전 8:24	......
대구행	오전 8:00	오전 8:16	오전 8:32	......

(   )

14 다음 네 자리 수는 6의 배수입니다. □ 안에 들어갈 수 있는 수를 모두 구해 보세요.

621□

(   )

15 피자가 한 판 있었습니다. 윤서는 전체의 $\frac{1}{6}$을 먹고, 민주는 전체의 $\frac{1}{4}$을 먹고, 도연이는 전체의 $\frac{1}{5}$을 먹었습니다. 세 사람이 먹고 남은 피자는 전체의 얼마인지 구해 보세요.

(   )

16 어떤 수와 9의 곱에 4를 더한 후 8로 나누어야 할 것을 잘못하여 어떤 수와 4의 곱을 8로 나누었더니 6이 되었습니다. 바르게 계산한 값은 얼마인지 풀이 과정을 쓰고, 답을 구해 보세요.

풀이

답

17 길이가 $2\frac{3}{4}$ m인 색 테이프 3장을 그림과 같이 $\frac{7}{12}$ m씩 겹쳐지게 이어 붙였습니다. 이어 붙인 색 테이프 전체의 길이는 몇 m인가요?

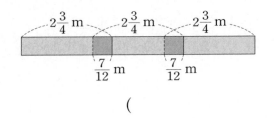

( )

18 한 변의 길이가 각각 4 m, 6 m, 8 m인 정사각형을 겹치지 않게 이어 붙였습니다. 색칠한 부분의 넓이는 몇 m²인지 풀이 과정을 쓰고, 답을 구해 보세요.

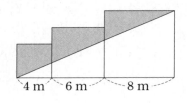

풀이

답

19 길이가 80 mm인 용수철에 5 g인 추를 매달면서 용수철의 늘어난 길이를 재고 있습니다. 다음은 추의 수와 용수철의 늘어난 길이 사이의 대응 관계를 나타낸 표입니다. 용수철의 길이가 170 mm가 되었을 때 용수철에 매단 추는 몇 개인가요?

추의 수(개)	3	5	7	9	……
늘어난 길이 (mm)	45	75	105	135	……

( )

20 무게가 똑같은 공 8개가 들어 있는 바구니의 무게를 재어 보니 1 kg 450 g이었습니다. 이 바구니에 똑같은 공 3개를 더 담아 무게를 재어 보니 1 kg 960 g이었습니다. 바구니만의 무게는 몇 g인지 구해 보세요.

( )

실전! 경시대회 모의고사

1. 자연수의 혼합 계산 ~
6. 다각형의 둘레와 넓이

점수

★ 배점: 한 문항당 5점 / 시험 시간: 50분

1 가장 큰 분수와 가장 작은 분수의 차를 구해 보세요.

$$2\frac{2}{3} \qquad 2\frac{7}{10} \qquad 2\frac{4}{5}$$

(   )

2 혜정이와 도경이는 다음 식을 계산하였습니다. 혜정이는 계산 결과가 22가 나왔고, 도경이는 계산 결과가 42가 나왔습니다. 두 사람 중에서 바르게 계산한 사람은 누구인지 구해 보세요.

$$36-(21+6)\div 3+15$$

(   )

3 다음 두 조건을 만족하는 어떤 수를 모두 구하려고 합니다. 풀이 과정을 쓰고, 답을 구해 보세요.

📝 서술형

- 어떤 수는 48과 72의 공약수입니다.
- 어떤 수는 10보다 큰 수입니다.

풀이 _____

_____

_____

답 _____

4 어느 반에서 학생들이 모은 우표의 수를 비교하고 있습니다. 민정이는 반 학생들이 모은 우표 전체의 $\frac{11}{45}$, 태우는 반 학생들이 모은 우표 전체의 $\frac{5}{18}$를 모았습니다. 민정이와 태우 중 우표를 더 많이 모은 사람은 누구인가요?

(   )

5 넓이가 가장 넓은 것을 찾아 기호를 써 보세요.

ㄱ 밑변의 길이가 3 km, 높이가 6 km인 삼각형
ㄴ 한 대각선의 길이가 2000 m, 다른 대각선의 길이가 4000 m인 마름모
ㄷ 가로가 1 km, 세로가 5000 m인 직사각형

(   )

모의고사

6 서로 맞물려 돌아가고 있는 톱니바퀴 가와 나가 있습니다. 톱니바퀴 가는 톱니의 수가 45개이고 1분에 4바퀴씩 회전한다고 합니다. 톱니바퀴 나의 톱니의 수를 ◎, 1분에 회전하는 수를 △라고 할 때 ◎와 △ 사이의 대응 관계를 식으로 나타내어 보세요.

(   )

7 도형의 둘레는 몇 cm인가요?

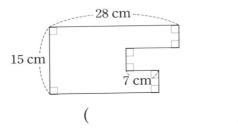

(   )

8 도형에서 ㉠의 길이는 몇 cm인가요?

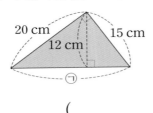

(   )

9 0.25보다 크고 0.6보다 작은 수 중에서 분모가 20인 기약분수는 모두 몇 개인가요?

(   )

💡창의융합

10 영호네 가족 4명은 만화 영화를 보기로 했습니다. 아버지, 어머니, 13살인 영호, 7살인 동생이 함께 영화를 본다면 영화 관람료는 모두 얼마인가요?

영화 관람료		
구분	관람료	비고
어른	9000원	12살 이하는 유아 관람료 적용
청소년	7000원	
유아	6000원	

(   )

11 파란색 구슬 40개와 빨간색 구슬 50개를 주영이네 모둠 학생들에게 각각 똑같은 개수만큼씩 나누어 주었더니 파란색 구슬이 4개, 빨간색 구슬이 5개 남았습니다. 주영이네 모둠 학생은 몇 명인가요?

(   )

12 다음 식에서 ㉡에 알맞은 수를 구하려고 합니다. 풀이 과정을 쓰고, 답을 구해 보세요. ▨서술형

$$\cdot\ 8\frac{1}{4}-㉠=3\frac{3}{8}$$
$$\cdot\ ㉠+㉡=5\frac{11}{12}$$

풀이

답

13 분모와 분자의 최소공배수가 30이고 기약분수로 나타내면 $\frac{2}{5}$가 되는 분수를 구해 보세요.

(   )

14 식이 성립하도록 ○ 안에 $+$, $-$, $\times$, $\div$를 한 번씩 알맞게 써넣으세요.

$$5\ \bigcirc\ (8\ \bigcirc\ 4)\ \bigcirc\ 9\ \bigcirc\ 3=23$$

15 빵 5개를 만드는 데 설탕이 240 g 필요합니다. 설탕 1 kg으로는 빵을 몇 개까지 만들 수 있는지 구해 보세요. (단, 빵은 5개씩 만듭니다.)

(   )

16 기호 ♥와 ◆의 규칙을 찾아 (9♥2)◆7의 값을 구해 보세요.

$$\cdot\ 8♥5=3$$
$$\cdot\ 6♥4=2$$
$$\cdot\ 7♥3=4$$

$$\cdot\ 4◆3=12$$
$$\cdot\ 7◆2=14$$
$$\cdot\ 5◆6=30$$

(   )

⌇ 창의융합

17 □ 안에 들어갈 수 있는 자연수는 모두 몇 개인
지 풀이 과정을 쓰고, 답을 구해 보세요.

◢◢ 서술형

$$56 - 72 \div (3 \times 2) + 20 > \square + 58$$

풀이

답

18 사각형 ㄱㄴㅂㅁ은 평행사변형입니다. 선분 ㄱㅁ
의 길이와 선분 ㅁㄹ의 길이가 같고, 선분 ㅂㄷ
의 길이는 선분 ㄴㅂ의 길이의 2배입니다. 평행사
변형 ㄱㄴㅂㅁ의 넓이가 96 cm²일 때 사다리꼴
ㄱㄴㄷㄹ의 넓이는 몇 cm²인가요?

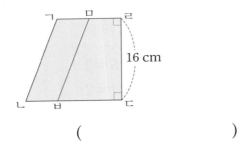

( )

19 등대 가와 나가 있습니다. 가 등대는 7초 동안
켜져 있다가 8초 동안 꺼져 있고, 나 등대는 5
초 동안 켜져 있다가 5초 동안 꺼져 있습니다.
오후 11시에 두 등대가 동시에 켜졌다면 다음
번에 두 등대가 모두 꺼져 있다가 동시에 켜지
는 시각은 오후 몇 시 몇 초인가요?

가   나

( )

20 물이 가득 들어 있는 물통의 무게를 재었더니
$6\frac{1}{4}$ kg이었습니다. 물을 $\frac{1}{5}$만큼 덜어 내고 재
었더니 $5\frac{11}{12}$ kg이 되었습니다. 빈 물통의 무
게는 몇 kg인가요?

( )

4회 실전! 경시대회 모의고사

1. 자연수의 혼합 계산 ~
6. 다각형의 둘레와 넓이

★ 배점: 한 문항당 5점 / 시험 시간: 50분

1 평행사변형의 네 변의 길이의 합이 56 cm일 때 변 ㄱㄴ의 길이는 몇 cm인가요?

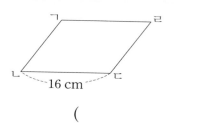

(   )

2 현서는 도화지 전체의 $\frac{3}{8}$에는 빨간색을 칠하고, $\frac{1}{6}$에는 파란색을 칠하고, $\frac{2}{9}$에는 노란색을 칠하였습니다. 가장 넓게 칠한 색깔은 어느 것인가요?

(   )

3 12월 1일에 서울과 바그다드의 시각 사이의 대응 관계를 나타낸 표입니다. 서울의 시각을 ★, 바그다드의 시각을 ◆라고 할 때 ★와 ◆ 사이의 대응 관계를 식으로 나타내어 보세요.

서울의 시각	오후 2시	오후 3시	오후 4시	오후 5시
바그다드의 시각	오전 8시	오전 9시	오전 10시	오전 11시

(   )

4 정사각형 모양의 타일이 64개 있습니다. 이 타일을 겹치지 않게 모두 붙여서 서로 다른 직사각형 모양을 만들려고 합니다. 만들 수 있는 직사각형의 종류는 모두 몇 가지인가요? (단, 돌렸을 때 같은 모양이 되는 것은 같은 종류로 생각합니다.)

(   )

5 🖋 서술형

한 변이 10 m인 정사각형 안에 네 변의 가운데를 이어 마름모를 그린 것입니다. 색칠한 부분의 넓이는 몇 m²인지 풀이 과정을 쓰고, 답을 구해 보세요.

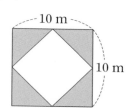

풀이

답

모의고사

서술형

6 동화책을 주미는 7일 동안 105쪽 읽었고, 석현이는 14일 동안 266쪽 읽었습니다. 두 사람이 매일 같은 쪽수씩 읽었다면 두 사람이 하루 동안 읽은 동화책 쪽수의 합은 몇 쪽인지 구해 보세요.

(   )

7 식이 성립하도록 ( )로 묶어 보세요.

$$47 + 7 - 2 \times 12 \div 6 = 57$$

8 가로가 12 cm, 세로가 15 cm인 직사각형 모양의 카드를 겹치지 않게 늘어놓아 될 수 있는 대로 작은 정사각형을 만들려고 합니다. 이때 필요한 직사각형 모양의 카드는 몇 장인가요?

(   )

9 수직선에서 ㉠이 가리키는 수를 기약분수로 나타내려고 합니다. 풀이 과정을 쓰고, 답을 구해 보세요.

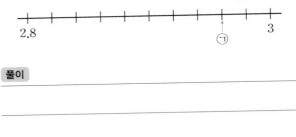

풀이

답

10 색칠한 부분의 길이는 몇 m인가요?

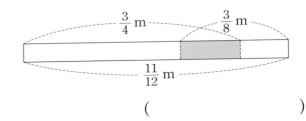

(   )

11 ㉠과 64의 최대공약수는 16이고, ㉠과 54의 최대공약수는 6입니다. ㉠에 알맞은 수 중에서 가장 작은 수를 구해 보세요.

(   )

12 다음 그림은 고대 이집트의 파라오 왕권을 상징하는 호루스의 눈입니다. 호루스의 눈 전체를 1로 생각하여 각 부분을 분수로 나타낸 것입니다. 각 부분이 나타내는 분수들의 합을 구해 보세요.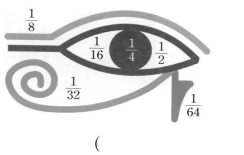

( )

13 □ 안에 들어갈 수 있는 자연수는 모두 몇 개인가요?

$$\frac{1}{6} + \frac{\square}{12} < \frac{7}{9}$$

( )

14 사다리꼴 ㄱㄴㄷㄹ에서 사다리꼴 ㉯의 넓이는 삼각형 ㉮의 넓이의 3배입니다. 선분 ㅁㄹ의 길이는 몇 cm인가요?

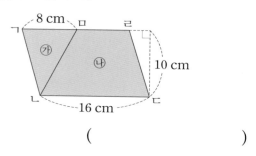

( )

15 어떤 분수의 분모에 2를 더한 다음 7로 약분하였더니 $\frac{9}{10}$ 가 되었습니다. 어떤 분수는 얼마인지 풀이 과정을 쓰고, 답을 구해 보세요.

풀이

답

16 색 테이프를 31도막으로 자르려고 합니다. 색 테이프를 한 번 자르는 데 4초가 걸린다면 쉬지 않고 31도막으로 자르는 데 모두 몇 분이 걸리는지 구해 보세요.

( )

17 $\dfrac{4}{11}$와 $\dfrac{8}{9}$ 사이에 있는 분수 중에서 분자가 5인 분수는 모두 몇 개인가요?

(   )

18 그림과 같이 원 모양의 종이에 나누어지는 면의 수가 최대가 되도록 직선을 그었습니다. 6개의 직선을 그었을 때 원 안에 나누어지는 면의 수는 몇 개인가요?

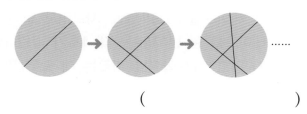

(   )

💡 창의융합

19 한 시간에 300 km를 달릴 수 있는 어느 기차의 길이가 388 m입니다. 이 기차가 터널에 들어가기 시작한지 2분 만에 완전히 통과하였다면 터널의 길이는 몇 m인지 구해 보세요.

(   )

20 사각형 ㄱㄴㄷㄹ은 직사각형이고, 사각형 ㄱㅁㅂㅅ과 삼각형 ㅂㄴㄷ의 넓이가 같을 때 선분 ㄴㄷ의 길이는 몇 m인가요?

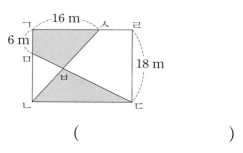

(   )

큐브
수학
심화
STRONG

초등학교 　　　 학년 　　 반 　　 번 　　 이름

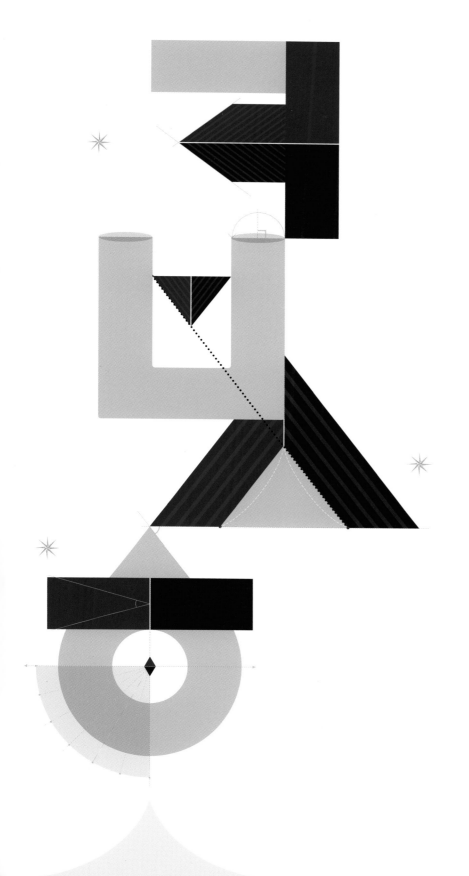

사고력을 키워 상위권을 공략하는

큐브
수학
심화
STRONG

정답 및 풀이

모바일

쉽고 편리한
빠른 정답

5·1

동아출판

정답 및 풀이

| **모바일 빠른 정답** |

QR코드를 찍으면 **정답 및 풀이**를 쉽고 빠르게 확인할 수 있습니다.

1 자연수의 혼합 계산

개념 넓히기 007쪽

1 ( )(○) **2** >
3 $13-10\div2+8=16$ **4** 4상자

STEP 1 응용 공략하기 008~013쪽

01 진우 **02** 10일
03 25대 **04** 33
05 예 ❶ $(17+2)\times2=19\times2=38$ ▶2점
  ❷ $10+(\square+4)\div3\times4=38$,
  $(\square+4)\div3\times4=28$,
  $(\square+4)\div3=7$, $\square+4=21$,
  $\square=21-4=17$ ▶3점 / 17
06 35 ℃ **07** 81 cm
08 ×, +, ÷, −
09 예 ❶ $6●3=(6+3)\div3\times6$
    $=9\div3\times6=3\times6=18$ ▶2점
  ❷ $36●(6●3)=(36+18)\div18\times36$
    $=54\div18\times36$
    $=3\times36=108$ ▶3점 / 108
10 5 **11** 1109 kcal
12 7 **13** 9개 **14** 12
15 예 $(5-3+4)\div2\times1$
16 예 ❶ (치약 4개의 무게)
    $=1\,kg\,832\,g-1kg\,352\,g$
    $=480\,g$
  (치약 1개의 무게)$=480\div4=120\,(g)$ ▶3점
  ❷ (빈 상자의 무게)
    $=1352-120\times7$
    $=1352-840=512\,(g)$ ▶2점 / 512 g
17 50 **18** 21병

01 ❶ 두 사람이 말한 수 각각 구하기
  • 소현: $48\div(3\times4)=48\div12=4$
  • 진우: $42-(17+8)-6=42-25-6$
      $=17-6=11$
  ❷ 말한 수가 더 큰 사람 찾기
  $4<11$이므로 말한 수가 더 큰 사람은 **진우**입니다.

주의 소현이가 말한 수를 $48\div3\times4$로 식을 세워
$48\div3\times4=16\times4=64$로 계산하지 않도록 주의합니다.

02 ❶ 문제에 알맞은 식으로 나타내기
  (360 L의 우유를 얻는 데 걸리는 날수)
    =(얻으려는 우유의 양)
      ÷(하루에 얻을 수 있는 우유의 양)
  ❷ 360 L의 우유를 얻는 데 며칠이 걸리는지 구하기
  $360\div(3\times12)=360\div36=10$
  → 360 L의 우유를 얻는 데 **10일**이 걸립니다.

03 ❶ 문제에 알맞은 식으로 나타내기
  (더 주차할 수 있는 자동차 수)
    =(주차장에 주차할 수 있는 자동차 수)
      −{(주차되어 있던 자동차 수)
        −(빠져 나간 자동차 수)}
  ❷ 자동차를 몇 대 더 주차할 수 있는지 구하기
  $40-(6\times4-9)=40-(24-9)$
      $=40-15=25$
  → 주차장에 자동차를 **25대** 더 주차할 수 있습니다.

04 ❶ 각각 계산하기
  ㉠ $15\times6\div9\times8=90\div9\times8$
      $=10\times8=80$
  ㉡ $37-(19+13)+8=37-32+8$
      $=5+8=13$
  ㉢ $52+64\div4-21=52+16-21$
      $=68-21=47$
  ㉣ $41-5\times(6+8)\div2-5=41-5\times14\div2-5$
      $=41-70\div2-5$
      $=41-35-5$
      $=6-5=1$
  ❷ 계산 결과가 가장 큰 것과 두 번째로 큰 것의 차 구하기
  따라서 $80>47>13>1$이므로 계산 결과가 가장 큰
  것과 두 번째로 큰 것의 차는 $80-47=$**33**입니다.

05
채점	❶ $(17+2)\times2$를 계산하기	2점
기준	❷ $\square$ 안에 알맞은 수 구하기	3점

06 ❶ 섭씨 온도와 화씨 온도의 관계를 식으로 나타내기
  (섭씨 온도)$=${(화씨 온도)-32}$\times10\div18$
  ❷ 뉴욕의 기온을 섭씨 온도로 나타내기
  뉴욕의 기온을 섭씨 온도로 나타내면
  $(95-32)\times10\div18=63\times10\div18$
      $=630\div18=$**35** (℃)입니다.

07 ❶ 문제에 알맞은 식으로 나타내기
(필요한 철사의 길이)
　＝(삼각형 세 변의 길이의 합)×(만들려는 삼각형의 수)
❷ 필요한 철사의 길이 구하기
$(11＋9＋7)×3＝27×3＝81\,(cm)$
→ 철사는 모두 **81 cm**가 필요합니다.

참고 겹치거나 남는 부분이 없도록 만들면 삼각형 1개를 만드는 데 필요한 철사의 길이는 삼각형 세 변의 길이의 합과 같습니다.

08 ❶ 문제에 알맞은 식으로 나타내기
÷가 들어갈 수 있는 경우는
$5\bigcirc2\bigcirc6÷3\bigcirc4＝8$입니다.
❷ 나머지 기호를 써넣기
계산이 가능한 경우를 생각하여 여러 가지 방법으로
＋, －, ×를 써넣어 봅니다.
→ $5×2＋6÷3－4＝10＋2－4＝12－4＝8$

참고 ÷가 들어갈 수 있는 곳은 다음 경우를 모두 생각합니다.
・(앞의 수)＞(뒤의 수)이고 (앞의 수)÷(뒤의 수)가 나누어떨어지는 경우
・(앞의 수)＜(뒤의 수)일 때 (앞앞의 수)와 (앞의 수)의 계산 값이 (뒤의 수)로 나누어떨어지는 경우

09
채점	❶ 6●3의 값 구하기	2점
기준	❷ 36●(6●3)의 값 구하기	3점

10 ❶ 계산할 수 있는 식을 먼저 계산하기
$41－(4×5＋2)＝41－(20＋2)＝41－22＝19$
→ $\square＋13＜19$
❷ □ 안에 들어갈 수 있는 가장 큰 자연수 구하기
$\square＋13＝19$이면 $\square＝19－13＝6$이므로 □ 안에는 6보다 작은 수가 들어가야 합니다.
따라서 □ 안에 들어갈 수 있는 가장 큰 자연수는 **5**입니다.

11 ❶ 기초대사량을 구하는 식 세우기
희정이의 나이는 11살, 키는 140 cm, 체중은 30 kg이므로 희정이의 기초대사량을 구하는 식은
$66＋14×30＋5×140－7×11$입니다.
❷ 희정이의 기초대사량 구하기
(희정이의 기초대사량)
$＝66＋14×30＋5×140－7×11$
$＝66＋420＋700－77＝$**1109 (kcal)**

12 ❶ 어떤 수 구하기
어떤 수를 □라 하면 $\square×3－5＝103$,
$\square×3＝108$, $\square＝108÷3＝36$입니다.
❷ 바르게 계산한 값 구하기
(바른 계산)$＝36÷3－5＝12－5＝$**7**

13 ❶ 문제에 알맞은 식으로 나타내기
(동생에게 주어야 하는 사탕 수)
　＝(오빠가 가지고 있는 사탕 수)
　　－(두 사람이 가지고 있는 사탕 수의 합)÷2
❷ 동생에게 주어야 하는 사탕 수 구하기
(동생에게 주어야 하는 사탕 수)
$＝34×3－(34×3＋21×4)÷2$
$＝34×3－(102＋84)÷2$
$＝102－186÷2＝102－93＝$**9(개)**

➕다른 풀이 (동생에게 주어야 하는 사탕 수)
　＝(두 사람이 가지고 있는 사탕 수의 차)÷2
$＝(34×3－21×4)÷2$
$＝(102－84)÷2＝18÷2＝$**9(개)**

14 ❶ 계산 결과를 가장 크게 만드는 방법 알아보기
계산 결과를 가장 크게 만들려면 36을 나누는 수가 가장 작아야 합니다.
따라서 수 카드를 (2, 3, 6) 또는 (3, 2, 6)으로 놓아야 합니다.
❷ 수 카드로 혼합 계산식 만들기
$36÷(2×3)＋6＝36÷6＋6＝6＋6＝\boxed{12}$ ⎤ 계산 결과가
$36÷(3×2)＋6＝36÷6＋6＝6＋6＝\boxed{12}$ ⎦ 같습니다.

참고 3장의 수 카드로 만들 수 있는 식은 모두 6가지이지만 두 수의 곱셈에서 수의 위치가 바뀌어도 계산 결과는 같으므로 나올 수 있는 계산 결과는 3가지입니다.

15 ❶ 조건을 만족하는 혼합 계산식 만들기
$(5－3＋4)÷2×1$
❷ 위 ❶의 식의 계산 결과가 3이 되는지 확인하기
$(5－3＋4)÷2×1$
$＝(2＋4)÷2×1$
$＝6÷2×1＝3×1＝3$

참고 $5－(4＋2)÷3×1＝3$, $5×4÷(2＋3)－1＝3$ 등과 같이 다양한 혼합 계산식을 만들 수 있습니다.

16
채점	❶ 치약 1개의 무게 구하기	3점
기준	❷ 빈 상자의 무게 구하기	2점

17 ❶ 혼합 계산식으로 나타내기
Ⅰ≡Ⅲ	－	＿Ｔ	×	Ⅷ	＋	≡Ⅲ	÷	Ⓣ
123		16		5		49		7

→ $123－16×5＋49÷7$
❷ 위 ❶의 값을 계산하기
$123－16×5＋49÷7$
$＝123－80＋49÷7$
$＝123－80＋7＝43＋7＝$**50**

18 ❶ 5월 한 달 동안 주스 한 병을 900원으로 마실 때의 주스값 구하기

5월은 31일까지 있으므로 주스값이 오르지 않았다면
(5월 한 달 동안의 주스값)=$900 \times 31 = 27900$(원)
입니다.

❷ 5월에 오른 주스값으로 먹은 주스의 수 구하기

(주스 한 병의 값이 올라서 더 낸 주스값)
=$28950 - 27900 = 1050$(원)

→ (5월에 오른 주스값으로 먹은 주스의 수)
=$1050 \div (950 - 900) = 1050 \div 50 = \textbf{21}$(병)

STEP2 | **심화 해결하기**   **014~018쪽**

01 53   **02** 200원

03 (예) ❶ ♥=$(49 \div 7 + 45) \times 5 - 4 \times 9$
             =$(7 + 45) \times 5 - 4 \times 9$
             =$52 \times 5 - 4 \times 9 = 260 - 36 = 224$
     ★=$7 \times 35 - 54 \div 9 + 2 = 245 - 54 \div 9 + 2$
    =$245 - 6 + 2 = 239 + 2 = 241$ ▶3점
    ❷ 224와 241 사이에 있는 자연수는 모두
    $241 - 224 - 1 = 16$(개)입니다. ▶2점 / 16개

04 10   **05** 1065페소

06 5명

07 $29 - (7 \times 3 + 6) = 2$

08 950원   **09** 51

10 1

11 (예) ❶ 5학년 전체 학생 수를 □명이라 하면
    □$\times 7 - 50 = 1280$, □$\times 7 = 1330$, □$= 190$입
    니다. ▶3점
    ❷ (5학년 여학생 수)
        =$(190 - 8) \div 2$
        =$182 \div 2 = 91$(명) ▶2점 / 91명

12 3   **13** 2

14 934 cm   **15** 104개

---

01 ❶ ㉠에 알맞은 수 구하기

$4 \times 6 - (15 + 7) \div 2 = 4 \times 6 - 22 \div 2$
                   =$24 - 11 = 13$ → ㉠=⑬

❷ ㉡에 알맞은 수 구하기

$(19 + 13) \times 2 - ㉠ + 8 \div 4$
=$(19 + 13) \times 2 - 13 + 8 \div 4$
=$32 \times 2 - 13 + 8 \div 4$
=$64 - 13 + 2 = 53$
→ ㉡=**53**

---

02 ❶ 할인된 감자 100 g당 값 구하기

(할인된 감자 100 g당 값)=$350 - 50 = 300$(원)

❷ 거스름돈으로 받아야 할 돈 구하기

→ (거스름돈)=$5000 - (300 \times 5 + 3300)$
           =$5000 - (1500 + 3300)$
           =$5000 - 4800 = \textbf{200}$(원)

03

채점 기준	❶ ♥와 ★에 알맞은 수 각각 구하기	3점
	❷ ♥와 ★ 사이에 있는 자연수의 개수 구하기	2점

04 레벨UP공략

◇ > 또는 <가 있는 혼합 계산식에서 □ 안에 들어갈 수 있는 수를 구하려면?
① 계산할 수 있는 식을 먼저 계산합니다.
② > 또는 <를 =라 하여 □ 안에 알맞은 수를 구합니다.
③ 범위에 알맞게 □ 안에 들어갈 수 있는 수를 구합니다.

❶ 계산할 수 있는 식을 계산하기

$3 \times 5 - 10 \div (8 - 6) = 3 \times 5 - 10 \div 2$
                        =$15 - 5 = 10$

→ □$\times 2 < 10$

❷ □ 안에 들어갈 수 있는 자연수들의 합 구하기

□$\times 2 = 10$이면 □$= 10 \div 2 = 5$이므로 □ 안에 들어갈 수 있는 자연수는 5보다 작은 1, 2, 3, 4입니다.
→ (□ 안에 들어갈 수 있는 자연수들의 합)
    =$1 + 2 + 3 + 4 = \textbf{10}$

05 ❶ 세린이가 가지고 있는 우리나라 돈 구하기

(세린이가 가지고 있는 우리나라 돈)
=$5000 \times 2 + 1000 \times 6 + 500 \times 9 + 100 \times 8$
=$10000 + 6000 + 4500 + 800$
=21300(원)

❷ 필리핀 돈으로 바꾸면 몇 페소인지 구하기

우리나라 돈이 100원일 때 필리핀 돈은 5페소이므로 세린이가 가지고 있는 돈을 필리핀 돈으로 모두 바꾸면 $21300 \div 100 \times 5 = \textbf{1065}$(페소)입니다.

06 레벨UP공략

◇ 문제에 다음과 같은 표현이 있을 때 식을 세우려면?
• 더하다, 함께 → 덧셈(+)
• 적다, 덜다, 꺼내다 → 뺄셈(−)
• 몇 개씩 몇 묶음, 몇 배 → 곱셈(×)
• 나누다, 몇 개씩 담다 → 나눗셈(÷)

❶ 초콜릿의 수를 식으로 나타내기

수연이네 모둠 학생 수를 □명이라 하면 18개씩 나누어 줄 때 초콜릿의 수는 ($18 \times$ □-7)개이고 15개씩 나누어 줄 때 초콜릿의 수는 ($15 \times$ □$+8$)개입니다.

② 수연이네 모둠 학생은 몇 명인지 구하기

18개씩 나누어 줄 때와 15개씩 나누어 줄 때 초콜릿의 수는 같으므로 $18 \times \boxed{} - 7 = 15 \times \boxed{} + 8$,

$3 \times \boxed{} = 15$, $\boxed{} = 5$입니다.

→ 수연이네 모둠 학생은 **5명**입니다.

참고 $18 \times \boxed{}$, $15 \times \boxed{}$를 하나로 생각하여 덧셈과 뺄셈의 관계를 이용하여 계산합니다.

07 **①** 여러 가지 방법으로 식을 ( )로 묶어 계산하기

식이 성립하도록 ( )를 차례로 넣어봅니다.

• $(29 - 7) \times 3 + 6 = 22 \times 3 + 6$
$\qquad\qquad = 66 + 6 = 72 \ (\times)$

• $29 - 7 \times (3 + 6) = 29 - 7 \times 9$
$\qquad\qquad = 29 - 63 \ (\times)$

• $29 - (7 \times 3 + 6) = 29 - (21 + 6)$
$\qquad\qquad = 29 - 27 = 2 \ (\bigcirc)$

② 식이 성립하도록 ( )로 묶은 식 찾기

$29 - (7 \times 3 + 6) = 2$

①
②
③

08 **①** 공책 3권의 값 구하기

(공책 3권의 값) $= 3000 \div 5 \times 3$
$\qquad\qquad = 600 \times 3 = 1800$(원)

② 7일에 공책 3권을 사고 남은 돈 구하기

(7일에 공책 3권을 사고 남은 돈)
$= 7000 - 3000 - 1250 - 1800$
$= 4000 - 1250 - 1800$
$= 2750 - 1800 = $ **950(원)**

09 **①** 계산 결과가 가장 클 때와 가장 작을 때 각각 구하기

수의 크기를 비교하면 $8 > 7 > 3 > 2$입니다.

• 계산 결과가 가장 클 때:
① 곱하는 두 수가 클수록 값이 커집니다. → 8×7
② 다음으로 큰 수인 3을 ①에 더합니다.
$\qquad → 8 \times 7 + 3$
③ ÷, − 중에서 뺄셈의 값이 더 커집니다.
$\qquad → 8 \times 7 + 3 - 2 = 57$

• 계산 결과가 가장 작을 때:
① 2로 나누어떨어지는 수는 8입니다. → $8 \div 2 = 4$
② 8 다음으로 큰 수인 7에서 ①과 남은 수 중에서 더 큰 수를 뺍니다. → $7 - 8 \div 2$
③ ×, + 중에서 덧셈의 값이 더 작아집니다.
$\qquad → 7 - 8 \div 2 + 3 = 6$

② 위 **①**의 두 계산 결과의 차 구하기

(계산 결과가 가장 클 때와 가장 작을 때의 차)
$= 57 - 6 = $ **51**

10 **①** 문제에 알맞은 식으로 나타내기

생각한 수를 ■, 생각한 수와 2의 합을 ●라 하면 나오는 수는 $(● \times 2 - 2) \div 2 - ■$입니다.

② 항상 나오는 수 구하기

12를 생각했다고 하면 $12 + 2 = 14$이므로 나오는 수는
$(14 \times 2 - 2) \div 2 - 12 = (28 - 2) \div 2 - 12$
$\qquad\qquad\qquad = 26 \div 2 - 12$
$\qquad\qquad\qquad = 13 - 12 = $ **1**

참고 어떤 수를 넣어도 항상 같은 수가 나오므로 12가 아닌 다른 수를 넣어도 구할 수 있습니다.

11

채점 기준	**①** 5학년 전체 학생 수 구하기	3점
	② 5학년 여학생 수 구하기	2점

12 **①** 체크 숫자를 찾는 식 세우기

체크 숫자를 $\boxed{}$라 하면
$(8 + 0 + 2 + 4 + 6 + 8)$
$+ (8 + 1 + 3 + 5 + 7 + 9) \times 3 + \boxed{}$의 일의 자리 숫자는 0입니다.

② 체크 숫자 구하기

$(8 + 0 + 2 + 4 + 6 + 8)$
$+ (8 + 1 + 3 + 5 + 7 + 9) \times 3 + \boxed{}$
$= 28 + 33 \times 3 + \boxed{}$
$= 28 + 99 + \boxed{} = 127 + \boxed{}$

$127 + \boxed{}$의 일의 자리 숫자가 0이 되려면 $\boxed{}$ 안에 들어갈 수 있는 숫자는 3이므로 체크 숫자는 **3**입니다.

13 **레벨UP공략**

◆ 혼합 계산식에서 $\boxed{}$의 값을 구하려면?
① 계산할 수 있는 부분을 먼저 계산합니다.
② 계산 순서를 거꾸로 생각하여 덧셈과 뺄셈, 곱셈과 나눗셈의 관계를 이용하여 $\boxed{}$의 값을 구합니다.

① 5♥10을 계산하기

$5 ♥ 10 = 10 \times (5 - 10 \div 5)$
$\qquad\quad = 10 \times (5 - 2) = 10 \times 3 = 30$

② $\boxed{}$ 안에 알맞은 수 구하기

$(5 ♥ 10) ★ \boxed{} = 30 ★ \boxed{}$
$\qquad\qquad = 30 \times \boxed{} + 30 \div 2$
$\qquad\qquad = 30 \times \boxed{} + 15$

→ $30 \times \square + 15 = 75$, $30 \times \square = 60$,
$\square = \mathbf{2}$

14 ❶ 이어 붙인 색 테이프 전체의 긴 변과 짧은 변의 길이 각각 구하기

(겹치는 부분의 수)$= 17 - 1 = 16$(군데)

(이어 붙인 색 테이프 전체의 긴 변)
$= 30 \times 17 - 3 \times 16$
$= 510 - 48 = 462$ (cm)

(이어 붙인 색 테이프 전체의 짧은 변)$= 5$ cm

❷ 이어 붙인 색 테이프 전체의 네 변의 길이의 합 구하기

(이어 붙인 색 테이프 전체의 네 변의 길이의 합)
$= 462 \times 2 + 5 \times 2$
$= 924 + 10 = \mathbf{934}$ **(cm)**

15 ❶ 쿠키의 수 구하기

쿠키를 담아야 하는 상자 수를 $\square$상자라 하면
$24 \times \square - 20 = 18 \times \square + 166$, $6 \times \square + 186$,
$\square = 31$입니다.

(쿠키의 수)$= 24 \times 31 - 20 = 744 - 20 = 724$(개)

❷ 쿠키를 한 상자에 20개씩 담을 때 남는 쿠키의 수 구하기

(남는 쿠키의 수)$= 724 - 20 \times 31$
$= 724 - 620 = \mathbf{104}$(개)

STEP 3 | 최상위 도전하기　　　　019~021쪽

1	2	**2**	25분
3	82, 42	**4**	㉯ 고궁, 1000원
5	66	**6**	1950원, 600원

1 ❶ 약속한 식에 알맞은 수를 넣어 식으로 나타내기

약속한 식에 ㉮$=9$, ㉯$=\blacktriangle$, ㉰$=7$, ㉱$=8$을 넣어 계산합니다.

$\begin{vmatrix} ㉮ & ㉯ \\ ㉰ & ㉱ \end{vmatrix} = \begin{vmatrix} 9 & \blacktriangle \\ 7 & 8 \end{vmatrix} = 9 \times 8 - \blacktriangle \times 7 = 58$

❷ $\blacktriangle$에 알맞은 수 구하기

$72 - \blacktriangle \times 7 = 58$, $\blacktriangle \times 7 = 14$, $\blacktriangle = \mathbf{2}$

2 ❶ 현정이가 걸은 거리 구하기

2시간 40분$= 120$분$+ 40$분$= 160$분이고, 160분은 10분의 16배입니다.

(현정이가 걸은 거리)
$=$ (서울역에서 할머니 댁까지의 거리)
　$-$ (기차가 160분 동안 간 거리)
$= 401 - 25 \times 16 = 401 - 400 = 1$ (km)

❷ 현정이가 걸어간 시간 구하기

1 km$= 1000$ m
→ (현정이가 걸어간 시간)$= 1000 \div 40 = \mathbf{25}$(분)

3 ❶ 묶는 수가 2개일 때 계산 결과 구하기

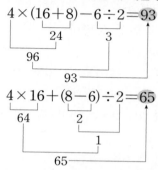

❷ 묶는 수가 3개일 때 계산 결과 구하기

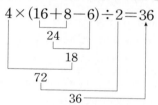

❸ 묶는 수가 4개일 때 계산 결과 구하기

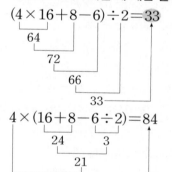

→ |보기| 중에서 계산 결과가 될 수 없는 수는 **82**, **42**입니다.

참고

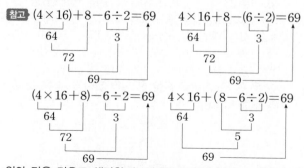

위와 같은 경우도 생각할 수 있지만 괄호를 넣어도 계산 순서가 바뀌지 않으므로 괄호를 사용하지 않습니다.

4 ❶ ㉮와 ㉯ 고궁의 입장료의 차 구하기
• (㉮ 고궁의 연아네 반 학생 32명의 입장료)
＝$2400 \times 32 = 76800$(원)
(㉮ 고궁의 경현이네 반 학생 26명의 입장료)
＝$3000 \times 26 = 78000$(원)
➡ (㉮ 고궁의 입장료의 차)＝$78000 - 76800$
＝$\boxed{1200}$(원)
• (㉯ 고궁의 연아네 반 학생 32명의 입장료)
＝$2100 \times 32 = 67200$(원)
(㉯ 고궁의 경현이네 반 학생 26명의 입장료)
＝$2500 \times 26 = 65000$(원)
➡ (㉯ 고궁의 입장료의 차)＝$67200 - 65000$
＝$\boxed{2200}$(원)
❷ 두 반의 입장료의 차가 어느 고궁이 얼마나 더 많은지 구하기
따라서 ㉯ **고궁**에 갈 때 두 반의 입장료의 차가
$2200 - 1200 = \boxed{1000}$**(원)** 더 많습니다.

5 ❶ 계산 결과가 가장 클 때의 값 구하기
더하는 수와 곱하는 수가 클수록, 빼는 수가 작을수록
계산 결과가 커집니다. ┌두 수의 덧셈에서 숫자의 위치가
바뀌어도 계산 결과는 같습니다.
빼는 수에 가장 작은 수 2를 놓고 더하는 수와 곱하는
수에 $(5, 6, 7)$ 또는 $(6, 5, 7)$로 수 카드를 놓습니다.
➡ $(5+6) \times 7 - 2 = 11 \times 7 - 2 = 77 - 2 = \boxed{75}$
❷ 계산 결과가 가장 작을 때의 값 구하기
더하는 수와 곱하는 수가 작을수록, 빼는 수가 클수록 계산 결과가 작아집니다. ┌두 수의 덧셈에서 숫자의 위치가
바뀌어도 계산 결과는 같습니다.
빼는 수에 가장 큰 수 7을 놓고 더하는 수와 곱하는
수에 $(3, 5, 2)$ 또는 $(5, 3, 2)$로 수 카드를 놓습니다.
➡ $(3+5) \times 2 - 7 = 8 \times 2 - 7 = 16 - 7 = \boxed{9}$
❸ 위 ❶과 ❷의 두 계산 결과의 차 구하기
(계산 결과가 가장 클 때와 가장 작을 때의 차)
＝$75 - 9 = \boxed{66}$

6
어느 문구점에서 가위와 풀을 사 왔습니다. 한 상자에 15개씩 들어 있는 가위를 6상자 사 와서 한 개에 3000원씩 받고 모두 팔았더니 94500원의 이익이 남았고, 한 상자에 12개씩 들어 있는 풀을 7상자 사 와서 한 개에 1000원씩 받고 모두 팔았더니 33600원의 이익이 남았습니다. 이 문구점은 **가위와 풀을 한 개에 얼마씩 사 온 것**인지 각각 구해 보세요.
┌(이익금)
＝(판 가격)
−(사 온 가격)

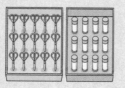

❶ 가위 한 개를 사 온 가격 구하기
• (가위 한 개를 사 온 가격)
＝(가위 한 개를 판 가격)−(가위 한 개의 이익)
• (가위 한 개의 이익)＝(전체 이익)÷(전체 가위 수)
➡ (가위 한 개를 사 온 가격)
＝$3000 - 94500 \div (15 \times 6)$
＝$3000 - 94500 \div 90$
＝$3000 - 1050 = \mathbf{1950}$**(원)**
❷ 풀 한 개를 사 온 가격 구하기
• (풀 한 개를 사 온 가격)
＝(풀 한 개를 판 가격)−(풀 한 개의 이익)
• (풀 한 개의 이익)＝(전체 이익)÷(전체 풀의 수)
➡ (풀 한 개를 사 온 가격)
＝$1000 - 33600 \div (12 \times 7)$
＝$1000 - 33600 \div 84$
＝$1000 - 400 = \mathbf{600}$**(원)**

상위권 TEST 022~023쪽

01 ㉠	**02** ㉢
03 72 cm	**04** 1450원
05 4	
06 $42 \div (2 + 4 \times 2 - 3) = 6$	
07 50	**08** 439
09 300 g	**10** 13개
11 616 cm	**12** 40분

01 ❶ ( )가 있을 때와 없을 때 각각 계산하기
㉠ $56 \div (7 \times 4) = 56 \div 28 = 2$
$56 \div 7 \times 4 = 8 \times 4 = 32$
㉡ $15 \times (6 \div 3) = 15 \times 2 = 30$
$15 \times 6 \div 3 = 90 \div 3 = 30$
❷ ( )가 없으면 계산 결과가 달라지는 식 구하기
따라서 괄호가 없으면 계산 결과가 달라지는 식은 ㉠입니다.

02 ❶ 각각 계산하기
㉠ $(5+9) \times 6 \div 4 = 14 \times 6 \div 4 = 84 \div 4 = \boxed{21}$
㉡ $25 + 560 \div 70 - 6 = 25 + 8 - 6 = 33 - 6 = \boxed{27}$
㉢ $38 - 24 \div (7-4) = 38 - 24 \div 3 = 38 - 8 = \boxed{30}$
❷ 계산 결과가 가장 큰 것 찾기
따라서 $30 > 27 > 21$이므로 계산 결과가 가장 큰 것
은 ㉢입니다.

03 ❶ 문제에 알맞은 식으로 나타내기
(철사를 남김없이 사용하여 만들 수 있는 정삼각형의
한 변의 길이)=(전체 철사의 길이)÷3
❷ 만들 수 있는 정삼각형의 한 변의 길이 구하기
(전체 철사의 길이)÷3=$27 \times 4 \times 2 \div 3$
$=216 \div 3 = \textbf{72 (cm)}$

04 ❶ 할인된 볼펜 한 자루의 값 구하기
(할인된 볼펜 한 자루의 값)=$1000-300=700$(원)
❷ 거스름돈으로 받아야 할 돈 구하기
(거스름돈)=$5000-(700 \times 4 + 750)$
$=5000-(2800+750)$
$=5000-3550=\textbf{1450(원)}$

05 ❶ 계산할 수 있는 식을 계산하기
$18 \div 6 = 3$, $18-3=15$이므로 $3 \times \square < 15$입니다.
❷ □ 안에 들어갈 수 있는 가장 큰 자연수 구하기
$3 \times \square = 15$이면 $\square = 15 \div 3 = 5$이므로 □ 안에는 5
보다 작은 수가 들어가야 합니다.
→ □ 안에 들어갈 수 있는 가장 큰 자연수는 **4**입니다.

06 ❶ 여러 가지 방법으로 식을 (　)로 묶어 계산하기
• $42 \div (2+4) \times 2 - 3 = 42 \div 6 \times 2 - 3$
$=7 \times 2 - 3 = 14 - 3 = 11 (\times)$
• $(42 \div 2 + 4) \times 2 - 3 = (21+4) \times 2 - 3$
$=25 \times 2 - 3$
$=50-3=47 (\times)$
• $42 \div (2 + 4 \times 2) - 3 = 42 \div (2+8) - 3$
$=42 \div 10 - 3 (\times)$
• $42 \div (2 + 4 \times 2 - 3) = 42 \div (2+8-3)$
$=42 \div (10-3)$
$=42 \div 7 = 6 (\bigcirc)$
❷ 식이 성립하도록 (　)로 묶은 식 찾기
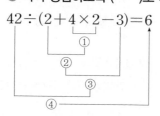

07 ❶ 42◆6 계산하기
$(42◆6)=(42-6) \div 6 + 42$
$=36 \div 6 + 42 = 6 + 42 = \underline{48}$
❷ (42◆6)◆16 계산하기
$(42◆6)◆16 = \underline{48}◆16$
$=(48-16) \div 16 + 48$
$=32 \div 16 + 48 = 2 + 48 = \textbf{50}$

08 ❶ 어떤 수 구하기
어떤 수를 □라 하면 $\square \div 6 + 7 = 19$
$\square \div 6 = 12$, $\square = 12 \times 6 = 72$입니다.
❷ 바르게 계산한 값 구하기
(바른 계산)=$72 \times 6 + 7 = \textbf{439}$

09 ❶ 접시 1개의 무게 구하기
(접시 4개의 무게)=$1 \text{ kg } 81 \text{ g} - 797 \text{ g} = 284 \text{ g}$
→ (접시 1개의 무게)=$284 \div 4 = 71 \text{ (g)}$
❷ 빈 상자의 무게 구하기
(빈 상자의 무게)=$797 - 71 \times 7$
$=797 - 497 = \textbf{300 (g)}$

10 ❶ 4월 한 달 동안 우유 한 개를 830원으로 마실 때의 우
유값 구하기
4월은 30일까지 있으므로 우유값이 오르지 않았다면
(4월 한 달 동안의 우유값)=$830 \times 30 = 24900$(원)
입니다.
❷ 4월에 오른 우유값으로 먹은 우유의 수 구하기
(우유 한 개의 값이 올라서 더 낸 우유값)
$=25810 - 24900 = 910$(원)
→ (4월에 오른 우유값으로 먹은 우유의 수)
$=910 \div (900 - 830) = 910 \div 70 = \textbf{13(개)}$

11 ❶ 이어 붙인 색 테이프 전체의 긴 변과 짧은 변의 길이 각
각 구하기
(겹치는 부분의 수)=$13 - 1 = 12$(군데)
(이어 붙인 색 테이프 전체의 긴 변)
$=25 \times 13 - 2 \times 12 = 301 \text{ (cm)}$
(이어 붙인 색 테이프 전체의 짧은 변)=7 cm
❷ 이어 붙인 색 테이프의 전체의 네 변의 길이의 합 구하기
(이어 붙인 색 테이프 전체의 네 변의 길이의 합)
$=301 \times 2 + 7 \times 2$
$=602 + 14 = \textbf{616 (cm)}$

12 ❶ 동규가 걸은 거리 구하기
1시간 50분=60분+50분=110분이고, 110분은
10분의 11배입니다.
(동규가 걸은 거리)
=(기차역에서 이모 댁까지의 거리)
　－(기차가 110분 동안 간 거리)
$=332 - 30 \times 11 = 332 - 330 = 2 \text{ (km)}$
❷ 동규가 걸어간 시간 구하기
$2 \text{ km} = 2000 \text{ m}$
→ (동규가 걸어간 시간)=$2000 \div 50 = \textbf{40(분)}$

2 약수와 배수

개념 넓히기   027쪽

1 1, 5, 25	**2** 7, 14, 21, 28
3 4, 180	**4** 12일 후

STEP 1 | 응용 공략하기   028~033쪽

01 6개   **02** 75   **03** 28

04 72, 96   **05** 3가지

06 예 ❶ 4의 배수는 끝의 두 자리 수가 00 또는 4의 배수인 수입니다. 17★6에서 ★6이 4의 배수인 경우는 16, 36, 56, 76, 96입니다. ▶2점
❷ ★에 알맞은 수는 1, 3, 5, 7, 9입니다. ▶3점
/ 1, 3, 5, 7, 9

07 6

08 예 ❶ 될 수 있는 대로 큰 정사각형을 만들려면 정사각형의 한 변의 길이는 110과 90의 최대공약수로 해야 합니다.
$110=2\times5\times11$, $90=2\times5\times9$
→ 110과 90의 최대공약수: $2\times5=10$ ▶2점
❷ 따라서 만든 정사각형의 한 변의 길이는 10 cm입니다. ▶3점 / 10 cm

09 피라미드   **10** 128

11 오전 8시 48분   **12** 60

13 79   **14** 8개   **15** 12개

16 예 ❶ 최대공약수가 12이므로 두 수를 $12\times$■, $12\times$▲로 나타낼 수 있습니다. ▶2점
❷ 최소공배수가 168이므로
$12\times$■$\times$▲$=168$, ■$\times$▲$=14$입니다.
$1\times14=14$일 때의 두 수:
$12\times1=12$, $12\times14=168(\times)$
$2\times7=14$일 때의 두 수:
$12\times2=24$, $12\times7=84(\bigcirc)$ ▶3점 / 24, 84

17 31개   **18** 56그루

01 ❶ 두 수의 최대공약수 구하기
```
2 ) 54   90
3 ) 27   45
3 )  9   15
      3    5   → 최대공약수: 2×3×3=18
```

❷ 최대공약수의 약수의 개수 구하기
18의 약수는 1, 2, 3, 6, 9, 18이므로 두 수의 공약수는 모두 **6개**입니다.

02 ❶ ㉠과 ㉡이 나타내는 수 각각 구하기
㉠ 7의 배수 중에서 6번째로 작은 수: $7\times6=42$
㉡ 11의 배수 중에서 3번째로 작은 수: $11\times3=33$
❷ ㉠과 ㉡이 나타내는 수의 합 구하기
㉠+㉡$=42+33=$**75**

03 ❶ 각 수의 약수 구하기
• 51의 약수: 1, 3, 17, 51 → $1+3+17=21\ (\times)$
• 39의 약수: 1, 3, 13, 39 → $1+3+13=17\ (\times)$
• 28의 약수: 1, 2, 4, 7, 14, 28
 → $1+2+4+7+14=28\ (\bigcirc)$
• 42의 약수: 1, 2, 3, 6, 7, 14, 21, 42
 → $1+2+3+6+7+14+21=54\ (\times)$
❷ 완전수 찾기
따라서 완전수는 **28**입니다.

04 ❶ 6의 배수이면서 8의 배수인 수 구하기
6의 배수이면서 8의 배수인 수는 6과 8의 최소공배수인 24의 배수입니다.
$24\times2=48$, $24\times3=72$, $24\times4=96$,
$24\times5=120$
❷ 위 ❶에서 70과 100 사이의 수 구하기
24의 배수 중에서 70과 100 사이의 수: **72, 96**

05 ❶ 남김없이 똑같이 나누는 방법의 수 구하기
초콜릿 68개를 남김없이 똑같이 나누어야 하므로 68의 약수를 구합니다.
68의 약수: 1, 2, 4, 17, 34, 68
❷ 5명보다 많은 친구들에게 똑같이 나누어 줄 수 있는 방법의 수 구하기
68의 약수 중에서 5보다 큰 수를 찾으면 17, 34, 68입니다.
따라서 17명, 34명, 68명에게 나누어 줄 수 있으므로 초콜릿을 나누어 줄 수 있는 방법은 모두 **3가지**입니다.

> **선행 개념** [중1] 약수의 개수 구하기
>
> 예 68의 약수의 개수 구하기
> ① 수를 약수가 1과 자기 자신인 수들의 곱셈식으로 만듭니다.
> $$68=2\times2\times17$$
> ㄴ2개ㅡ ㄴ1개
> ② 위 ①의 곱셈식에서 같은 수가 몇 개씩 있는지 찾습니다.
> 2가 **2**개, 17이 **1**개
> ③ 위 ②에서 찾은 개수에 각각 1을 더한 후 곱한 결과가 약수의 개수가 됩니다.
> $(2+1)\times(1+1)=3\times2=6(개)$

06

채점기준	❶ 4의 배수인 경우 구하기	2점
	❷ ★에 알맞은 수 구하기	3점

참고 · 2의 배수: 일의 자리 숫자가 0, 2, 4, 6, 8인 수
· 3의 배수: 각 자리 숫자의 합이 3의 배수인 수
· 4의 배수: 끝의 두 자리 수가 00 또는 4의 배수인 수
· 5의 배수: 일의 자리 숫자가 0 또는 5인 수
· 9의 배수: 각 자리 숫자의 합이 9의 배수인 수

07 ❶ 어떤 수가 될 수 있는 수 구하기

어떤 수는 $32-2=30$과 $27-3=24$의 공약수입니다.

30과 24의 최대공약수: 6

→ 30과 24의 공약수: 1, 2, 3, 6

❷ 어떤 수 구하기

따라서 어떤 수는 나머지인 2와 3보다 커야 하므로 어떤 수는 **6**입니다.

참고 · 어떤 수로 ■를 나누면 나머지가 ▲

→ 어떤 수로 (■－▲)를 나누면 나누어떨어집니다.

· 어떤 수로 ●를 나누면 나머지가 ★

→ 어떤 수로 (●－★)을 나누면 나누어떨어집니다.

→ (■－▲)와 (●－★)은 모두 어떤 수로 나누어떨어지므로 어떤 수는 (■－▲)와 (●－★)의 공약수입니다.

08

채점기준	❶ 정사각형의 한 변의 길이를 구하는 방법 알아보기	2점
	❷ 만든 정사각형의 한 변의 길이 구하기	3점

참고 110과 90의 최대공약수 구하기

$$2\,)\,\underline{110\quad 90}$$
$$5\,)\,\underline{\;55\quad 45}$$
$$\quad\;\;11\quad 9 \quad → \text{최대공약수: } 2\times5=10$$

09 ❶ 3의 배수이면서 7의 배수인 수 구하기

3의 배수이면서 7의 배수인 수는 21의 배수인 수와 같으므로 21로 나누었을 때 나누어떨어지는 수를 찾습니다.

$106\div21=5\cdots1$ (×), $147\div21=7$ (○), $324\div21=15\cdots9$ (×)

❷ 높이가 3의 배수이면서 7의 배수인 건축물 찾기

따라서 높이가 3의 배수이면서 7의 배수인 건축물은 **피라미드**입니다.

참고 (㉠의 배수이면서 ㉡의 배수인 수)=(㉠과 ㉡의 공배수)

10 ❶ 어떤 수가 될 수 있는 수 구하기

어떤 수가 될 수 있는 수는 12와 20의 공배수보다 8 큰 수입니다.

$$2\,)\,\underline{12\quad 20}$$
$$2\,)\,\underline{\;6\quad 10}$$
$$\quad\;\;3\quad 5 \quad → \text{최소공배수: } 2\times2\times3\times5=60$$

❷ 어떤 수가 될 수 있는 수 중에서 가장 작은 세 자리 수 구하기

12와 20의 공배수: 60, 120, 180……

따라서 어떤 수가 될 수 있는 수 중에서 가장 작은 세 자리 수는 $120+8=$**128**입니다.

11 ❶ 두 버스가 몇 분 간격으로 동시에 출발하는지 구하기

가 버스는 21분마다, 나 버스는 24분마다 출발하므로 21과 24의 공배수만큼 시간이 지났을 때 두 버스는 동시에 출발합니다.

$$3\,)\,\underline{21\quad 24}$$
$$\quad\;\;7\quad 8 \quad → \text{최소공배수: } 3\times7\times8=168$$

❷ 다음번에 동시에 출발하는 시각 구하기

168분=120분+48분=2시간 48분

→ (다음번에 두 버스가 동시에 출발하는 시각)
=오전 6시+2시간 48분=**오전 8시 48분**

12 ❶ 두 수의 최소공배수를 구하는 식 세우기

$$12\,)\,\underline{72\quad(\text{어떤 수})}$$
$$\quad\;\;\;6\quad\;\;\;㉠$$

→ 최소공배수: $12\times6\times㉠=360$

❷ 어떤 수 구하기

$12\times6\times㉠=360$, $72\times㉠=360$, $㉠=5$

→ (어떤 수)$=12\times㉠=12\times5=$**60**

13 ❶ ㉠, ㉡이 될 수 있는 수 각각 구하기

왼쪽 수가 오른쪽 수의 약수이므로 ㉠은 14의 배수, ㉡은 31의 배수입니다.

㉠, ㉡이 두 자리 수이므로

· ㉠이 될 수 있는 수: $14\times1=14$, $14\times2=28$, $14\times3=42$, $14\times4=56$, $14\times5=70$, $14\times6=84$, $14\times7=98$

· ㉡이 될 수 있는 수: $31\times1=31$, $31\times2=62$, $31\times3=93$

❷ ㉠과 ㉡의 차가 가장 큰 경우의 두 수의 차 구하기

· ㉠$=98$, ㉡$=31$일 때
㉠$-$㉡$=98-31=67$

· ㉠$=14$, ㉡$=93$일 때
㉡$-$㉠$=93-14=79$

따라서 $79>67$이므로 ㉠과 ㉡의 차가 가장 큰 경우의 두 수의 차는 **79**입니다.

참고 ㉠과 ㉡의 차가 가장 큰 경우는

· (㉠ 중에서 가장 큰 수)$-$(㉡ 중에서 가장 작은 수)

· (㉡ 중에서 가장 큰 수)$-$(㉠ 중에서 가장 작은 수)

2개의 경우를 생각합니다.

14 **❶ 1부터 300까지의 자연수 중에서 24의 배수인 수의 개수 구하기**

3의 배수이면서 8의 배수인 수는 3과 8의 최소공배수인 24의 배수와 같습니다.

1부터 300까지의 자연수 중에서 24의 배수의 개수:

$300 \div 24 = 12 \cdots 12 \rightarrow$ 12개

❷ 1부터 99까지의 자연수 중에서 24의 배수인 수의 개수 구하기

1부터 99까지의 자연수 중에서 24의 배수의 개수:

$99 \div 24 = 4 \cdots 3 \rightarrow$ 4개

❸ 100부터 300까지의 자연수 중에서 3의 배수이면서 8의 배수인 수의 개수 구하기

100부터 300까지의 자연수 중에서 3의 배수이면서 8의 배수인 수는 모두 $12-4=$ **8(개)**입니다.

➕ 다른 풀이 3의 배수이면서 8의 배수인 수는 3과 8의 최소공배수인 24의 배수와 같습니다.

100부터 300까지의 자연수 중에서 24의 배수는 다음과 같습니다.

$24 \times 5 = 120$, $24 \times 6 = 144$, $24 \times 7 = 168$,

$24 \times 8 = 192$, $24 \times 9 = 216$, $24 \times 10 = 240$,

$24 \times 11 = 264$, $24 \times 12 = 288 \rightarrow$ **8개**

15 **❶ 세 숫자의 합이 9의 배수인 경우 만들 수 있는 수 구하기**

9의 배수가 되려면 각 자리 숫자의 합이 9의 배수인 9, 18……이어야 합니다.

• 세 숫자의 합이 9인 경우: (1, 2, 6)

  → (1, 2, 6)으로 만들 수 있는 수: 126, 162, 216, 261, 612, 621(6개)

• 세 숫자의 합이 18인 경우: (5, 6, 7)

  → (5, 6, 7)로 만들 수 있는 수: 567, 576, 657, 675, 756, 765(6개)

❷ 만들 수 있는 9의 배수의 개수 구하기

만들 수 있는 9의 배수는 모두 $6+6=$ **12(개)**입니다.

16

채점 기준	❶ 최대공약수를 이용하여 두 수를 곱셈식으로 나타내기	2점
	❷ 두 수 구하기	3점

17 **❶ 상자 몇 개에 나누어 담아야 하는지 구하기**

상자 수를 가능한 많게 하여 공을 나누어 담으려면 상자의 수는 96, 54, 36의 최대공약수가 됩니다.

```
2) 96  54  36
3) 48  27  18
   16   9   6   → 최대공약수: 2×3=6
```

따라서 공을 상자 6개에 똑같이 나누어 담으면 됩니다.

❷ 한 상자에 담는 공의 수 구하기

(한 상자에 담는 빨간 공의 수)$=96 \div 6=16$(개)

(한 상자에 담는 노란 공의 수)$=54 \div 6=9$(개)

(한 상자에 담는 파란 공의 수)$=36 \div 6=6$(개)

→ (한 상자에 담는 공의 수)$=16+9+6=$ **31(개)**

18 **❶ 심을 수 있는 가로수의 수 구하기**

```
2) 8  30
   4  15   → 최소공배수: 2×4×15=120
```

가로수와 가로등은 120 m마다 겹쳐집니다.

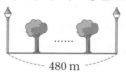

도로의 처음과 끝에는 가로등만 세우므로 가로수는 $480 \div 8=60$, $60-1=59$(그루) 심을 수 있습니다.

❷ 필요한 가로수의 수 구하기

이 중에서 가로등과 겹치는 부분은 120 m, 240 m, 360 m로 3군데입니다.
└• 120의 배수

따라서 필요한 가로수는 모두 $59-3=$ **56(그루)**입니다.

참고 곱셈식을 이용하여 최소공배수 구하는 방법

공통으로 들어 있는 곱셈식을 찾아 공통인 수와 남은 수를 곱합니다.

(예) $8=2 \times 2 \times 2$

　　$30=2 \times 3 \times 5$

→ (최소공배수)$=2 \times 2 \times 2 \times 3 \times 5=120$

STEP 2 | 심화 해결하기 034~038쪽

01 20　　　　　　　**02** ㉠

03 14　　　　　　　**04** 48살

05 (예) **❶** $15=3 \times 5$, $40=5 \times 8$

→ 15와 40의 최소공배수: $5 \times 3 \times 8=120$ ▶2점

❷ $500 \div 120=4 \cdots 20$이므로 $120 \times 4=480$,

$120 \times 5=600$입니다. 500과의 차를 구하면

$500-480=20$, $600-500=100$이므로 15와 40의 공배수 중에서 500에 가장 가까운 수는 480입니다. ▶3점 / 480

06 21900일 후　　　**07** 30개

08 12장

09 예 ❶ 처음 맞물렸던 톱니가 다시 같은 자리에서 만나려면 두 톱니 수의 최소공배수를 이용합니다.

$24=2\times3\times4$, $42=2\times3\times7$

→ 24와 42의 최소공배수:

$2\times3\times4\times7=168$ ▶2점

❷ 따라서 톱니바퀴 ㉮는 최소한

$168\div24=7$(바퀴)를 돌아야 합니다. ▶3점

/ 7바퀴

10 2개

11 267개

12 1926년

13 333

14 24

15 51894

---

01 ❶ 각 수의 약수 구하기

• 16의 약수: 1, 2, 4, 8, 16 → 5개

• 20의 약수: 1, 2, 4, 5, 10, 20 → 6개

• 35의 약수: 1, 5, 7, 35 → 4개

• 43의 약수: 1, 43 → 2개

❷ 약수의 수가 가장 많은 수 구하기

따라서 약수의 수가 가장 많은 수는 **20**입니다.

02 ❶ 두 수의 최소공배수 각각 구하기

㉠
```
 2) 12  32
 2)  6  16
     3   8
```
→ 최소공배수: $2\times2\times3\times8=96$

㉡
```
 5) 25  15
     5   3
```
→ 최소공배수: $5\times5\times3=75$

㉢
```
 7) 14  21
     2   3
```
→ 최소공배수: $7\times2\times3=42$

❷ 두 수의 최소공배수가 가장 큰 것 찾기

따라서 96>75>42이므로 두 수의 최소공배수가 가장 큰 것은 ㉠입니다.

03 ❶ 28의 약수 구하기

28의 약수: 1, 2, 4, 7, 14, 28

❷ 위 ❶에서 약수를 모두 더하면 24가 되는 수 구하기

2의 약수: 1, 2

→ (2의 약수의 합)$=1+2=3$(×)

4의 약수: 1, 2, 4

→ (4의 약수의 합)$=1+2+4=7$(×)

7의 약수: 1, 7

→ (7의 약수의 합)$=1+7=8$(×)

14의 약수: 1, 2, 7, 14

→ (14의 약수의 합)$=1+2+7+14=24$(○)

28의 약수: 1, 2, 4, 7, 14, 28

→ (28의 약수의 합)

$=1+2+4+7+14+28$

$=56$(×)

이 중 약수를 모두 더하면 24가 되는 수는 14입니다.

04 ❶ 삼촌의 연세가 될 수 있는 수 구하기

도균이와 삼촌의 띠가 서로 같고 도균이가 12살이므로 삼촌의 연세가 될 수 있는 수는 12의 배수입니다.

$12\times3=36$, $12\times4=\underline{48}$, $12\times5=60$……

❷ 삼촌의 연세 구하기

따라서 삼촌의 연세는 40살보다 많고, 50살보다 적으므로 **48살**입니다.

05

채점 기준	❶ 15와 40의 최소공배수 구하기	2점
	❷ 15와 40의 공배수 중에서 500에 가장 가까운 수 구하기	3점

참고 15와 40의 최소공배수 구하기
```
 5) 15  40
     3   8
```
→ 최소공배수: $5\times3\times8=120$

06 ❶ 태양, 목성, 토성이 일직선을 이루는 날은 몇 년 후인지 구하기

태양, 목성, 토성이 일직선을 이룬 후 다시 같은 순서로 일직선을 이루는 날은 12년과 30년의 공배수만큼 지난 후입니다.
```
 2) 12  30
 3)  6  15
     2   5
```
→ 최소공배수: $2\times3\times2\times5=60$

❷ 태양, 목성, 토성이 일직선을 이루는 날은 며칠 후인지 구하기

$365\times60=21900$이므로 다음번에 다시 같은 순서로 일직선을 이루는 날은 **21900일** 후입니다.

07 ❶ □ 안에 들어갈 수 있는 수 구하기

$510\div3=170$이므로 510은 3의 배수입니다.

계산 결과가 3의 배수이고, 510이 3의 배수이므로 □도 3의 배수이어야 합니다.

• 1부터 99까지의 수 중에서 3의 배수의 개수:

$99\div3=33$ → 33개

• 1부터 9까지의 수 중에서 3의 배수의 개수:

$9\div3=3$ → 3개

❷ □ 안에 들어갈 수 있는 두 자리 수의 개수 구하기

(□ 안에 들어갈 수 있는 두 자리 수의 개수)

$=33-3=$**30(개)**

참고 (■＋▲)가 ●의 배수일 때 ■가 ●의 배수이면 ▲도 ●의 배수입니다.

08 ❶ 만드는 정사각형의 한 변의 길이 구하기

$$2\,)\,\underline{12\quad 16}$$
$$2\,)\,\underline{6\quad8}$$
$$\ 3\quad4$$

→ 최소공배수: $2\times2\times3\times4=48$

최소공배수가 48이므로 만드는 정사각형의 한 변의 길이는 48 cm입니다.

❷ 필요한 색종이의 수 구하기

색종이는 가로로 $48\div12=4$(장), 세로로 $48\div16=3$(장) 놓아야 합니다.

→ (필요한 색종이의 수)$=4\times3=$**12(장)**

참고 가로가 ■ cm, 세로가 ▲ cm인 직사각형을 여러 개 이용하여 정사각형을 만들면
(정사각형의 한 변의 길이)$=$(■와 ▲의 공배수)입니다.

09 레벨UP공략

◈ 문제에 다음과 같은 표현이 있을 때 구해야 하는 것은?

가장 많은 / 가능한 많은 / 가능한 큰 / 최대한	최대공약수
가장 적은 / 가능한 적은 / 가능한 작은 / 최소한 / 동시에 / 처음으로 다시 만나는	최소공배수

채점 기준	❶ 두 톱니 수의 최소공배수 구하기	2점
	❷ 톱니바퀴 ㉮는 최소한 몇 바퀴를 돌아야 하는지 구하기	3점

참고 24와 42의 최소공배수 구하기

$$2\,)\,\underline{24\quad 42}$$
$$3\,)\,\underline{12\quad 21}$$
$$\ 4\quad7$$

→ 최소공배수: $2\times3\times4\times7=168$

10 ❶ [★]$=$★인 경우 알아보기

[★]$=$★$=1\times$★이려면 ★의 약수가 1, ★뿐이어야 합니다.

21의 약수: 1, 3, 7, 21($\times$)
22의 약수: 1, 2, 11, 22($\times$)
23의 약수: 1, 23($\bigcirc$)
24의 약수: 1, 2, 3, 4, 6, 8, 12, 24($\times$)
25의 약수: 1, 5, 25($\times$)
26의 약수: 1, 2, 13, 26($\times$)
27의 약수: 1, 3, 9, 27($\times$)
28의 약수: 1, 2, 4, 7, 14, 28($\times$)
29의 약수: 1, 29($\bigcirc$)
30의 약수: 1, 2, 3, 5, 6, 10, 15, 30($\times$)

❷ 위 ❶의 경우를 만족하는 수의 개수 구하기

21부터 30까지의 수 중에서 약수가 2개인 수는 23, 29로 모두 **2개**입니다.

11 레벨UP공략

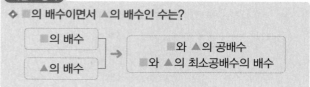

◈ ■의 배수이면서 ▲의 배수인 수는?

■의 배수 / ▲의 배수 → ■와 ▲의 공배수 ■와 ▲의 최소공배수의 배수

❶ 배수의 개수 각각 구하기

1부터 400까지의 자연수 중에서 5와 6의 배수의 개수를 각각 구합니다.

5의 배수: $400\div5=80\to$ **80개**
6의 배수: $400\div6=66\cdots4\to$ **66개**

5의 배수이면서 6의 배수인 수는 5와 6의 최소공배수인 30의 배수입니다.

1부터 400까지의 자연수 중에서 30의 배수: $400\div30=13\cdots10\to$ **13개**

❷ 5의 배수도 아니고 6의 배수도 아닌 수의 개수 구하기

→ $400-80-66+13=$**267(개)**

참고 1부터 ★까지의 수 중에서 ▲의 배수의 개수를 구하는 방법
★$\div$▲$=$(몫)$\cdots$(나머지) → (▲의 배수의 개수)$=$(몫)

12 ❶ 똑같은 해는 몇 년마다 반복되는지 구하기

$$2\,)\,\underline{10\quad 12}$$
$$\ 5\quad6$$
→ 최소공배수: $2\times5\times6=60$

십간인 '병'은 10년에 한 번씩, 십이지인 '인'은 12년에 한 번씩 돌아오므로 '병인년'은 10과 12의 최소공배수인 60년마다 돌아옵니다.

❷ 1866년 후 처음으로 병인년이 되는 해 구하기

→ $1866+60=$**1926(년)**

13 ❶ 나머지와 나누는 수의 관계 알아보기

나머지가 나누는 수보다 각각 3 작으므로 어떤 수에 3을 더하면 (나머지)$+3$이 되어 (나머지)$+3$도 14, 6, 4로 나눌 수 있습니다.

→ (어떤 수)$+3$은 14, 6, 4의 공배수가 되므로 어떤 수는 14, 6, 4의 공배수보다 3 작습니다.

$$2\,)\,\underline{14\quad 6\quad 4}$$
$$\ 7\quad 3\quad 2$$
→ 최소공배수: $2\times7\times3\times2=84$

❷ 어떤 수가 될 수 있는 수 구하기

(어떤 수)$=$(84의 배수)-3

$\underset{84\times1}{84-3=81}$, $\underset{84\times2}{168-3=165}$, $\underset{84\times3}{252-3=249}$,
$\underset{84\times4}{336-3=333}$, $\underset{84\times5}{420-3=417}$…… 입니다.

❸ 위 ❷에서 300에 가장 가까운 수 구하기

따라서 어떤 수가 될 수 있는 수 중에서 300에 가장 가까운 수는 **333**입니다.

14 **❶ 두 수의 최대공약수 구하기**

두 수를 (최대공약수)×●, (최대공약수)×■라 하면 두 수의 곱은 (최대공약수)×●×(최대공약수)×■입니다.
→ 최소공배수

$3600=$(최대공약수)×240

→ (최대공약수)$=3600÷240=15$

❷ 두 수의 공약수들의 합 구하기

두 수의 공약수는 최대공약수 15의 약수이므로 1, 3, 5, 15입니다.

→ (두 수의 공약수들의 합)$=1+3+5+15=$**24**

15 **❶ 2의 배수가 되는 경우 알아보기**

$5㉠89㉡$이 2의 배수가 되는 경우:

$5㉠890$, $5㉠892$, $5㉠894$, $5㉠896$, $5㉠898$

❷ 위 ❶의 경우 중에서 9의 배수가 되는 경우 알아보기

• $5㉠890$이 9의 배수가 되는 경우:

$5+㉠+8+9+0=22+㉠ → ㉠=5$

• $5㉠892$가 9의 배수가 되는 경우:

$5+㉠+8+9+2=24+㉠ → ㉠=3$

• $5㉠894$가 9의 배수가 되는 경우:

$5+㉠+8+9+4=26+㉠ → ㉠=1$

• $5㉠896$이 9의 배수가 되는 경우:

$5+㉠+8+9+6=28+㉠ → ㉠=8$

• $5㉠898$이 9의 배수가 되는 경우:

$5+㉠+8+9+8=30+㉠ → ㉠=6$

❸ 위 ❶과 ❷를 만족하는 다섯 자리 수가 될 수 있는 수 중에서 가장 작은 수 구하기

따라서 $5㉠89㉡$이 가장 작은 수가 되려면 ㉠에 가장 작은 숫자를 놓아야 하므로 ㉠=1이고 ㉡=4입니다.

→ **51894**

STEP 3 최상위 도전하기
039~041쪽

1	37	2	15분
3	5600원	4	35그루
5	243명	6	150 cm

1 **❶ 마지막에 꺼내는 수 카드에 적힌 수를 구하는 방법 알아보기**

2의 배수, 3의 배수, 4의 배수, 5의 배수……의 공배수를 꺼내므로 이 수들의 배수가 아닌 수 중에서 40에 가까운 수를 찾습니다.

❷ 마지막에 꺼내는 수 카드에 적힌 수 구하기

• 40은 2, 4, 5……의 배수이므로 2의 배수에서 꺼냅니다.

• 39는 3, 13의 배수이므로 3의 배수에서 꺼냅니다.

• 38은 2, 19의 배수이므로 2의 배수에서 꺼냅니다.

• 37은 다른 수의 배수가 아니므로 마지막에 꺼내는 수입니다.

따라서 마지막에 꺼내는 수 카드에 적힌 수는 **37**입니다.

2 **❶ 두 전구가 다시 동시에 켜지는 데 걸리는 시간 구하기**

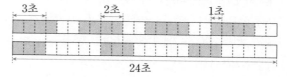

빨간 전구는 $4+2=6$(초), 파란 전구는 $3+5=8$(초)마다 새로 켜집니다.

6과 8의 최소공배수는 24입니다.

(두 전구가 다시 동시에 켜지는 데 걸리는 시간)$=24$초

❷ 1시간 동안 동시에 켜지는 횟수 구하기

1시간$=3600$초이고, 24초 간격으로 두 전구가 동시에 켜집니다.

(1시간 동안 동시에 켜지는 횟수)

$=3600÷24=150$(번)

❸ 오후 5시부터 오후 6시까지 두 전구가 함께 켜져 있는 시간의 합 구하기

(24초 동안 함께 켜져 있는 시간)$=3+2+1=6$(초)

(오후 5시부터 오후 6시까지 두 전구가 함께 켜져 있는 시간의 합)$=6×150=900$(초)

→ 900초=**15분**

3 **❶ 105와 45의 최대공약수 구하기**

최대한 많은 묶음으로 포장하려면 묶음의 수는 105와 45의 최대공약수입니다.

$
\begin{array}{r}
3\,)\underline{\ 105 \quad 45\ } \\
5\,)\underline{\ \ 35 \quad 15\ } \\
7 \qquad 3
\end{array}
$ → 최대공약수: $3×5=15$

❷ 한 묶음에 들어 가는 사탕의 수와 초콜릿의 수 구하기

최대공약수는 15이므로 15묶음으로 포장할 수 있습니다.

(한 묶음에 들어 가는 사탕의 수)$=105÷15=7$(개)

(한 묶음에 들어 가는 초콜릿의 수)$=45÷15=3$(개)

❸ 한 묶음의 가격 구하기

(한 묶음의 가격)$=500×7+700×3$

$=3500+2100=$**5600(원)**

4 **❶ 나무 사이의 간격 구하기**

나무를 일정한 간격으로 가능한 한 적게 심으려면 나무 사이의 간격을 최대로 해야 하므로 잔디밭의 세 변의 길이의 최대공약수를 구합니다.

$$
\begin{array}{r}
2\,)\underline{\,54\quad 84\quad 72\,} \\
3\,)\underline{\,27\quad 42\quad 36\,} \\
9\quad 14\quad 12
\end{array}
$$
→ 최대공약수: $2 \times 3 = 6$

54, 84, 72의 최대공약수는 6이므로 나무 사이의 간격은 6 m로 해야 합니다.

❷ 각 변에 심는 나무의 수 구하기

$54 \div 6 = 9 \rightarrow 9 + 1 = \boxed{10}$(그루)

$84 \div 6 = 14 \rightarrow 14 + 1 = \boxed{15}$(그루)

$72 \div 6 = 12 \rightarrow 12 + 1 = \boxed{13}$(그루)

❸ 필요한 나무의 수 구하기

따라서 세 꼭짓점에 심는 나무가 한 번씩 중복되므로
(필요한 나무의 수)$=10 + 15 + 13 - 3 = \mathbf{35}$(그루)
입니다.

5 **❶ 학생 수가 될 수 있는 수 구하기**

6, 8, 10의 어떤 수로 나누어도 3이 남으므로
(학생 수)-3은 6, 8, 10의 공배수입니다.

$$
\begin{array}{r}
2\,)\underline{\,6\quad 8\quad 10\,} \\
3\quad 4\quad 5
\end{array}
$$
→ 최소공배수: $2 \times 3 \times 4 \times 5 = 120$

120의 배수는 120, 240, 360······이므로 학생 수가 될 수 있는 수는 123, 243, 363······입니다.

❷ 체험 학습에 참여하는 학생 수 구하기

따라서 체험 학습에 참여하는 학생은 200명보다 많고 300명보다 적으므로 **243명**입니다.

6

어떤 장난감 자동차에 톱니가 각각 45개, 27개, 36개인 세 톱니바퀴 ㉮, ㉯, ㉰가 서로 맞물려 돌아가고 있습니다. 톱니바퀴 ㉰가 한 바퀴 회전하면 장난감 자동차는 10 cm를 움직인다고 합니다. 세 톱니바퀴가 회전하기 시작하여 처음으로 다시 같은 톱니에서 맞물릴 때까지 **장난감 자동차가 움직인 거리는 몇 cm**인지 구해 보세요.
└ (톱니바퀴 ㉰가 한 바퀴 회전할 때 움직인 거리)
　×(톱니바퀴의 ㉰의 회전 수)

❶ 세 톱니바퀴가 처음으로 다시 같은 톱니에서 맞물릴 때까지 돌아간 톱니의 개수 구하기

세 톱니바퀴가 처음으로 다시 같은 톱니에서 맞물릴 때까지 돌아간 톱니의 개수는 45, 27, 36의 최소공배수입니다.

$$
\begin{array}{r}
9\,)\underline{\,45\quad 27\quad 36\,} \\
5\quad 3\quad 4
\end{array}
$$
→ 최소공배수: $9 \times 5 \times 3 \times 4 = 540$

❷ 장난감 자동차가 움직인 거리 구하기

(톱니바퀴 ㉰의 회전수)
$=$(맞물릴 때까지 돌아간 톱니 수)
　$\div$(톱니바퀴 ㉰의 톱니 수)
$=540 \div 36 = 15$(바퀴)
→ (다시 같은 톱니에서 맞물릴 때까지 장난감 자동차가 움직인 거리)
$=$(톱니바퀴 ㉰가 한 바퀴 회전할 때 움직인 거리)
　　$\times$(톱니바퀴 ㉰의 회전 수)
　　└→10 cm
$=10 \times 15 = \mathbf{150}$ **(cm)**
└→15바퀴

상위권 TEST 042~043쪽

01 4개	**02** 1, 3, 7, 9, 21, 63	
03 소백산	**04** 21	**05** 4
06 12개	**07** 144	**08** 42
09 5바퀴	**10** 2개	**11** 73020
12 182명		

01 **❶ 13의 배수 구하기**

$13 \times 7 = 91$, $13 \times 8 = \boxed{104}$, $13 \times 9 = \boxed{117}$,
$13 \times 10 = \boxed{130}$, $13 \times 11 = \boxed{143}$, $13 \times 12 = 156$

❷ 100부터 150까지의 수 중에서 13의 배수인 수의 개수 구하기

100부터 150까지의 수 중에서 13의 배수는 104, 117, 130, 143으로 모두 **4개**입니다.

02 **❶ 왼쪽 수와 오른쪽 수의 관계 알아보기**

63은 $\square$의 배수이므로 $\square$는 63의 약수입니다.

❷ $\square$ 안에 들어갈 수 있는 수 구하기

63의 약수: 1, 3, 7, 9, 21, 63
→ $\square$ 안에 들어갈 수 있는 수: **1, 3, 7, 9, 21, 63**

03 **❶ 9의 배수인 수 구하기**

9의 배수는 각 자리 숫자들의 합이 9의 배수입니다.
$1440 \rightarrow 1 + 4 + 4 + 0 = 9(\bigcirc)$
$1708 \rightarrow 1 + 7 + 0 + 8 = 16(\times)$
$1915 \rightarrow 1 + 9 + 1 + 5 = 16(\times)$

❷ 높이가 9의 배수인 산 찾기

따라서 높이가 9의 배수인 산은 **소백산**입니다.

04 **❶ 42의 약수 구하기**

42의 약수: 1, 2, 3, 6, 7, 14, 21, 42

❷ 위 ❶에서 약수를 모두 더하면 32가 되는 수 구하기

21의 약수: 1, 3, 7, 21

→ (21의 약수의 합)$=1+3+7+21=32$

약수를 모두 더하면 32가 되는 수는 **21**입니다.

05 ❶ **6의 배수인 경우 구하기**

6의 배수는 짝수이면서 각 자리 숫자들의 합이 3의 배수인 수이므로 $4+1+9+\square=14+\square$는 3의 배수입니다.

3의 배수가 되는 경우는 $14+1=15$, $14+4=18$, $14+7=21$이고,

4191, 4194, 4197 중에서 짝수는 4194입니다.

❷ **□ 안에 들어갈 수 있는 수 구하기**

따라서 □ 안에 들어갈 수 있는 수는 **4**입니다.

06 ❶ **정사각형의 한 변의 길이 구하기**

$$\begin{array}{r} 2\,)\underline{60\quad 80} \\ 2\,)\underline{30\quad 40} \\ 5\,)\underline{15\quad 20} \\ 3\quad 4 \end{array}$$ → 최대공약수: $2\times2\times5=20$

(정사각형의 한 변의 길이)$=20$ cm

❷ **만들 수 있는 정사각형의 수 구하기**

가로: $60\div20=3$(개), 세로: $80\div20=4$(개)

→ (만들 수 있는 정사각형의 수)$=3\times4=$**12(개)**

07 ❶ **어떤 수가 될 수 있는 수 구하기**

어떤 수가 될 수 있는 수는 15와 27의 최소공배수보다 9 큰 수입니다.

$$\begin{array}{r} 3\,)\underline{15\quad 27} \\ 5\quad 9 \end{array}$$ → 최소공배수: $3\times5\times9=135$

❷ **어떤 수가 될 수 있는 수 중에서 가장 작은 수 구하기**

따라서 어떤 수가 될 수 있는 수 중에서 가장 작은 수는 $135+9=$**144**입니다.

08 ❶ **두 수를 곱셈식으로 나타내기**

$$\begin{array}{r} 6\,)\underline{12\quad \square} \\ 2\quad \bigcirc \end{array}$$

최대공약수가 6이고 최소공배수가 84이므로 두 수 중 한 수는 $12=6\times2$, 다른 한 수는 $6\times\bigcirc$으로 나타낼 수 있습니다.

❷ **다른 한 수 구하기**

$6\times2\times\bigcirc=84$, $\bigcirc=7$

→ (다른 한 수)$=6\times7=$**42**

09 ❶ **두 톱니 수의 최소공배수 구하기**

처음 맞물렸던 톱니가 다시 같은 자리에서 만나려면 두 톱니 수의 최소공배수를 이용합니다.

$36=2\times2\times3\times3$, $45=3\times3\times5$

36과 45의 최소공배수: $2\times2\times3\times3\times5=180$

❷ **톱니바퀴 ㉮는 최소한 몇 바퀴 돌아야 하는지 구하기**

따라서 톱니바퀴 ㉮는 최소한 $180\div36=$**5(바퀴)**를 돌아야 합니다.

10 ❶ **[★]$=$★인 경우 알아보기**

[★]$=$★$=1\times$★이려면 ★의 약수가 1과 ★뿐이어야 합니다.

50의 약수: 1, 2, 5, 10, 25, 50($\times$)

51의 약수: 1, 3, 17, 51($\times$)

52의 약수: 1, 2, 4, 13, 26, 52($\times$)

53의 약수: 1, 53($\bigcirc$)

54의 약수: 1, 2, 3, 6, 9, 18, 27, 54($\times$)

55의 약수: 1, 5, 11, 55($\times$)

56의 약수: 1, 2, 4, 7, 8, 14, 28, 56($\times$)

57의 약수: 1, 3, 19, 57($\times$)

58의 약수: 1, 2, 29, 58($\times$)

59의 약수: 1, 59($\bigcirc$)

60의 약수: 1, 2, 3, 4, 5, 6, 10, 12, 15, 20, 30, 60($\times$)

❷ **위 ❶의 경우를 만족하는 수의 개수 구하기**

50부터 60까지의 수 중에서 약수가 2개인 수는 53, 59로 모두 **2개**입니다.

11 ❶ **5의 배수가 되는 경우 알아보기**

73㉠2㉡이 5의 배수가 되는 경우: 73㉠20, 73㉠25

❷ **위 ❶의 경우 중에서 3의 배수가 되는 경우 알아보기**

• 73㉠20이 3의 배수가 되는 경우:

  $7+3+㉠+2+0=12+㉠$ → ㉠$=0$, 3, 6, 9

• 73㉠25가 3의 배수가 되는 경우:

  $7+3+㉠+2+5=17+㉠$ → ㉠$=1$, 4, 7

❸ **위 ❶과 ❷를 만족하는 다섯 자리 수가 될 수 있는 수 중에서 가장 작은 수 구하기**

73㉠2㉡이 가장 작은 수가 되려면 ㉠에 가장 작은 숫자를 놓아야 하므로 ㉠$=0$이고 ㉡$=0$입니다.

→ **73020**

12 ❶ **학생 수가 될 수 있는 수 구하기**

3, 4, 5의 어떤 수로 나누어도 2가 남으므로

(학생 수)-2는 3, 4, 5의 공배수입니다.

3, 4, 5의 최소공배수인 60의 배수는 60, 120, 180, 240……이므로 학생 수가 될 수 있는 수는 62, 122, 182, 242……입니다.

❷ **운동회에 참여하는 학생 수 구하기**

따라서 운동회에 참여하는 학생은 150명보다 많고 200명보다 적으므로 **182명**입니다.

3 규칙과 대응

개념 넓히기   047쪽

1 예 오리 다리의 수는 오리의 수의 2배입니다.

2 18, 27   **3** 예 $\triangle = \square \times 9$

4 7봉지

STEP 1 | 응용 공략하기   048~053쪽

01 45

02 예 ❶ $12+4=16$, $22+4=26$, $52+4=56$이므로 $\square+4=\bigcirc$입니다. ▶3점
　　❷ $\square=72$일 때 $\bigcirc=72+4=76$입니다. ▶2점
　　/ 76

03 24개   **04** ㉢

05 11권   **06** 예 $\square \times 1600 = \triangle$

07 12월 24일 오후 4시

08 예 ❶ 색 테이프를 한 번 자를 때마다 도막의 수는 1씩 늘어납니다. 색 테이프를 30도막으로 자르려면 $30-1=29$(번) 잘라야 합니다. ▶2점
　　❷ (색 테이프를 30도막으로 자르는 데 걸리는 시간)
　　$=7\times29=203$(초) ▶3점 / 203초

09 81개   **10** 24

11 36개   **12** 4분

13 예 ❶ 음료수 한 병을 팔 때 남는 이익은 $1500\div6=250$(원)입니다. ▶2점
　　❷ $\square$와 $\triangle$ 사이의 대응 관계를 식으로 나타내면 $\square\times250=\triangle$입니다. ▶2점
　　❸ $\square\times250=\triangle$에서 $\triangle$가 17500원일 때 $\square\times250=17500$, $\square=17500\div250=70$이므로 팔린 음료수는 70병입니다. ▶1점
　　/ 예 $\square\times250=\triangle$, 70병

14 45 cm   **15** 10분

16 3살   **17** 61

01 ❶ ㉠과 ㉡에 알맞은 수 각각 구하기
$2\times4=8$, $4\times4=16$, $7\times4=28$이므로 $\square=\triangle\div4$ 또는 $\triangle=\square\times4$입니다.
• ㉠$=20\div4=5$
• ㉡$=10\times4=40$
❷ ㉠과 ㉡에 알맞은 수의 합 구하기
㉠$+$㉡$=5+40=$**45**

02

채점	❶ $\square$와 $\bigcirc$ 사이의 대응 관계를 식으로 나타내기	3점
기준	❷ $\square$가 72일 때 $\bigcirc$의 값 구하기	2점

03 ❶ 배열 순서와 구슬의 수 사이의 대응 관계를 식으로 나타내기

배열 순서	1	2	3	4	……
구슬의 수(개)	3	6	9	12	……

배열 순서를 $\square$, 구슬의 수를 $\triangle$라 하면
$1\times3=3$, $2\times3=6$, $3\times3=9$, $4\times3=12$이므로 $\triangle=\square\times3$입니다.
❷ 8째에 놓이는 구슬의 수 구하기
$\square=8$일 때 $\triangle=8\times3=24$이므로 8째에 놓이는 구슬은 **24개**입니다.

04 ❶ ○, △, ♡ 사이의 대응 관계 알아보기
㉠ ○가 1씩 커질 때마다 △는 3씩 커지므로 △는 ○의 3배입니다. (○)
㉡ △가 3씩 커질 때마다 ♡도 3씩 커지고, $3-1=2$이므로 ♡는 △보다 1 작습니다. (○)
㉢ ♡는 ○의 3배보다 1 작습니다. (×)
❷ 대응 관계를 잘못 설명한 것 찾기
따라서 대응 관계를 잘못 설명한 것은 ㉢입니다.

05 ❶ 공책의 수와 공책의 가격 사이의 대응 관계 알아보기
공책의 수가 1권씩 늘어날 때마다 가격이 1500원씩 늘어나므로
(공책의 수)$\times1500=$(공책의 가격)입니다.
❷ 살 수 있는 공책의 수 구하기
→ (공책의 수)$=$(공책의 가격)$\div1500$
　　　　　　　　$=16500\div1500=$**11(권)**

06 ❶ 가격이 오를 때 공책의 가격 구하기
공책 한 권의 가격이 100원씩 더 오른다면 공책의 수가 1권 늘어날 때마다 가격은
$1500+100=1600$(원)씩 늘어납니다.
❷ 공책의 수와 공책 가격 사이의 대응 관계 알아보기
(공책의 수)$\times1600=$(공책의 가격)이므로
$\square\times1600=\triangle$입니다.

07 ❶ 밴쿠버의 시각은 서울의 시각보다 몇 시간 느린지 구하기
오후 7시는 19시이므로 밴쿠버의 시각은 서울의 시각보다 $19-2=17$(시간) 느립니다.
❷ 밴쿠버의 시각 구하기
(서울이 12월 25일 오전 9시일 때 밴쿠버의 시각)
$=$12월 25일 오전 9시-17시간
$=$**12월 24일 오후 4시**

채점 기준	❶ 색 테이프를 몇 번 잘라야 하는지 구하기	2점
	❷ 색 테이프를 30도막으로 자르는 데 걸리는 시간 구하기	3점

참고

자른 횟수(번)	1	2	3	4	……
도막의 수(도막)	2	3	4	5	……

→ (자른 횟수)+1=(도막의 수)

09 ❶ 배열 순서와 쌓기나무의 수 사이의 대응 관계 알아보기

배열 순서	1	2	3	4	5	……
쌓기나무의 수(개)	1	4	9	16	25	……

배열 순서를 □, 쌓기나무의 수를 △라 하면
$1\times1=1$, $2\times2=4$, $3\times3=9$……이므로
□×□=△입니다.

❷ 9층까지 쌓는 데 필요한 쌓기나무의 수 구하기
(9층까지 쌓는 데 필요한 쌓기나무의 수)
$=9\times9=81$(개)

참고

배열 순서	1	2	3	……
쌓기나무의 수(개)	1	1+3	1+3+5	……

배열 순서와 쌓기나무의 수 사이의 대응 관계를
(쌓기나무의 수)=1+3+……+{2×(배열 순서)−1}로 나타낼
수도 있습니다.

10 ❶ 주호가 말하는 수와 아라가 답하는 수 사이의 대응 관계
알아보기

주호가 말하는 수	20	36	44
아라가 답하는 수	4	8	10

$20\div4-1=4$, $36\div4-1=8$, $44\div4-1=10$이
므로 (아라가 답하는 수)=(주호가 말하는 수)÷4−1
입니다.

❷ 아라가 답해야 하는 수 구하기
따라서 주호가 100이라고 말하면 $100\div4-1=24$
이므로 아라는 **24**라고 답해야 합니다.

11 ❶ 식탁의 수와 의자의 수 사이의 대응 관계 알아보기

식탁의 수(개)	1	2	3	4	5	……
의자의 수(개)	8	12	16	20	24	……

$1\times4+4=8$, $2\times4+4=12$,
$3\times4+4=16$……이므로
(식탁의 수)×4+4=(의자의 수)입니다.

❷ 식탁 8개를 한 줄로 이어 붙일 때 놓을 수 있는 의자의
수 구하기
(식탁 8개를 한 줄로 이어 붙일 때 놓을 수 있는 의자
의 수)=$8\times4+4=$**36**(개)

12 ❶ 수정이가 3분 동안 간 거리 구하기
수정이가 학교를 떠나 3분 동안 간 거리는
$40\times3=120$(m)입니다.

❷ 민현이는 출발한 지 몇 분 만에 수정이를 만날 수 있는지
구하기
수정이가 학교를 떠난 지 3분 후에 민현이가 뒤따라
갔으므로

민현이가 뛰어간 시간(분)	1	2	3	4
수정이가 간 거리(m)	160	200	240	280
민현이가 간 거리(m)	70	140	210	280

→ 민현이는 출발한 지 **4분** 만에 수정이를 만날 수
있습니다.

주의 수정이가 간 거리를 구할 때 처음 3분 동안 간 거리를 빠뜨
리지 않도록 주의합니다.

13

채점 기준	❶ 음료수 한 병을 팔 때의 이익 구하기	2점
	❷ □와 △ 사이의 대응 관계를 식으로 나타내기	2점
	❸ 팔린 음료수는 몇 병인지 구하기	1점

참고 팔린 음료수와 남는 이익 사이의 관계

팔린 음료수의 수(병)	1	2	3	4	……
남는 이익(원)	250	500	750	1000	……

14 ❶ 정삼각형 조각의 수와 도형의 둘레 사이의 대응 관계 알
아보기

정삼각형 조각의 수(개)	1	2	3	……
도형의 둘레(cm)	9	12	15	……

정삼각형 조각이 1개씩 늘어날 때마다 도형의 둘레는
3 cm씩 늘어납니다.
정삼각형 조각의 수를 □, 도형의 둘레를 △라 할 때
□와 △ 사이의 대응 관계를 식으로 나타내면
$1\times3+6=9$, $2\times3+6=12$, $3\times3+6=15$……
이므로 □×3+6=△입니다.

❷ 정삼각형 조각 13개를 이어 붙인 도형의 둘레 구하기
□=13일 때 △=$13\times3+6=39+6=45$이므로
정삼각형 조각 13개를 이어 붙인 도형의 둘레는
45 cm입니다.

15 ❶ 물의 온도와 가열 시간 사이의 대응 관계 알아보기
1분 후 물의 온도가 36 ℃이므로 물의 온도는 1분이
지날 때마다 6 ℃ 증가합니다.
가열 시간과 물의 온도 사이의 대응 관계를 식으로
나타내면 30+6×(가열 시간)=(물의 온도)입니다.

❷ 물의 온도가 90 ℃일 때 가열 시간 구하기
물의 온도가 90 ℃일 때 <u>30</u>+6×(가열 시간)=90,
└• 처음 물의 온도

$6×($가열 시간$)=60$,
$($가열 시간$)=60÷6=$ **10(분)**입니다.

16 ❶ 올림픽 연도와 어머니 나이 사이의 규칙 찾기

올림픽 횟수(회)	24	25	26	27	28	29
올림픽 연도(년)	1988	1992	1996	2000	2004	2008
어머니의 나이 (살)	12	16	20	24	28	32

올림픽은 4년마다 열리므로 올림픽이 열리는 해에 어머니의 나이도 4살씩 많아집니다.

❷ 제 29회 올림픽이 개최된 해의 어머니의 나이 구하기
제29회 올림픽이 개최된 해인 2008년에 어머니의 나이는 32살입니다.

❸ 하리의 나이 구하기
따라서 이때의 하리의 나이는 **3살**입니다.

17 ❶ 위쪽 수직선의 수와 아래쪽 수직선의 수 사이의 대응 관계 알아보기

위쪽 수직선의 수	0	1	2	3	4	……
아래쪽 수직선의 수	2	4	6	8	10	……

$0 → 2, 1 → 4, 2 → 6, 3 → 8, 4 → 10$……이므로 아래쪽 수직선의 수는 위쪽 수직선의 수의 2배보다 2 큰 수입니다.

❷ ㉠과 ㉡에 알맞은 수의 합 구하기
• $㉠×2+2=36, ㉠×2=34, ㉠=17$
• $21×2+2=㉡, ㉡=42+2=44$
➡ $㉠+㉡=17+44=$ **61**

STEP 2 심화 해결하기 054~058쪽

01 (위에서부터) 1, 35, 24, 60 / ⑩ $□×6=△$
02 40 kg
03 60개
04 ⑩ ❶ 오전 11시 50분－오전 9시 10분
$=2$시간 40분
공연이 시작하고 2시간 40분 후에 공연이 끝나므로 (시작 시각)＋2시간 40분＝(끝난 시각)입니다. ▶2점
❷ 따라서 오후 7시 30분에 공연이 시작하면 끝나는 시각은
오후 7시 30분＋2시간 40분＝오후 10시 10분입니다. ▶3점 / 오후 10시 10분
05 3월 5일

---

06 ⑩ ❶ ◆는 ★의 5배이므로 $★×5=◆$입니다.
♠는 ◆보다 2 크므로 $◆+2=♠$입니다. ▶2점
❷ 따라서 ★과 ♠ 사이의 대응 관계를 식으로 나타내면 $★×5+2=♠$입니다. ▶3점
/ ⑩ $★×5+2=♠$

07 120
08 61개
09 LOVE
10 12 L
11 13번
12 96개
13 961 cm²
14 28분

01 ❶ 달리기를 한 시간과 소모된 열량 사이의 대응 관계 구하기
$3×6=18, 25×6=150$이므로
• $△=6$일 때 $6=□×6, □=$ **1**
• $□=4$일 때 $△=4×6=$ **24**
• $□=10$일 때 $△=10×6=$ **60**
• $△=210$일 때 $210=□×6, □=$ **35**
❷ 달리기를 한 시간과 소모된 열량 사이의 대응 관계 알아보기
달리기를 한 시간을 $□$, 소모된 열량을 $△$라 하면 $△=□×6$입니다.

02 ❶ 달에서 잰 무게 구하기
달에서 잰 무게는 지구에서 잰 무게의 $\frac{1}{6}$입니다.
$($달에서 잰 무게$)=($지구에서 잰 무게$)÷6$
$=48÷6=8\text{(kg)}$
❷ 지구에서 잰 무게와 달에서 잰 무게의 차 구하기
$($지구에서 잰 무게$)-($달에서 잰 무게$)$
$=48-8=$ **40(kg)**

03 ❶ 배열 순서와 사각형 조각의 수 사이의 대응 관계 알아보기

배열 순서	1	2	3	4	……
사각형 조각의 수(개)	4	8	12	16	……

배열 순서를 $□$, 사각형 조각의 수를 $△$라 하면
$1×4=4, 2×4=8, 3×4=12, 4×4=16$……이므로 $□×4=△$입니다.
❷ 15째에 놓이는 사각형 조각의 수 구하기
$□×4=△$에서 $□$가 15일 때 $15×4=△, △=60$이므로 15째에 놓이는 사각형 조각은 **60개**입니다.

04

채점 기준	❶ 시작 시각과 끝난 시각 사이의 대응 관계를 식으로 나타내기	2점
	❷ 오후 7시 30분에 시작하는 공연이 끝나는 시각 구하기	3점

05 ❶ 서준이가 낸 소리를 모스부호로 나타내고, 모스부호에 맞는 숫자 찾기
• 태어난 달:

소리	뚜	뚜	뚜	뚜~~	뚜~~
모스부호	•	•	•	−	−

→ 숫자 3

• 태어난 날:

소리	뚜	뚜	뚜	뚜	뚜
모스부호	•	•	•	•	•

→ 숫자 5

❷ 서준이의 생일 구하기

따라서 서준이의 생일은 **3월 5일**입니다.

06 (레벨UP공략)

◆ 두 수의 합, 차, 곱, 몫이 일정하지 않을 때 두 수 사이의 대응 관계를 식으로 나타내려면?

$+$, $-$, $×$, $÷$를 2개 이상 사용한 혼합 계산식으로 나타냅니다.

채점 기준	❶ ★과 ◆, ◆와 ♣ 사이의 대응 관계를 각각 식으로 나타내기	2점
	❷ ★과 ♣ 사이의 대응 관계를 식으로 나타내기	3점

07 ❶ 수 사이의 대응 관계 구하기

$4 × 4 = 16 → 16 − 1 = 15$
$6 × 6 = 36 → 36 − 1 = 35$
$7 × 7 = 49 → 49 − 1 = 48$

❷ ㉠에 알맞은 수 구하기

(오른쪽 수)=(왼쪽 수를 두 번 곱한 결과)-1

→ $11 × 11 − 1 =$ **120**

➕ (다른 풀이) $4 → 15 = 3 × 5$, $6 → 35 = 5 × 7$,
$7 → 48 = 6 × 8$

앞의 수를 △라 하면 △ $→ (△ − 1) × (△ + 1)$의 규칙이 있습니다.

따라서 ㉠에 알맞은 수는 $11 → 10 × 12 =$ **120**입니다.

08 ❶ 배열 순서와 성냥개비의 수 사이의 대응 관계 알아보기

정육각형을 한 개 만들 때 성냥개비가 6개 필요하고 정육각형을 한 개 더 만들 때마다 성냥개비가 5개씩 더 필요하므로

(성냥개비의 수)$= 5 ×$(정육각형의 수)$+1$입니다.

❷ 정육각형을 12개 만드는 데 필요한 성냥개비의 수 구하기

(정육각형을 12개 만드는 데 필요한 성냥개비의 수)
$= 5 × 12 + 1 =$ **61(개)**

09 ❶ 암호문과 알파벳 사이의 대응 관계 구하기

암호문	E	H	F	D	U	H	I	X	O
알파벳	B	E	C	A	R	E	F	U	L

암호문을 알파벳으로 나타낼 때에는 암호문을 알파벳 순서대로 앞으로 3개씩 당기면 됩니다.

❷ 암호문을 알파벳으로 풀면 어떤 단어가 되는지 구하기

$O → L$, $R → O$, $Y → V$, $H → E$이므로 암호문을 알파벳으로 풀면 **LOVE**입니다.

10 ❶ 1분 동안 나오는 따뜻한 물과 찬물의 양 각각 구하기

따뜻한 물은 1분에 $12 ÷ 4 = 3$ (L)씩 나오고, 찬물은 1분에 $14 ÷ 7 = 2$ (L)씩 나옵니다.

❷ 따뜻한 물을 $18 L$ 받았을 때 찬물은 몇 L 받았는지 구하기

시간(분)	1	2	3	4	5	6
따뜻한 물의 양(L)	3	6	9	12	15	18
찬물의 양(L)	2	4	6	8	10	12

따라서 따뜻한 물을 $18 L$ 받았을 때 찬물은 **12 L** 받았습니다.

11 (레벨UP공략)

◆ 늘어놓은 모양에서 두 수 사이의 규칙을 찾으려면?
변하는 부분과 변하지 않는 부분을 생각하여 자른 횟수에 따라 도막의 수가 어떻게 변하는지 알아봅니다.

❶ 자른 횟수와 도막의 수 사이의 대응 관계 알아보기

자른 횟수(번)	1	2	3	4	5	6
도막의 수(도막)	2	4	6	8	10	12

자른 횟수가 1씩 늘어날 때마다 도막의 수는 2씩 늘어납니다.

→ (자른 횟수)$× 2 =$ (도막의 수)

❷ 26도막으로 나누어지게 하려면 몇 번 잘라야 하는지 구하기

(도막의 수)$= 26$일 때 (자른 횟수)$× 2 = 26$,
(자른 횟수)$= 26 ÷ 2 = 13$입니다.

따라서 끈이 26도막으로 나누어지게 하려면 **13번** 잘라야 합니다.

12 ❶ 도넛의 수, 밀가루의 양 사이의 대응 관계 알아보기

도넛의 수(개)	6	12	18	……	96	102	……
밀가루의 양(g)	300	600	900	……	4800	5100	……

❷ 밀가루 $5 kg$으로 만들 수 있는 도넛의 수 구하기

$5 kg = 5000 g$이고 $5000 g$은 밀가루 $4800 g$과 $5100 g$ 사이이므로 $4800 g$까지 사용하여 만들 수 있습니다.

따라서 밀가루 $5 kg$으로는 도넛을 **96개**까지 만들 수 있습니다.

13 ❶ 배열 순서와 작은 정사각형의 수 사이의 대응 관계 알아보기

배열 순서	1	2	3	……
작은 정사각형의 수(개)	$1×1$	$2×2$	$3×3$	……

배열 순서를 □, 작은 정사각형의 수를 △라 할 때
□와 △ 사이의 대응 관계를 식으로 나타내면
△=□×□입니다.

❷ 31째에 만들어지는 도형의 넓이 구하기
□=31일 때 △=31×31=961이고, 작은 정사각형 한 개의 넓이는 $1\,cm^2$입니다.
→ (31째에 만들어지는 도형의 넓이)
=31×31=**961(cm^2)**

14 ❶ 1분마다 줄어드는 초의 길이 구하기
250 mm인 초의 길이가 1분 후 247 mm이므로
(1분마다 줄어드는 초의 길이)=250−247=3 (mm)입니다.
연소 시간을 □, 남은 초의 길이를 △라 할 때 처음 초의 길이가 250 mm이므로 연소 시간과 남은 초의 길이 사이의 대응 관계를 식으로 나타내면
250−3×□=△입니다.

❷ 남은 초의 길이가 166 mm일 때 연소 시간 구하기
남은 초의 길이가 166 mm일 때
250−3×□=166입니다.
250−166=3×□, 84=3×□,
□=84÷3=**28(분)**입니다.

STEP 3 | 최상위 도전하기 059~061쪽

1 유명한 가수		**2** 66개	
3 159개		**4** 68마리	
5 3125개		**6** 14개	

1 ❶ 편지의 암호에 맞는 자음과 모음 구하기
태민이의 암호 규칙은 다음과 같습니다.

암호	A	B	C	D	E	F	G	H	I	J	K	L	M	N
자음	ㄱ	ㄴ	ㄷ	ㄹ	ㅁ	ㅂ	ㅅ	ㅇ	ㅈ	ㅊ	ㅋ	ㅌ	ㅍ	ㅎ

암호	1	2	3	4	5	6	7	8	9	10
모음	ㅏ	ㅑ	ㅓ	ㅕ	ㅗ	ㅛ	ㅜ	ㅠ	ㅡ	ㅣ

H 8 E 4 H N 1 B A 1 G 7
ㅇ ㅠ ㅁ ㅕ ㅇ ㅎ ㅏ ㄴ ㄱ ㅏ ㅅ ㅜ

❷ 편지의 암호 풀기
따라서 편지의 암호를 풀면 **유명한 가수**입니다.

---

2 ❶ 직선의 수와 만나는 점의 수 사이의 대응 관계 알아보기

직선의 수(개)	2	3	4	5	……
만나는 점의 수(개)	1	1+2	1+2+3	1+2+3+4	……

직선이 1개씩 늘어날 때 만나는 점은 2개, 3개, 4개……씩 늘어납니다.
직선의 수가 □일 때 만나는 점의 수는
1+2+3+ …… +(□−1)입니다.

❷ 직선을 12개 그었을 때 만나는 점의 수 구하기
(직선을 12개 그었을 때 만나는 점의 수)
=1+2+3+……+11=**66(개)**

3 ❶ 바둑돌이 놓인 규칙 찾기

순서	첫째	둘째	셋째	넷째	……	□째
흰색 바둑돌의 수(개)	1	3	5	7	……	□×2−1
검은색 바둑돌의 수(개)	1	2	3	4	……	□
합계	2	5	8	11	……	□×3−1

❷ 바둑돌 239개가 놓인 순서 찾기
(□째 바둑돌의 수의 합)=□×3−1=239
→ □×3=240
→ □=240÷3=80

❸ 위 ❷의 순서에 놓이는 흰색 바둑돌의 수 구하기
→ (80째에 놓이는 흰색 바둑돌의 수)
=80×2−1=**159(개)**

4 ❶ 햄스터 쌍의 수의 규칙 찾기

기간	처음	1개월	2개월	3개월	4개월	5개월
햄스터 쌍의 수(마리)	1	1	2	3	5	8
			1+1	1+2	2+3	3+5

→ 햄스터 쌍의 수의 규칙은 앞의 두 달 햄스터 쌍의 수의 합과 같습니다.

❷ 8개월 동안 햄스터 쌍의 수 구하기
(6개월 동안 햄스터 쌍의 수)=5+8=13(쌍)
(7개월 동안 햄스터 쌍의 수)=8+13=21(쌍)
(8개월 동안 햄스터 쌍의 수)=13+21=34(쌍)

❸ 8개월 동안 햄스터의 수 구하기
(8개월 동안 햄스터의 수)=34×2=**68(마리)**

5 ❶ 꽃 모양의 정오각형 수의 규칙 찾기

배열 순서	1	2	3	4	……
보라색 정오각형의 수(개)	1	5	25	125	……
		5	5×5	5×5×5	

□째 오각형의 수는 5를 (□−1)번 곱하는 것입니다.
❷ 여섯째에 놓이는 꽃 모양에서 보라색 정오각형의 수 구하기

넷째: $5×5×5=125$

다섯째: $5×5×5×5=125×5=625$

여섯째: $5×5×5×5×5=625×5=3125$

→ 여섯째에 놓이는 꽃 모양에서 정오각형은 **3125개**입니다.

6

한 변의 길이가 4 cm인 정사각형 모양의 초록색 타일과 흰색 타일을 번갈아 가며 다음과 같은 규칙으로 반복하여 붙였습니다. 만든 큰 정사각형의 바깥쪽 네 변의 길이의 합이 224 cm일 때 **초록색 타일과 흰색 타일의 수의 차는** 몇 개인지 구해 보세요. ·(바깥쪽 한 변의 길이)×4

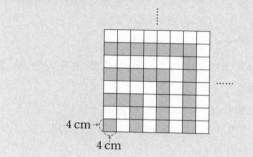

4 cm
4 cm

❶ 바깥쪽 한 변의 길이 구하기

(바깥쪽 한 변의 길이)$=224÷4=56$(cm)

❷ 큰 정사각형의 한 변에 놓이는 타일의 수 구하기

(큰 정사각형의 한 변에 놓이는 타일의 수)
$=56÷4=14$(개)

❸ 붙인 초록색 타일과 흰색 타일의 수의 차 구하기

초록색 타일과 흰색 타일을 한 번 반복할 때마다 타일의 수가 2개씩 차이가 납니다.

초록색 타일과 흰색 타일이 $14÷2=7$(번) 반복되므로

(초록색 타일과 흰색 타일의 수의 차)
$=2×7=$**14(개)**입니다.

➕ 다른 풀이 (바깥쪽 한 변의 길이)
$=224÷4=56$(cm)

(큰 정사각형의 한 변에 놓이는 타일의 수)
$=56÷4=14$(개)

한 변에 놓이는 타일의 수(개)	1	2	3	4	5	……
초록색 타일의 수(개)	1	1	$1+5$ $=6$	6	$6+9$ $=15$	……
흰색 타일의 수(개)	0	3	3	$3+7$ $=10$	10	……
타일 수의 차(개)	1	2	3	4	5	……

(한 변에 놓이는 타일의 수)$=$(초록색과 흰색 타일 수의 차)이므로 한 변에 타일이 14개가 놓이면 초록색과 흰색 타일의 수의 차는 **14개**가 됩니다.

01 16개

02 ⟨예⟩ 삼각판의 수를 2로 나누면 사각판의 수와 같습니다.

03 ⟨예⟩ □×90=△   **04** 8, 16, 24, 32, 40

05 ⟨예⟩ ◇−6=▽   **06** 11월 8일 오전 2시

07 29개   **08** 72분

09 60개   **10** 152 cm

11 2시간 11분   **12** 729개

01 ❶ 삼각판의 수와 사각판의 수 사이의 대응 관계 알아보기

삼각판의 수(개)	2	4	6	8	……
사각판의 수(개)	1	2	3	4	……

삼각판 2개에 사각판 1개가 필요합니다.

❷ 삼각판이 32개일 때 사각판의 수 구하기

(삼각판이 32개일 때 사각판의 수 구하기)
$=32÷2=$**16(개)**

02 ❶ 삼각판의 수와 사각판의 수 사이의 대응 관계 알아보기

사각판의 수가 1개씩 늘어날 때 삼각판의 수는 2개씩 늘어납니다.

❷ 삼각판의 수와 사각판의 수 사이의 대응 관계 쓰기

→ 삼각판의 수를 2로 나누면 사각판의 수와 같습니다.

03 ❶ 기차가 한 시간 동안 간 거리 구하기

(기차가 한 시간 동안 간 거리)
$=180÷2=90$ (km)

❷ □와 △ 사이의 대응 관계를 식으로 나타내기

기차가 달린 시간이 한 시간씩 늘어날 때마다 간 거리는 90 km씩 늘어나므로 □와 △ 사이의 대응 관계를 식으로 나타내면 **□×90=△**입니다.

04 ❶ 한 변의 길이가 2 cm인 정사각형의 네 변의 길이의 합 구하기

(한 변의 길이가 2 cm인 정사각형의 네 변의 길이의 합)
$=2×4=8$(cm)

진도북

3단원

❷ 정사각형의 수와 모든 변의 길이의 합 사이의 대응 관계 알아보기

정사각형이 1개씩 늘어날 때마다 모든 변의 길이의 합은 8 cm씩 늘어납니다.

05 ❶ 서울의 시각과 모스크바의 시각 사이의 대응 관계 알아보기

- 모스크바의 시각은 서울의 시각보다 6시간 느립니다.
- 서울의 시각은 모스크바의 시각보다 6시간 빠릅니다.

❷ ◇와 ▽를 사용한 식으로 나타내기

→ ◇−6=▽ 또는 ▽+6=◇

06 ❶ 서울의 시각과 모스크바의 시각 사이의 대응 관계 알아보기

서울의 시각은 모스크바의 시각보다 6시간 빠릅니다.

❷ 서울의 시각 구하기

(모스크바가 11월 7일 오후 8시일 때의 서울의 시각)
=11월 7일 오후 8시+6시간
=**11월 8일 오전 2시**

07 ❶ 배열 순서와 바둑돌의 수 사이의 대응 관계 알아보기

배열 순서	1	2	3	......
바둑돌의 수(개)	5	9	13	......

(배열 순서)×4+1=(바둑돌의 수)

❷ 일곱째에 놓이는 바둑돌의 수 구하기

(일곱째에 놓이는 바둑돌의 수)
=7×4+1=**29(개)**

08 ❶ 자른 횟수와 도막의 수 사이의 관계 알아보기

(자른 횟수)+1=(도막의 수)이므로 철근을 25도막으로 자르려면 25−1=24(번) 잘라야 합니다.

❷ 철근을 25도막으로 자르는 데 걸리는 시간 구하기

(철근을 25도막으로 자르는 데 걸리는 시간)
=3×24=**72(분)**

09 ❶ 팔린 지우개의 수와 남는 이익 사이의 대응 관계 알아보기

(지우개 한 개를 팔 때의 이익)=700÷5=140(원)

팔린 지우개의 수(개)	1	2	3	4	5	......
남는 이익(원)	140	280	420	560	700	......

팔린 지우개의 수를 □, 남는 이익을 △라 하면
□×140=△입니다.

❷ 팔린 지우개의 수 구하기

따라서 △=8400일 때 □×140=8400,
□=**60**입니다.

10 ❶ 정육각형의 수와 도형의 둘레 사이의 대응 관계 알아보기

정육각형의 수(개)	1	2	3	......
도형의 둘레(cm)	24	40	56	......

정육각형 조각이 1개씩 늘어날 때마다 도형의 둘레는 16 cm씩 늘어납니다.

❷ 도형의 둘레 구하기

(정육각형 조각 9개를 이어 붙인 도형의 둘레)
=24+16×8=**152 (cm)**

11 ❶ 1분마다 줄어드는 초의 길이 구하기

초의 길이는 1분마다 360−358=2(mm)씩 줄어듭니다.

시간을 □, 남은 초의 길이를 △라 할 때 시간과 남은 초의 길이 사이의 대응 관계를 식으로 나타내면 360−2×□=△입니다.

❷ 남은 초의 길이가 98 mm일 때 초가 타는 데 걸린 시간 구하기

360−2×□=98이므로 360−98=2×□,
262=2×□, □=262÷2=131(분)
→ **2시간 11분**

12 ❶ 배열 순서와 초록색 정삼각형의 수 사이의 대응 관계 알아보기

배열 순서	1	2	3	......
초록색 정삼각형의 수(개)	1	3	9	......

□째 정삼각형의 수는 3을 (□−1)번 곱하는 것입니다.

❷ 일곱째에 놓이는 모양에서 초록색 정삼각형의 수 구하기

넷째: 3×3×3=27
다섯째: 3×3×3×3=27×3=81
여섯째: 3×3×3×3×3=81×3=243
일곱째: 3×3×3×3×3×3=243×3=729
→ 일곱째에 놓이는 모양에서 초록색 정삼각형은 **729개**입니다.

4 약분과 통분

개념 넓히기　067쪽

1 $\dfrac{2}{5}$　　　　**2** $\dfrac{2}{3}$

3 $\dfrac{54}{60}$, $\dfrac{35}{60}$　　**4** 도서관

STEP 1 | 응용 공략하기

068~073쪽

01 10　　　**02** 3개　　　**03** 탄수화물

04 16개　　**05** 23

06 예 ❶ 공통분모가 될 수 있는 수는 분모 4와 10의 공배수이므로 20, 40, 60, 80, 100, 120, 140, 160, 180, 200…… 입니다. ▶3점
❷ 이 중에서 40보다 크고 180보다 작은 수는 60, 80, 100, 120, 140, 160으로 모두 6개입니다. ▶2점 / 6개

07 10　　　**08** 12개　　　**09** $\dfrac{10}{75}$

10 $\dfrac{1}{2}$, $\dfrac{2}{3}$, $\dfrac{3}{4}$

11 예 ❶ 분모에 더해야 하는 수를 □라 하면
$\dfrac{14+28}{25+\square}=\dfrac{42}{25+\square}$입니다. $\dfrac{14}{25}$와 크기가 같은 분수는 $\dfrac{14}{25}=\dfrac{28}{50}=\dfrac{42}{75}=$……입니다. ▶3점
❷ $\dfrac{42}{25+\square}=\dfrac{42}{75}$에서 25+□=75, □=75−25=50입니다. ▶2점 / 50

12 ㉡　　　**13** $\dfrac{6}{25}$, $\dfrac{7}{25}$

14 예 ❶ 8로 약분하기 전 분수는 $\dfrac{11\times8}{18\times8}=\dfrac{88}{144}$입니다. ▶2점
❷ 분모와 분자에서 각각 4를 빼기 전 분수는
$\dfrac{88+4}{144+4}=\dfrac{92}{148}$이므로 어떤 분수는 $\dfrac{92}{148}$입니다. ▶3점 / $\dfrac{92}{148}$

15 $\dfrac{11}{12}$　　　**16** 259　　　**17** 0.4

18 $\dfrac{3}{4}$

---

01 ❶ 주어진 분수를 약분하기
• $\dfrac{8}{24}=\dfrac{8\div2}{24\div2}=\dfrac{4}{12}$ → ㉠=4
• $\dfrac{8}{24}=\dfrac{8\div4}{24\div4}=\dfrac{2}{6}$ → ㉡=6
❷ ㉠과 ㉡에 알맞은 수의 합 구하기
→ ㉠+㉡=4+6=**10**

02 ❶ $\dfrac{8}{13}$과 크기가 같은 분수 구하기
$\dfrac{8}{13}$과 크기가 같은 분수는
$\dfrac{16}{26}$, $\dfrac{24}{39}$, $\dfrac{32}{52}$, $\dfrac{40}{65}$, $\dfrac{48}{78}$……입니다.
❷ $\dfrac{8}{13}$과 크기가 같은 분수 중에서 분모가 30보다 크고 70보다 작은 분수의 개수 구하기
분모가 30보다 크고 70보다 작은 분수는 $\dfrac{24}{39}$, $\dfrac{32}{52}$, $\dfrac{40}{65}$으로 모두 **3개**입니다.

03 ❶ 분수의 크기 비교하기
• $\left(\dfrac{1}{5}, \dfrac{7}{200}\right)$ → $\left(\dfrac{40}{200}, \dfrac{7}{200}\right)$ → $\dfrac{1}{5}>\dfrac{7}{200}$
• $\left(\dfrac{7}{200}, \dfrac{1}{250}\right)$ → $\left(\dfrac{35}{1000}, \dfrac{4}{1000}\right)$ → $\dfrac{7}{200}>\dfrac{1}{250}$
❷ 마늘에 가장 많이 들어 있는 영양소 찾기
따라서 $\dfrac{1}{5}>\dfrac{7}{200}>\dfrac{1}{250}$이므로 마늘에 가장 많이 들어 있는 영양소는 **탄수화물**입니다.

➕ 다른 풀이 5, 200, 250의 최소공배수: 1000
$\left(\dfrac{1}{5}, \dfrac{7}{200}, \dfrac{1}{250}\right)$ → $\left(\dfrac{200}{1000}, \dfrac{35}{1000}, \dfrac{4}{1000}\right)$에서
$\dfrac{1}{5}>\dfrac{7}{200}>\dfrac{1}{250}$이므로 가장 많이 들어 있는 영양소는 **탄수화물**입니다.

04 ❶ 약분이 되는 경우 알아보기
65=5×13이므로 분자가 5 또는 13의 배수일 때 약분이 됩니다.
❷ 약분하여 나타낼 수 있는 분수는 모두 몇 개인지 구하기
• 1부터 64까지의 자연수 중에서 5의 배수:
64÷5=12…4 → 12개
• 1부터 64까지의 자연수 중에서 13의 배수:
64÷13=4…12 → 4개
따라서 약분하여 나타낼 수 있는 분수는 모두 12+4=**16(개)**입니다.

진도북

4 단원

05 ❶ $\frac{1}{2}$과 주어진 분수의 크기 비교하기

(분자)×2>(분모)이면 $\frac{1}{2}$보다 큰 분수입니다.

· $\frac{6}{13}$: 6×2=12 → 12<13

· $\frac{3}{7}$: 3×2=6 → 6<7

· $\frac{5}{11}$: 5×2=10 → 10<11

· $\frac{8}{15}$: 8×2=16 → 16>15

❷ $\frac{1}{2}$보다 큰 분수의 분모와 분자의 합 구하기

따라서 $\frac{1}{2}$보다 큰 분수는 $\frac{8}{15}$이므로 분모와 분자의 합은 15+8=**23**입니다.

06

채점 기준	❶ 공통분모가 될 수 있는 수 구하기	3점
	❷ 위 ❶의 수 중에서 40보다 크고 180보다 작은 수의 개수 구하기	2점

➕다른 풀이 공통분모가 될 수 있는 수는 4와 10의 최소공배수인 20의 배수입니다.

40÷20=2, 180÷20=9

(40보다 크고 180보다 작은 20의 배수의 개수)

=9-2-1=**6(개)**

07 ❶ 분자를 같게 하여 분수의 크기 비교하기

분모를 모르는 경우 두 분수를 분자 3, 4의 최소공배수인 12로 분자를 같게 하여 크기를 비교합니다.

$\frac{3}{8}=\frac{12}{32}$, $\frac{4}{\square}=\frac{12}{\square\times3}$이므로

$\frac{3}{8}<\frac{4}{\square}$ → $\frac{12}{32}<\frac{12}{\square\times3}$ → 32>$\square$×3입니다.

❷ □ 안에 들어갈 수 있는 자연수 중에서 가장 큰 수 구하기

따라서 10×3=30, 11×3=33이므로 □ 안에 들어갈 수 있는 자연수 중에서 가장 큰 수는 **10**입니다.

08 ❶ $\frac{3}{7}$과 $\frac{7}{12}$을 통분하기

$\frac{3}{7}=\frac{3\times12}{7\times12}=\frac{36}{84}$, $\frac{7}{12}=\frac{7\times7}{12\times7}=\frac{49}{84}$

❷ 두 분수 사이에 있는 분모가 84인 분수 구하기

분수 중에서 $\frac{36}{84}$보다 크고 $\frac{49}{84}$보다 작은 분수 중에서 분모가 84인 분수는 $\frac{37}{84}$, $\frac{38}{84}$, $\frac{39}{84}$ …… $\frac{46}{84}$, $\frac{47}{84}$, $\frac{48}{84}$입니다.

→ 48-37+1=**12(개)**

09 ❶ 85와 $\frac{2}{15}$의 분모와 분자의 합의 관계 알아보기

기약분수 $\frac{2}{15}$의 분모와 분자의 합은 15+2=17입니다. 85는 $\frac{2}{15}$의 분모와 분자의 합의

85÷17=5(배)입니다.

❷ 어떤 분수 구하기

$\frac{2}{15}=\frac{2\times5}{15\times5}=\frac{\mathbf{10}}{\mathbf{75}}$

➕다른 풀이

어떤 분수를 $\frac{2\times\square}{15\times\square}$라 하면

2×□+15×□=85, 17×□=85, □=5입니다.

→ (어떤 분수)=$\frac{2\times5}{15\times5}=\frac{\mathbf{10}}{\mathbf{75}}$

10 ❶ 분자가 분모보다 1 작은 분수 알아보기

$\frac{1}{2}$, $\frac{2}{3}$, $\frac{3}{4}$은 모두 분자가 분모보다 1 작은 분수이므로 분모가 클수록 큽니다.

❷ 작은 분수부터 차례로 쓰기

따라서 2<3<4이므로 작은 분수부터 차례로 쓰면 $\frac{\mathbf{1}}{\mathbf{2}}$, $\frac{\mathbf{2}}{\mathbf{3}}$, $\frac{\mathbf{3}}{\mathbf{4}}$입니다.

➕다른 풀이 두 분수씩 크기를 비교합니다.

· $\left(\frac{1}{2}, \frac{2}{3}\right)$ → $\left(\frac{3}{6}, \frac{4}{6}\right)$ → $\frac{1}{2}<\frac{2}{3}$

· $\left(\frac{2}{3}, \frac{3}{4}\right)$ → $\left(\frac{8}{12}, \frac{9}{12}\right)$ → $\frac{2}{3}<\frac{3}{4}$

→ $\frac{1}{2}<\frac{2}{3}<\frac{3}{4}$

참고 분자가 분모보다 1 작은 분수는 분모가 클수록 큽니다.

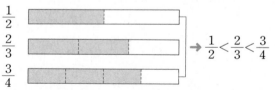

→ $\frac{1}{2}<\frac{2}{3}<\frac{3}{4}$

11

채점 기준	❶ $\frac{14}{25}$와 크기가 같은 분수 구하기	3점
	❷ 분모에 더해야 하는 수 구하기	2점

12 ❶ 두 음의 진동수로 진분수를 만들어 기약분수로 나타내기

㉠ (도, 레) → $\frac{264}{297}=\frac{264\div33}{297\div33}=\frac{8}{9}$

㉡ (레, 미) → $\frac{297}{330}=\frac{297\div33}{330\div33}=\frac{9}{10}$

㉢ (솔, 시) → $\frac{396}{495}=\frac{396\div99}{495\div99}=\frac{4}{5}$

❷ 잘 어울리는 음 찾기

분모와 분자가 모두 7보다 작은 것은 $\dfrac{4}{5}$이므로 잘 어울리는 음은 © (솔, 시)입니다.

13 ❶ 소수를 분수로 나타내기

$0.21=\dfrac{21}{100}$, $0.31=\dfrac{31}{100}$

❷ 분모가 25인 기약분수 구하기

구하려는 분수를 $\dfrac{\bullet}{25}$라 하면 $\dfrac{21}{100}<\dfrac{\bullet}{25}<\dfrac{31}{100}$이

므로 $\dfrac{21}{100}<\dfrac{\bullet\times4}{100}<\dfrac{31}{100}$입니다.

→ $21<\bullet\times4<31$

따라서 ● 안에 들어갈 수 있는 수는 6, 7이므로 구하려는 기약분수는 $\dfrac{6}{25}$, $\dfrac{7}{25}$입니다.

14

채점 기준	❶ 8로 약분하기 전 분수 구하기	2점
	❷ 어떤 분수 구하기	3점

15 ❶ 세 분수를 통분하기

분모 9, 12, 4의 최소공배수: 36

$\left(\dfrac{5}{9},\dfrac{11}{12},\dfrac{3}{4}\right)\rightarrow\left(\dfrac{5\times4}{9\times4},\dfrac{11\times3}{12\times3},\dfrac{3\times9}{4\times9}\right)$

$\rightarrow\left(\dfrac{20}{36},\dfrac{33}{36},\dfrac{27}{36}\right)$

❷ $\dfrac{3}{4}$에 더 가까운 분수 찾기

분자끼리의 차를 구하면 $27-20=7$, $33-27=6$입니다.

$\dfrac{3}{4}\left(=\dfrac{27}{36}\right)$과 분자의 차가 더 작은 수는 $\dfrac{11}{12}\left(=\dfrac{33}{36}\right)$이므로 $\dfrac{3}{4}$에 더 가까운 분수는 $\dfrac{11}{12}$입니다.

16 ❶ 기약분수로 나타내기

$\left(\dfrac{60}{210},\dfrac{135}{210},\dfrac{114}{210}\right)\rightarrow\left(\dfrac{2}{7},\dfrac{9}{14},\dfrac{19}{35}\right)$

$\rightarrow\left(\dfrac{8}{\bigcirc},\dfrac{36}{\bigcirc},\dfrac{95}{\bigcirc}\right)$

❷ ㉠, ㉡, ㉢에 알맞은 수 각각 구하기

· $\dfrac{8}{\bigcirc}=\dfrac{2\times4}{7\times4}=\dfrac{8}{28}$에서 ㉠=28입니다.

· $\dfrac{36}{\bigcirc}=\dfrac{9\times4}{14\times4}=\dfrac{36}{56}$에서 ㉡=56입니다.

· $\dfrac{95}{\bigcirc}=\dfrac{19\times5}{35\times5}=\dfrac{95}{175}$에서 ㉢=175입니다.

❸ ㉠, ㉡, ㉢의 합 구하기

→ ㉠+㉡+㉢=28+56+175=**259**

17 ❶ 두 분수를 통분하기

$\left(\dfrac{3}{8},\dfrac{5}{12}\right)\rightarrow\left(\dfrac{9}{24},\dfrac{10}{24}\right)$

❷ 위 ❶과 크기가 같은 분수 구하기

$\dfrac{9}{24}$와 $\dfrac{10}{24}$의 분자는 1 차이가 나고 수직선에서 $\dfrac{3}{8}$과 $\dfrac{5}{12}$ 사이는 5칸으로 나누어져 있으므로 분모와 분자에 각각 5를 곱하여 크기가 같은 분수를 만듭니다.

→ $\dfrac{9\times5}{24\times5}=\dfrac{45}{120}$, $\dfrac{10\times5}{24\times5}=\dfrac{50}{120}$

❸ ㉠에 알맞은 수를 소수로 나타내기

따라서 ㉠은 $\dfrac{48}{120}=\dfrac{2}{5}$이고 소수로 나타내면

$\dfrac{2}{5}=\dfrac{4}{10}=$**0.4**입니다.

18 ❶ 크기가 같은 분수 각각 구하기

$\dfrac{\blacktriangle}{\blacksquare+2}=\dfrac{2}{3}=\dfrac{4}{6}=\dfrac{6}{9}=\dfrac{8}{12}=\dfrac{10}{15}=\boxed{\dfrac{12}{18}}=\cdots\cdots$

$\dfrac{\blacktriangle}{\blacksquare+8}=\dfrac{1}{2}=\dfrac{2}{4}=\dfrac{3}{6}=\dfrac{4}{8}=\dfrac{5}{10}=\dfrac{6}{12}=\dfrac{7}{14}$

$=\dfrac{8}{16}=\dfrac{9}{18}=\dfrac{10}{20}=\dfrac{11}{22}=\boxed{\dfrac{12}{24}}=\cdots\cdots$

❷ 두 식을 만족하는 $\dfrac{\blacktriangle}{\blacksquare}$ 구하기

이 중에서 분자가 같고 분모의 차가 6인 분수를 찾으면 $\dfrac{12}{18}$와 $\dfrac{12}{24}$입니다.

$\dfrac{\blacktriangle}{\blacksquare+2}=\dfrac{12}{18}$, $\dfrac{\blacktriangle}{\blacksquare+8}=\dfrac{12}{24}$이므로

$\blacktriangle=12$, $\blacksquare=16$입니다. → $\dfrac{\blacktriangle}{\blacksquare}=\dfrac{12}{16}=\dfrac{3}{4}$

STEP 2 | 심화 해결하기   074~078쪽

01 34   **02** 현화사 7층 석탑

03 예 ❶ $\dfrac{56}{128}$을 기약분수로 나타내면

$\dfrac{56}{128}=\dfrac{56\div8}{128\div8}=\dfrac{7}{16}$입니다. $\dfrac{7}{16}=\dfrac{14}{32}=\dfrac{21}{48}$

$=\dfrac{28}{64}=\dfrac{35}{80}=\dfrac{42}{96}=\dfrac{49}{112}=\cdots\cdots$ ▶2점

❷ 이 중에서 분모가 두 자리 수인 분수는 $\dfrac{7}{16}$,

$\dfrac{14}{32}$, $\dfrac{21}{48}$, $\dfrac{28}{64}$, $\dfrac{35}{80}$, $\dfrac{42}{96}$이므로 $\dfrac{56}{128}$과 크기가 같은 분수는 모두 6개입니다. ▶3점 / 6개

04 $\dfrac{105}{180}, \dfrac{156}{180}$ **05** 9

06 $\dfrac{13}{17}$ **07** 13

08 예 ❶ 분모와 분자의 최대공약수를 ■라 하면 약분하기 전의 분수는 $\dfrac{4 \times \blacksquare}{9 \times \blacksquare}$입니다.

분모 $9 \times \blacksquare$와 분자 $4 \times \blacksquare$의 최소공배수가 108이므로 $4 \times 9 \times \blacksquare = 108$, $36 \times \blacksquare = 108$, $\blacksquare = 3$입니다. ▶3점

❷ 따라서 현준이가 답해야 할 분수는

$\dfrac{4 \times \blacksquare}{9 \times \blacksquare} = \dfrac{4 \times 3}{9 \times 3} = \dfrac{12}{27}$입니다. ▶2점 / $\dfrac{12}{27}$

09 7개 **10** 2

11 $\dfrac{25}{216}, \dfrac{26}{216}\left(=\dfrac{13}{108}\right)$ **12** 흑미, 현미, 귀리

13 5개 **14** 324

15 147 / 21

---

01 ❶ ㉠과 ㉡에 알맞은 수 각각 구하기

$\dfrac{48}{72}$을 기약분수로 나타내면 $\dfrac{48}{72} = \dfrac{48 \div 24}{72 \div 24} = \dfrac{2}{3}$입니다.

• $\dfrac{2}{3} = \dfrac{2 \times 2}{3 \times 2} = \dfrac{4}{6}$이므로 ㉠=4입니다.

• $\dfrac{2}{3} = \dfrac{2 \times 10}{3 \times 10} = \dfrac{20}{30}$이므로 ㉡=30입니다.

❷ ㉠과 ㉡에 알맞은 수의 합 구하기

➡ ㉠+㉡=4+30=**34**

02 ❶ 분수를 소수로 나타내기

$8\dfrac{3}{10} = 8.3$, $8\dfrac{1}{5} = 8\dfrac{2}{10} = 8.2$

❷ 두 번째로 높은 석탑 구하기

$8.8 > 8.64 > 8\dfrac{3}{10}(=8.3) > 8\dfrac{1}{5}(=8.2)$이므로

두 번째로 높은 석탑은 **현화사 7층 석탑**입니다.

03

채점 기준	❶ $\dfrac{56}{128}$과 크기가 같은 분수 구하기	2점
	❷ 위 ❶의 분수 중에서 분모가 두 자리 수인 분수의 개수 구하기	3점

04 ❶ 공통분모가 될 수 있는 200에 가장 가까운 수 구하기

12와 15의 최소공배수가 60이므로 공통분모가 될 수 있는 수는 60의 배수입니다.

60의 배수: 60, 120, 180, 240, 300……

➡ 200에 가장 가까운 수: 180

---

❷ 위 ❶의 수를 공통분모로 하여 통분하기

$\dfrac{7}{12} = \dfrac{7 \times 15}{12 \times 15} = \dfrac{\mathbf{105}}{\mathbf{180}}$, $\dfrac{13}{15} = \dfrac{13 \times 12}{15 \times 12} = \dfrac{\mathbf{156}}{\mathbf{180}}$

05 ❶ 분자를 같게 하여 크기 비교하기

분모를 모르는 경우 분자를 같게 하여 크기를 비교합니다.

$\dfrac{1}{3} = \dfrac{1 \times 12}{3 \times 12} = \dfrac{12}{36}$, $\dfrac{6}{\square} = \dfrac{6 \times 2}{\square \times 2} = \dfrac{12}{\square \times 2}$, $\dfrac{12}{17}$

분자가 12로 같으므로 분모가 작을수록 큰 수입니다.

$\dfrac{12}{36} < \dfrac{12}{\square \times 2} < \dfrac{12}{17}$에서 분모의 크기를 비교하면

$17 < \square \times 2 < 36$입니다.

❷ □ 안에 들어갈 수 있는 자연수 중 가장 작은 수 구하기

$17 \div 2 = 8 \cdots 1$, $36 \div 2 = 18$이므로 □는 8보다 크고 18보다 작은 수입니다.

따라서 □ 안에 들어갈 수 있는 자연수 중에서 가장 작은 수는 **9**입니다.

06 ❶ ㉠과 ㉡에 알맞은 수 각각 구하기

긴 도막이 짧은 도막보다 16 cm 더 길므로

㉠=㉡+16입니다.

• ㉠+㉡=120, ㉡+16+㉡=120,

 ㉡×2=104, ㉡=104÷2=52

• ㉠=㉡+16=52+16=68

❷ $\dfrac{㉡}{㉠}$을 기약분수로 나타내기

➡ $\dfrac{㉡}{㉠} = \dfrac{52}{68} = \dfrac{52 \div 4}{68 \div 4} = \dfrac{\mathbf{13}}{\mathbf{17}}$

07 ❶ ●와 ★에 알맞은 수 각각 구하기

$\dfrac{●}{20}, \dfrac{★}{6}$의 분모를 최소공배수 60으로 같게 하면

$\left(\dfrac{●}{20}, \dfrac{★}{6}\right) \rightarrow \left(\dfrac{● \times 3}{60}, \dfrac{★ \times 10}{60}\right)$입니다.

$\dfrac{● \times 3}{60} = \dfrac{★ \times 10}{60} \rightarrow \square = ● \times 3 = ★ \times 10$

□는 3과 10의 공배수이므로 30, 60……입니다.

□	30	60	90	……
●	10	20	30	……
★	3	6	9	……

$\dfrac{●}{20}, \dfrac{★}{6}$는 진분수이므로 ●<20, ★<6입니다.

➡ ●=10, ★=3

❷ ●와 ★에 알맞은 수의 합 구하기

따라서 ●+★=10+3=**13**입니다.

08

채점 기준	❶ 분모와 분자의 최대공약수 구하기	3점
	❷ 현준이가 답해야 할 분수 구하기	2점

09 ❶ 만들 수 있는 진분수 중에서 기약분수가 될 수 있는 분모와 분자 구하기

진분수는 (분모)>(분자)이고, 기약분수는 분모와 분자의 공약수가 1뿐인 분수이므로 수 카드로 만들 수 있는 분모와 분자에 알맞은 수를 찾습니다.

- 분모가 5인 경우 분자가 될 수 있는 수: 4
- 분모가 6인 경우 분자가 될 수 있는 수: 5
- 분모가 7인 경우 분자가 될 수 있는 수: 4, 5, 6
- 분모가 8인 경우 분자가 될 수 있는 수: 5, 7

❷ 위 ❶에서 구한 기약분수의 개수 구하기

따라서 만들 수 있는 진분수 중 기약분수는 모두 **7개**입니다.

10 레벨UP공략

◇ 분모 또는 분자에 수를 더하거나 빼도 분수의 크기가 변하지 않으려면?

처음 분수와 크기가 같은 분수 구하기

↓

크기가 같은 분수 중에서
수를 더하거나 빼서 만든 분수의
분자(분모)와 같은 수 찾기

❶ 식으로 나타내기

$\frac{11}{23}$의 분모와 분자에서 각각 뺀 수를 □라 하면 구하는 분수는 $\frac{11-\square}{23-\square}$입니다.

❷ 분모와 분자가 될 수 있는 수 구하기

$\frac{11-\square}{23-\square}$에서 (11-□)는 3의 배수, (23-□)는 7의 배수가 되는 경우를 찾습니다.

□	1	2	3	4	5	6	7	8	9	10
11-□	10	9	8	7	6	5	4	3	2	1
23-□	22	21	20	19	18	17	16	15	14	13

❸ 분모와 분자에서 각각 뺀 수 구하기

→ $\frac{11-\square}{23-\square}=\frac{9}{21}$에서 □=**2**입니다.

11 ❶ $\frac{1}{9}$과 $\frac{1}{8}$을 통분하기

$\frac{1}{9}$과 $\frac{1}{8}$을 통분하면 $\frac{1}{9}=\frac{8}{72}$, $\frac{1}{8}=\frac{9}{72}$입니다.

이 사이에 2개의 연속되는 분수를 넣으려면 분모와 분자에 각각 3을 곱하면 됩니다.

$\frac{8}{72}=\frac{8\times3}{72\times3}=\frac{24}{216}$, $\frac{9}{72}=\frac{9\times3}{72\times3}=\frac{27}{216}$

❷ $\frac{1}{9}$과 $\frac{1}{8}$ 사이의 분수 구하기

따라서 $\frac{24}{216}$, $\frac{25}{216}$, $\frac{26}{216}$, $\frac{27}{216}$의 연속되는 4개의 분수가 생기므로 $\frac{1}{9}$과 $\frac{1}{8}$ 사이의 분수는

$\frac{\mathbf{25}}{\mathbf{216}}$, $\frac{\mathbf{26}}{\mathbf{216}}\left(=\frac{\mathbf{13}}{\mathbf{108}}\right)$입니다.

12 ❶ 현미, 귀리, 흑미의 무게가 각각 전체의 얼마인지 구하기

현미, 귀리, 흑미의 무게의 합을 1이라 합니다.

(흑미의 무게)$=1-\frac{3}{5}=\frac{2}{5}$

(현미의 무게)$=1-\frac{13}{20}=\frac{7}{20}$

(귀리의 무게)$=1-\frac{3}{4}=\frac{1}{4}$

❷ 현미, 귀리, 흑미의 무게 비교하기

(현미, 귀리, 흑미) $\rightarrow\left(\frac{7}{20},\frac{1}{4},\frac{2}{5}\right)$

$\rightarrow\left(\frac{7}{20},\frac{5}{20},\frac{8}{20}\right)$

$\rightarrow\frac{8}{20}>\frac{7}{20}>\frac{5}{20}$

❸ 무게가 무거운 곡식부터 차례로 쓰기

따라서 무게가 무거운 곡식부터 차례로 쓰면 **흑미**, **현미**, **귀리**입니다.

13 ❶ 규칙 찾기

$\frac{1}{128}$, $\frac{1}{64}\left(=\frac{2}{128}\right)$, $\frac{3}{128}$, $\frac{1}{32}\left(=\frac{4}{128}\right)$ ......

이므로 분모가 128이고 분자가 1씩 커지는 분수들을 점 ㄱ에서부터 시계 반대 방향으로 나열하는 규칙입니다.

꼭짓점 ㄹ에 놓이는 분수는 $\frac{4}{128}$, $\frac{8}{128}$, $\frac{12}{128}$, $\frac{16}{128}$,

$\frac{20}{128}$ ......이므로 분자가 4씩 커지는 분수입니다.

❷ 꼭짓점 ㄹ에 놓이는 분수 중에서 분자가 1인 진분수의 개수 구하기

이 중에서 분자가 1인 진분수는 $\frac{4}{128}=\frac{1}{32}$, $\frac{8}{128}=\frac{1}{16}$,

$\frac{16}{128}=\frac{1}{8}$, $\frac{32}{128}=\frac{1}{4}$, $\frac{64}{128}=\frac{1}{2}$로 모두 **5개**입니다.

14 ❶ 분자가 같은 분수로 나타내기

분자를 4, 10, 5, 8, 20의 최소공배수인 **40**으로 같게 합니다.

진도북

4
단원

$$\frac{4}{11} = \frac{4 \times 10}{11 \times 10} = \frac{40}{110}, \quad \frac{10}{\bigcirc} = \frac{10 \times 4}{\bigcirc \times 4} = \frac{40}{\bigcirc \times 4},$$

$$\frac{5}{8} = \frac{5 \times 8}{8 \times 8} = \frac{40}{64}, \quad \frac{8}{\bigcirc} = \frac{8 \times 5}{\bigcirc \times 5} = \frac{40}{\bigcirc \times 5},$$

$$\frac{20}{17} = \frac{20 \times 2}{17 \times 2} = \frac{40}{34}$$

❷ ㉠과 ㉡에 알맞은 자연수 각각 구하기

· $64 < \bigcirc \times 4 < 110 \rightarrow \bigcirc = 17, 18 \cdots 26, 27$

· $34 < \bigcirc \times 5 < 64 \rightarrow \bigcirc = 7, 8, 9, 10, 11, 12$

❸ 두 수의 곱이 가장 클 때의 곱 구하기

→ $27 \times 12 = \mathbf{324}$

참고 4, 10, 5는 모두 20의 약수이고 20은 4, 10, 5의 최소공배수입니다.

→ 8과 20의 최소공배수는 4, 10, 5, 8, 20의 최소공배수입니다.

→ 8과 20의 최소공배수는 40이므로 4, 10, 5, 8, 20의 최소공배수는 40입니다.

15 ❶ 분모와 분자에 곱하는 수 구하기

$\frac{1}{63}$에서 분모 63은 $63 = 3 \times 3 \times 7$로 나타낼 수 있습니다. 분모를 $\blacktriangle \times \blacktriangle \times \blacktriangle$와 같이 똑같은 수를 3번 곱한 수로 나타내기 위해서는 분모와 분자에 각각 $3 \times 7 \times 7$을 곱하면 됩니다.

❷ ■, ▲에 알맞은 가장 작은 수 구하기

$$\frac{1}{63} = \frac{3 \times 7 \times 7}{3 \times 3 \times 7 \times 3 \times 7 \times 7}$$

$$= \frac{3 \times 7 \times 7}{(3 \times 7) \times (3 \times 7) \times (3 \times 7)}$$

→ $\blacksquare = 3 \times 7 \times 7 = \mathbf{147}, \ \blacktriangle = 3 \times 7 = \mathbf{21}$

STEP 3 최상위 도전하기 079~081쪽

1	2개	**2**	1, 2
3	서현	**4**	70 / 56
5	6개	**6**	15째

1 ❶ ▲가 될 수 있는 수 구하기

두 진분수의 분모 4와 ▲의 최소공배수가 20이므로 ▲가 될 수 있는 수는 5, 10, 20입니다.

· ▲=5일 때: $\frac{7}{5}$은 진분수가 아니므로 될 수 없습니다.

· ▲=10일 때: $\frac{7}{10} = \frac{14}{20} \rightarrow \blacksquare = 14$

· ▲=20일 때: $\frac{7}{20} \rightarrow \blacksquare = 7$

---

❷ ■에 들어갈 수 있는 자연수의 개수 구하기

따라서 ■에 들어갈 수 있는 자연수는 모두 **2개**입니다.

2 ❶ 통분하여 분수의 크기 비교하기

오후 1시에 잰 강우량이 가장 적고 낮 12시에 잰 강우량인 $\frac{7}{3}$은 가분수이므로 네 분수 중에서 가장 큰 분수입니다.

나머지 세 분수를 통분하여 크기를 비교합니다.

$$\left(\frac{7}{9}, \frac{5}{12}, \frac{\square}{6} \right) \rightarrow \left(\frac{28}{36}, \frac{15}{36}, \frac{\square \times 6}{36} \right)$$

오후 1시에 잰 강우량이 가장 적었으므로

$$\frac{15}{36} > \frac{\square \times 6}{36} \rightarrow 15 > \square \times 6$$입니다.

❷ □ 안에 들어갈 수 있는 자연수를 모두 구하기

따라서 □ 안에 들어갈 수 있는 자연수는 **1, 2**입니다.

3 ❶ 소윤이와 순범이가 담은 두 분수를 통분하기

소윤이와 순범이가 담은 두 분수를 통분하면

$$\left(\frac{3}{7}, \frac{4}{11} \right) \rightarrow \left(\frac{33}{77}, \frac{28}{77} \right)$$입니다.

❷ 전체를 77로 볼 때 서현이가 담은 콩의 양 구하기

전체를 77로 보면 소윤이는 33, 순범이는 28이므로 서현이는 $77 - 33 - 28 = 16$입니다.

❸ 콩을 담은 높이가 가장 낮은 사람 구하기

따라서 $16 < 28 < 33$이므로 콩을 담은 높이가 가장 낮은 사람은 **서현**입니다.

4 ❶ 7의 배수 중에서 짝수는 어떤 수의 배수인지 구하기

짝수이고 7의 배수는 2와 7의 공배수이므로 14의 배수가 됩니다.

→ (㉠과 ㉡) = (14의 배수)
   = $14, 28, 42, 56, 70, 84 \cdots$

❷ 두 번째 조건에서 14의 배수를 찾아 $\frac{\bigcirc}{\bigcirc}$이 될 수 있는 분수를 구하기

30보다 크고 80보다 작은 14의 배수: 42, 56, 70

→ $\frac{\bigcirc}{\bigcirc}$이 될 수 있는 분수: $\frac{42}{56}, \frac{42}{70}, \frac{56}{70}$

❸ 위 ❷의 분수를 기약분수로 나타낸 후 분모와 분자의 합이 9인 수 찾기

3개의 분수를 기약분수로 나타내면

$\frac{42}{56} = \frac{3}{4}, \frac{42}{70} = \frac{3}{5}, \frac{56}{70} = \frac{4}{5}$이므로 분모와 분자의 합이 9인 것은 $\frac{56}{70}$입니다.

→ $\bigcirc = \mathbf{70}, \bigcirc = \mathbf{56}$

5 ❶ 구하려는 분수를 $\dfrac{9}{\square}$라 할 때 □ 안에 들어갈 수 있는 수 구하기

구하려는 분수를 $\dfrac{9}{\square}$라 하면 $0.5=\dfrac{5}{10}$이므로

$\dfrac{5}{10}<\dfrac{9}{\square}<\dfrac{45}{47}$입니다.

분자의 크기를 같게 만들면

$\dfrac{45}{90}<\dfrac{9\times5}{\square\times5}<\dfrac{45}{47}$입니다.

→ $47<\square\times5<90$, $47\div5<\square<90\div5$

$47\div5=9\cdots2$, $90\div5=18$이므로 □ 안에 들어갈 수 있는 수는 10, 11 …… 17입니다.

❷ $\dfrac{9}{\square}$가 기약분수일 때 □ 안에 들어갈 수 있는 수 구하기

$\dfrac{9}{\square}$가 기약분수가 되려면 □는 3의 배수가 아니어야

하므로 □ 안에 들어갈 수 있는 수는 10, 11, 13, 14, 16, 17입니다.

❸ 조건을 만족하는 기약분수의 개수 구하기

따라서 조건을 만족하는 분수는 $\dfrac{9}{10}$, $\dfrac{9}{11}$, $\dfrac{9}{13}$, $\dfrac{9}{14}$, $\dfrac{9}{16}$, $\dfrac{9}{17}$로 모두 **6개**입니다.

6 $\dfrac{5}{23}=\dfrac{5\times2}{23\times2}=\dfrac{5\times3}{23\times3}=\cdots$

분모와 분자가 각각 1씩 커지는 분수들을 나열한 것입니다. $\dfrac{5}{23}$와 크기가 같은 분수는 **몇째**인지 구해 보세요.

$$\dfrac{1}{55},\ \dfrac{2}{56},\ \dfrac{3}{57}\cdots$$

❶ 분수의 배열에서 각 분수의 분모와 분자의 차 구하기

분수의 분모와 분자의 차는 항상 $55-1=54$, $56-2=54$, $57-3=54\cdots$로 일정합니다.

❷ $\dfrac{5}{23}$와 크기가 같은 분수 구하기

구하려는 분수를 $\dfrac{5\times\blacktriangle}{23\times\blacktriangle}$로 놓으면

$23\times\blacktriangle-5\times\blacktriangle=18\times\blacktriangle=54$,

$\blacktriangle=54\div18=3$입니다.

$\dfrac{5\times\blacktriangle}{23\times\blacktriangle}=\dfrac{5\times3}{23\times3}=\dfrac{15}{69}$

❸ 위 ❷의 분수는 몇째인지 구하기

→ $\dfrac{5}{23}$와 크기가 같은 분수는 **15째**입니다.

01 $\dfrac{25}{30}$		02 $\dfrac{5}{22}$, $\dfrac{5}{8}$	
03 0.6		04 $\dfrac{36}{168}$, $\dfrac{104}{168}$	
05 7개		06 $\dfrac{35}{56}$	
07 6개		08 42	
09 $\dfrac{4}{15}$, $\dfrac{7}{15}$, $\dfrac{8}{15}$		10 19	
11 50 / 10		12 서영	

01 ❶ $\dfrac{5}{6}$와 크기가 같은 분수 구하기

$\dfrac{5}{6}$와 크기가 같은 분수: $\dfrac{10}{12}$, $\dfrac{15}{18}$, $\dfrac{20}{24}$, $\dfrac{25}{30}$ ……

❷ 위 ❶에서 분자가 25인 분수 구하기

이 중에서 분자가 25인 분수는 $\dfrac{25}{30}$입니다.

02 ❶ $\dfrac{20}{88}$을 기약분수로 나타내기

$\dfrac{20}{88}=\dfrac{20\div4}{88\div4}=\dfrac{5}{22}$

❷ $\dfrac{55}{88}$를 기약분수로 나타내기

$\dfrac{55}{88}=\dfrac{55\div11}{88\div11}=\dfrac{5}{8}$

03 ❶ 소수를 분수로 나타내기

소수를 분수로 나타내면 $0.6=\dfrac{6}{10}=\dfrac{3}{5}$입니다.

❷ 분수의 크기 비교하기

$\dfrac{3}{5}\left(=\dfrac{36}{60}\right)>\dfrac{7}{12}\left(=\dfrac{35}{60}\right)$,

$\dfrac{7}{12}\left(=\dfrac{21}{36}\right)>\dfrac{5}{9}\left(=\dfrac{20}{36}\right)$,

$\dfrac{3}{5}\left(=\dfrac{27}{45}\right)>\dfrac{5}{9}\left(=\dfrac{25}{45}\right)$

❸ 가장 큰 수 찾기

$\dfrac{3}{5}>\dfrac{7}{12}>\dfrac{5}{9}$이므로 가장 큰 수는 **0.6**입니다.

04 ❶ 공통분모가 될 수 있는 수 중에서 150에 가장 가까운 수 구하기

14와 21의 최소공배수가 42이므로 공통분모가 될 수 있는 수는 42의 배수입니다.

42의 배수는 42, 84, 126, 168, 210……이고, 150에 가장 가까운 수는 168입니다.

❷ 위 ❶을 공통분모로 하여 통분하기

따라서 168을 공통분모로 하여 통분하면

$\dfrac{3}{14}=\dfrac{3\times12}{14\times12}=\dfrac{36}{168}$, $\dfrac{13}{21}=\dfrac{13\times8}{21\times8}=\dfrac{104}{168}$입니다.

05 ❶ 분수를 통분하기

21을 공통분모로 하여 통분하면 $\dfrac{2}{7}=\dfrac{6}{21}$, $\dfrac{2}{3}=\dfrac{14}{21}$ 입니다.

❷ □ 안에 들어갈 수 있는 수는 몇 개인지 구하기

$\dfrac{6}{21}<\dfrac{\square}{21}<\dfrac{14}{21}$ → 6<□<14

따라서 □ 안에 들어갈 수 있는 자연수는 7, 8, 9, 10, 11, 12, 13으로 모두 **7개**입니다.

06 ❶ 21과 $\dfrac{5}{8}$의 분모와 분자의 차의 관계 알아보기

기약분수 $\dfrac{5}{8}$의 분모와 분자의 차는 8-5=3입니다.

21은 $\dfrac{5}{8}$의 분모와 분자의 차의 21÷3=7(배)입니다.

❷ |보기|에서 설명하는 분수 구하기

따라서 $\dfrac{5}{8}$의 분모와 분자에 각각 7을 곱하면

$\dfrac{5\times7}{8\times7}=\dfrac{35}{56}$입니다.

07 ❶ 100보다 크고 150보다 작은 8의 배수의 개수 구하기

100÷8=12···4, 150÷8=18···6

1부터 100까지의 수 중에서 8의 배수: 12개

1부터 150까지의 수 중에서 8의 배수: 18개

(100보다 크고 150보다 작은 8의 배수)

=18-12=6(개)

❷ 문제에 알맞은 분수의 개수 구하기

따라서 $\dfrac{3}{8}$과 크기가 같은 분수 중에서 분모가 100보다 크고 150보다 작은 분수는 모두 **6개**입니다.

08 ❶ $\dfrac{8}{21}$과 크기가 같은 분수 구하기

분모에 더해야 하는 수를 □라 하면

$\dfrac{8+16}{21+\square}=\dfrac{24}{21+\square}$입니다.

$\dfrac{8}{21}$과 크기가 같은 분수는 $\dfrac{8}{21}=\dfrac{16}{42}=\dfrac{24}{63}=\cdots\cdots$ 입니다.

❷ 분모에 더해야 하는 수 구하기

$\dfrac{24}{21+\square}=\dfrac{24}{63}$에서 21+□=63,

□=63-21=**42**입니다.

09 ❶ 분수를 통분하기

$\dfrac{1}{5}<\dfrac{\square}{15}<\dfrac{2}{3}$ → $\dfrac{3}{15}<\dfrac{\square}{15}<\dfrac{10}{15}$ → 3<□<10

❷ 분모가 15인 기약분수 모두 구하기

□ 안에는 4, 5, 6, 7, 8, 9가 들어갈 수 있으므로

분모가 15인 분수는 $\dfrac{4}{15}$, $\dfrac{5}{15}$, $\dfrac{6}{15}$, $\dfrac{7}{15}$, $\dfrac{8}{15}$, $\dfrac{9}{15}$ 입니다.

이 중에서 기약분수는 $\dfrac{4}{15}$, $\dfrac{7}{15}$, $\dfrac{8}{15}$입니다.

10 ❶ 통분한 분수의 분모 구하기

$\dfrac{9}{14}$에서 $\dfrac{9\times5}{14\times5}=\dfrac{45}{70}$이므로 통분한 분수의 분모는 70입니다.

❷ □ 안에 알맞은 수 구하기

$\dfrac{38}{70}=\dfrac{38÷2}{70÷2}=\dfrac{19}{35}$

→ □ 안에 알맞은 수는 **19**입니다.

11 ❶ 분모와 분자에 곱하는 수 구하기

$\dfrac{1}{20}$에서 분모 20은 2×2×5로 나타낼 수 있으므로 분모를 ▲×▲×▲와 같이 똑같은 수를 3번 곱한 수로 나타내기 위해서는 분모와 분자에 각각 2×5×5를 곱하면 됩니다.

❷ ■, ▲에 알맞은 가장 작은 수 구하기

$\dfrac{1}{20}=\dfrac{2\times5\times5}{2\times2\times5\times2\times5\times5}$

$=\dfrac{2\times5\times5}{(2\times5)\times(2\times5)\times(2\times5)}$

→ ■=2×5×5=**50**, ▲=2×5=**10**

12 ❶ 보현이와 진규가 담은 두 분수를 통분하기

보현이와 진규가 담은 두 분수를 통분하면

$\left(\dfrac{3}{8}, \dfrac{2}{9}\right)$ → $\left(\dfrac{27}{72}, \dfrac{16}{72}\right)$입니다.

❷ 전체를 72로 볼 때 서영이가 담은 용액의 양 구하기

전체를 72로 보면 보현이는 27, 진규는 16이므로 서영이는 72-27-16=29입니다.

❸ 용액을 담은 높이가 가장 높은 사람 구하기

따라서 29>27>16이므로 용액을 담은 높이가 가장 높은 사람은 **서영**입니다.

5 분수의 덧셈과 뺄셈

개념 넓히기   087쪽

1 $\dfrac{19}{21}$ **2** $2\dfrac{1}{20}$

2 $>$ **4** $18\dfrac{5}{24}$ kg

STEP 1   응용 공략하기   088~094쪽

01 $\dfrac{31}{63}$

02 ⓐ ❶ ㉠ $\dfrac{1}{3}+\dfrac{4}{7}=\dfrac{7}{21}+\dfrac{12}{21}=\dfrac{19}{21}$

     ㉡ $\dfrac{7}{10}+\dfrac{3}{4}=\dfrac{14}{20}+\dfrac{15}{20}=\dfrac{29}{20}$

     ㉢ $\dfrac{1}{5}+\dfrac{5}{8}=\dfrac{8}{40}+\dfrac{25}{40}=\dfrac{33}{40}$ ▶3점

     ❷ 따라서 계산 결과가 1보다 큰 것은 ㉡입니다. ▶2점
     / ㉡

03 $4\dfrac{13}{18}$ m   **04** $1\dfrac{5}{12}$

05 $5\dfrac{3}{10}$ m   **06** 10유로

07 $3\dfrac{7}{12}$, $2\dfrac{3}{10}$, $1\dfrac{17}{60}$ **08** 1, 2, 3, 4

09 $3\dfrac{21}{50}$ g

10 ⓐ ❶ 어떤 수를 □라 하면 □$-\dfrac{3}{4}=1\dfrac{2}{3}$이므로

     □$=1\dfrac{2}{3}+\dfrac{3}{4}=1\dfrac{8}{12}+\dfrac{9}{12}=1\dfrac{17}{12}=2\dfrac{5}{12}$입니다. ▶3점

     ❷ (바른 계산)$=2\dfrac{5}{12}+\dfrac{3}{4}=2\dfrac{5}{12}+\dfrac{9}{12}$

                $=2\dfrac{14}{12}=3\dfrac{2}{12}=3\dfrac{1}{6}$ ▶2점 / $3\dfrac{1}{6}$

11 $\dfrac{23}{40}$ **12** $5\dfrac{43}{60}$

13 오후 7시 59분   **14** 6일

15 $6\dfrac{1}{15}$ cm   **16** $17\dfrac{2}{15}$ **17** $1\dfrac{3}{4}$

18 ⓐ ❶ (사용한 물의 무게)

     $=14\dfrac{1}{4}-7\dfrac{5}{7}=14\dfrac{7}{28}-7\dfrac{20}{28}$

     $=13\dfrac{35}{28}-7\dfrac{20}{28}=6\dfrac{15}{28}$ (kg) ▶2점

---

     ❷ (빈 물통의 무게)

     $=7\dfrac{5}{7}-6\dfrac{15}{28}=7\dfrac{20}{28}-6\dfrac{15}{28}$

     $=1\dfrac{5}{28}$ (kg) ▶3점 / $1\dfrac{5}{28}$ kg

19 $2\dfrac{4}{5}$ m   **20** $\dfrac{1}{9}$, $\dfrac{1}{3}$, $\dfrac{1}{5}$

21 200명

01 ❶ 승연이와 진호가 말하는 수 각각 구하기

   • 승연: $\dfrac{1}{7}$이 5개인 수는 $\dfrac{5}{7}$입니다.

   • 진호: $\dfrac{1}{9}$이 2개인 수는 $\dfrac{2}{9}$입니다.

   ❷ 위 ❶의 두 수의 차 구하기

   (승연이가 말한 수)$-$(진호가 말한 수)

   $=\dfrac{5}{7}-\dfrac{2}{9}=\dfrac{45}{63}-\dfrac{14}{63}=\mathbf{\dfrac{31}{63}}$

02

채점 기준		
❶ 각각 계산하기		3점
❷ 계산 결과가 1보다 큰 것을 찾아 기호 쓰기		2점

03 ❶ 문제에 알맞은 식 세우기

   삼각형의 세 변의 길이의 합을 구하려면

   $1\dfrac{2}{3}+1\dfrac{8}{9}+1\dfrac{1}{6}$을 계산합니다.

   ❷ 삼각형의 세 변의 길이의 합 구하기

   (삼각형의 세 변의 길이의 합)

   $=1\dfrac{2}{3}+1\dfrac{8}{9}+1\dfrac{1}{6}=1\dfrac{12}{18}+1\dfrac{16}{18}+1\dfrac{3}{18}$

   $=3\dfrac{31}{18}=4\mathbf{\dfrac{13}{18}}$ (m)

   ➕ 다른 풀이 (삼각형의 세 변의 길이의 합)

   $=1\dfrac{2}{3}+1\dfrac{8}{9}+1\dfrac{1}{6}=\left(1\dfrac{6}{9}+1\dfrac{8}{9}\right)+1\dfrac{1}{6}$

   $=3\dfrac{5}{9}+1\dfrac{1}{6}=3\dfrac{10}{18}+1\dfrac{3}{18}$

   $=4\mathbf{\dfrac{13}{18}}$ (m)

04 ❶ 각각 계산하기

   ㉠ $3\dfrac{2}{3}-1\dfrac{1}{4}=3\dfrac{8}{12}-1\dfrac{3}{12}=2\dfrac{5}{12}$

   ㉡ $7\dfrac{5}{18}-3\dfrac{4}{9}=7\dfrac{5}{18}-3\dfrac{8}{18}=6\dfrac{23}{18}-3\dfrac{8}{18}$

               $=3\dfrac{15}{18}=3\dfrac{5}{6}$

   ㉢ $5\dfrac{1}{6}-2\dfrac{7}{12}=5\dfrac{2}{12}-2\dfrac{7}{12}=4\dfrac{14}{12}-2\dfrac{7}{12}$

               $=2\dfrac{7}{12}$

진도북

5
단원

❷ 계산 결과가 가장 큰 것과 가장 작은 것의 차 구하기

$3\frac{5}{6}\left(=3\frac{10}{12}\right)>2\frac{7}{12}>2\frac{5}{12}$이므로

$3\frac{5}{6}-2\frac{5}{12}=3\frac{10}{12}-2\frac{5}{12}=\mathbf{1\frac{5}{12}}$입니다.

05 ❶ 문제에 알맞은 식 세우기

㉠에서 ㉣까지의 길이는

$(㉠\sim㉣)=(㉠\sim㉢)+(㉡\sim㉣)-(㉡\sim㉢)$

$=2\frac{7}{10}+3\frac{2}{5}-\frac{4}{5}$를 계산합니다.

❷ ㉠에서 ㉣까지의 길이 구하기

$(㉠\sim㉣)=2\frac{7}{10}+3\frac{2}{5}-\frac{4}{5}=5\frac{11}{10}-\frac{4}{5}$

$=6\frac{1}{10}-\frac{8}{10}=5\frac{11}{10}-\frac{8}{10}=\mathbf{5\frac{3}{10}}(m)$

06 ❶ 각각의 가로와 세로의 차 구하기

(10유로의 가로와 세로의 차)

$=12\frac{7}{10}-6\frac{7}{10}=6(cm)$

(20유로의 가로와 세로의 차)

$=13\frac{3}{10}-7\frac{1}{5}=13\frac{3}{10}-7\frac{2}{10}=6\frac{1}{10}(cm)$

❷ 각각의 가로와 세로의 차가 더 작은 쪽 구하기

$6<6\frac{1}{10}$이므로 가로와 세로의 차가 더 작은 쪽은 **10유로**입니다.

07 ❶ 분수의 크기 비교하기

$3\frac{7}{12}\left(=3\frac{21}{36}\right)>3\frac{2}{9}\left(=3\frac{8}{36}\right)$,

$2\frac{5}{6}\left(=2\frac{25}{30}\right)>2\frac{3}{10}\left(=2\frac{9}{30}\right)$이므로

가장 큰 분수는 $\mathbf{3\frac{7}{12}}$이고, 가장 작은 분수는 $\mathbf{2\frac{3}{10}}$입니다.

❷ 두 분수의 차가 가장 크게 되도록 뺄셈식 만들기

(가장 큰 분수와 가장 작은 분수의 차)

$=3\frac{7}{12}-2\frac{3}{10}=3\frac{35}{60}-2\frac{18}{60}=\mathbf{1\frac{17}{60}}$

참고 대분수의 크기 비교에서 자연수 부분을 먼저 비교하면 $\left(3\frac{2}{9},\ 3\frac{7}{12}\right)$, $\left(2\frac{5}{6},\ 2\frac{3}{10}\right)$이므로 두 분수씩 짝 지어 크기를 비교하면 됩니다.

08 ❶ □ 안에 들어갈 수 있는 수의 범위 구하기

$4\frac{□}{6}-2\frac{7}{10}=2\frac{2}{15}$에서 $4\frac{□}{6}=2\frac{2}{15}+2\frac{7}{10}$,

$4\frac{□\times5}{30}=2\frac{4}{30}+2\frac{21}{30}=4\frac{25}{30}$이므로 $□\times5<25$입니다.

❷ □ 안에 들어갈 수 있는 자연수 구하기

□ 안에 들어갈 수 있는 자연수는 **1, 2, 3, 4**입니다.

09 ❶ 쌀과 좁쌀의 무게의 합 구하기

(쌀과 좁쌀의 무게의 합)

$=4\frac{7}{10}+2\frac{4}{5}=4\frac{7}{10}+2\frac{8}{10}=6\frac{15}{10}$

$=7\frac{5}{10}=7\frac{1}{2}(g)$

❷ 남은 콩의 무게 구하기

(남은 콩의 무게)

$=10\frac{23}{25}-7\frac{1}{2}=10\frac{46}{50}-7\frac{25}{50}=\mathbf{3\frac{21}{50}}(g)$

10

채점 기준	❶ 어떤 수 구하기	3점
	❷ 바르게 계산하기	2점

11 ❶ 문제에 알맞은 식 세우기

동화책 전체를 1이라 할 때

(동화책을 모두 읽으려면 더 읽어야 하는 부분)

$=1-(어제 읽은 부분)-(오늘 읽은 부분)$

$=1-\frac{3}{10}-\frac{1}{8}$입니다.

❷ 동화책을 모두 읽으려면 더 읽어야 하는 부분 구하기

(동화책을 모두 읽으려면 더 읽어야 하는 부분)

$=1-\frac{3}{10}-\frac{1}{8}=\frac{40}{40}-\frac{12}{40}-\frac{5}{40}=\mathbf{\frac{23}{40}}$

12 ❶ 문제에 알맞은 식 세우기

가로와 세로에 공통으로 더해지는 수를 ㉡이라 하면

$3\frac{3}{4}+㉡+4\frac{7}{10}=㉡+㉠+2\frac{11}{15}$

$\to 3\frac{3}{4}+4\frac{7}{10}=㉠+2\frac{11}{15}$

❷ ㉠에 알맞은 분수 구하기

$3\frac{3}{4}+4\frac{7}{10}=3\frac{15}{20}+4\frac{14}{20}=7\frac{29}{20}=8\frac{9}{20}$

$\to 8\frac{9}{20}=㉠+2\frac{11}{15}$

$\to ㉠=8\frac{9}{20}-2\frac{11}{15}=8\frac{27}{60}-2\frac{44}{60}$

$=7\frac{87}{60}-2\frac{44}{60}=\mathbf{5\frac{43}{60}}$

13 ❶ 수학 숙제와 국어 숙제를 한 시간 구하기

(수학 숙제와 국어 숙제를 한 시간의 합)

$=1\frac{8}{15}+\frac{19}{20}=1\frac{32}{60}+\frac{57}{60}=1\frac{89}{60}=2\frac{29}{60}(시간)$

② **숙제를 모두 마친 시각 구하기**

$2\dfrac{29}{60}$시간$=2$시간 29분

→ (숙제를 모두 마친 시각)

　＝오후 5시 30분$+2$시간 29분

　＝**오후 7시 59분**

14 **①** **하루 동안 두 사람이 함께 할 수 있는 일의 양 구하기**
(하루 동안 두 사람이 함께 할 수 있는 일의 양)

$=\dfrac{1}{8}+\dfrac{1}{24}=\dfrac{3}{24}+\dfrac{1}{24}=\dfrac{4}{24}=\dfrac{1}{6}$

② **일을 모두 끝내는 데 며칠이 걸리는지 구하기**

따라서 하루 동안 전체 일의 $\dfrac{1}{6}$을 할 수 있으므로 일을 모두 끝내는 데 **6일**이 걸립니다.

15 **①** **색 테이프 3장의 길이의 합 구하기**
(색 테이프 3장의 길이의 합)

$=2\dfrac{5}{9}+2\dfrac{5}{9}+2\dfrac{5}{9}$

$=6\dfrac{15}{9}=7\dfrac{6}{9}=7\dfrac{2}{3}\,(\text{cm})$

② **겹쳐진 부분의 길이의 합 구하기**
(겹쳐진 부분의 수)$=3-1=2$(군데)
(겹쳐진 부분의 길이의 합)

$=\dfrac{4}{5}+\dfrac{4}{5}=\dfrac{8}{5}=1\dfrac{3}{5}\,(\text{cm})$

③ **이어 붙인 색 테이프의 전체 길이 구하기**
(이어 붙인 색 테이프의 전체 길이)

$=7\dfrac{2}{3}-1\dfrac{3}{5}=7\dfrac{10}{15}-1\dfrac{9}{15}$

$=\mathbf{6\dfrac{1}{15}\,(\text{cm})}$

16 **①** **두 대분수의 합이 가장 크게 되도록 만드는 방법 알아보기**

자연수 부분에 가장 큰 수와 두 번째로 큰 수를 각각 놓고, 남은 수로 합이 가장 큰 진분수 2개를 만듭니다.
② **두 대분수의 합이 가장 크게 될 때의 분수의 합 구하기**
따라서 $7\dfrac{1}{3}+9\dfrac{4}{5}$ 또는 $7\dfrac{4}{5}+9\dfrac{1}{3}$일 때 합이 가장 크게 됩니다.

→ $7\dfrac{1}{3}+9\dfrac{4}{5}=7\dfrac{5}{15}+9\dfrac{12}{15}=16\dfrac{17}{15}=\mathbf{17\dfrac{2}{15}}$

　또는 $7\dfrac{4}{5}+9\dfrac{1}{3}=7\dfrac{12}{15}+9\dfrac{5}{15}=16\dfrac{17}{15}$

$=\mathbf{17\dfrac{2}{15}}$

17 **①** **규칙 찾기**

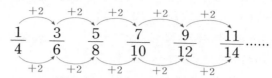

분모와 분자가 각각 2씩 커지는 규칙입니다.
② **9째에 올 분수와 14째에 올 분수 각각 구하기**
9째 분모와 분자는 첫째 분모와 분자보다 $2\times8=16$만큼 크고, 14째 분모와 분자는 첫째 분모와 분자보다 $2\times13=26$만큼 큽니다.

(9째 분수)$=\dfrac{1+16}{4+16}=\dfrac{17}{20}$

(14째 분수)$=\dfrac{1+26}{4+26}=\dfrac{27}{30}=\dfrac{9}{10}$

③ **9째에 올 분수와 14째에 올 분수의 합 구하기**
(9째 분수와 14째 분수의 합)

$=\dfrac{17}{20}+\dfrac{9}{10}=\dfrac{17}{20}+\dfrac{18}{20}=\dfrac{35}{20}=\dfrac{7}{4}=\mathbf{1\dfrac{3}{4}}$

18

채점 기준	**①** 사용한 물의 무게 구하기	2점
	② 빈 물통의 무게 구하기	3점

19 **①** **문제에 알맞은 식 세우기**
물이 닿은 부분은 연못의 깊이와 같습니다.

(연못의 깊이)$+$(연못의 깊이)$-1\dfrac{1}{6}=4\dfrac{13}{30}\,(\text{m})$

(연못의 깊이)$+$(연못의 깊이)

$=4\dfrac{13}{30}+1\dfrac{1}{6}=4\dfrac{13}{30}+1\dfrac{5}{30}=5\dfrac{18}{30}=\dfrac{168}{30}\,(\text{m})$

② **연못의 깊이 구하기**

$168\div2=84$이므로 $\dfrac{168}{30}=\dfrac{84}{30}+\dfrac{84}{30}$입니다.

→ (연못의 깊이)$=\dfrac{84}{30}=\dfrac{14}{5}=\mathbf{2\dfrac{4}{5}\,(\text{m})}$

20 **①** **단위분수의 합으로 나타내기**
각각 두 단위분수의 합으로 나타냅니다.

・$\dfrac{12}{27}$ → 27의 약수: 1, **3**, **9**, 27

　→ $\dfrac{12}{27}=\dfrac{3}{27}+\dfrac{9}{27}=\dfrac{1}{9}+\dfrac{1}{3}$

・$\dfrac{8}{15}$ → 15의 약수: 1, **3**, **5**, 15

　→ $\dfrac{8}{15}=\dfrac{3}{15}+\dfrac{5}{15}=\dfrac{1}{5}+\dfrac{1}{3}$

② **㉠, ㉡, ㉢에 알맞은 분수 각각 구하기**

따라서 ㉠$=\mathbf{\dfrac{1}{9}}$, ㉡$=\mathbf{\dfrac{1}{3}}$, ㉢$=\mathbf{\dfrac{1}{5}}$입니다.

21 ❶ **영화나 연극을 좋아하는 학생은 전체의 얼마인지 구하기**
(영화나 연극을 좋아하는 학생 수)
= (영화를 좋아하는 학생 수)
  + (연극을 좋아하는 학생 수)
  − (영화와 연극을 모두 좋아하는 학생 수)

: 전체의 $\dfrac{3}{5}+\dfrac{7}{20}-\dfrac{9}{20}=\dfrac{12}{20}+\dfrac{7}{20}-\dfrac{9}{20}$
$=\dfrac{10}{20}=\dfrac{1}{2}$입니다.

❷ **5학년 학생 수 구하기**
영화와 연극을 모두 좋아하지 않는 학생
: 전체의 $1-\dfrac{1}{2}=\dfrac{1}{2}$입니다.

영화와 연극을 모두 좋아하지 않는 학생은 100명으로 전체의 $\dfrac{1}{2}$입니다.

→ (5학년 학생 수) $=100\times2=$ **200(명)**

STEP 2 | 심화 해결하기   095~100쪽

01 $1\dfrac{1}{3}$ cm

02 $588\dfrac{11}{25}$ m

03 4개

04 $1\dfrac{1}{10}$ km

05 ㉠ $\dfrac{5}{6},\ \dfrac{2}{3},\ 1\dfrac{1}{2}$

06 $7\dfrac{4}{7}$ m

07 $2\dfrac{1}{3}$

08 $\dfrac{76}{93}$

09 ㉠ ❶ (호루스의 눈에 쓰인 분수들의 합)
$=\dfrac{1}{2}+\dfrac{1}{4}+\dfrac{1}{8}+\dfrac{1}{16}+\dfrac{1}{32}+\dfrac{1}{64}$
$=\dfrac{32}{64}+\dfrac{16}{64}+\dfrac{8}{64}+\dfrac{4}{64}+\dfrac{2}{64}+\dfrac{1}{64}$
$=\dfrac{63}{64}$ ▶3점

❷ (토트가 채워 줄 부분의 분수들의 합)
$=1-\dfrac{63}{64}=\dfrac{64}{64}-\dfrac{63}{64}=\dfrac{1}{64}$ ▶2점
/ $\dfrac{1}{64}$

10 ㉠ ❶ (3일 동안 운동을 한 시간의 합)
$=1\dfrac{3}{4}+\dfrac{1}{2}+1\dfrac{1}{3}=1\dfrac{9}{12}+\dfrac{6}{12}+1\dfrac{4}{12}$
$=2\dfrac{19}{12}=3\dfrac{7}{12}$(시간) ▶2점

❷ $3\dfrac{7}{12}$시간$=3\dfrac{35}{60}$시간$=3$시간 35분 ▶3점
/ 3시간 35분

11 $5\dfrac{19}{45}$

12 $\dfrac{8}{9},\ \dfrac{5}{7}$

13 $6\dfrac{11}{36}$

14 57

15 36분 40초

16 $\dfrac{2}{35}$

17 84년

18 1920자루

01 ❶ **직사각형의 둘레를 구하는 식 세우기**
직사각형의 세로를 □ cm라 하면
$2\dfrac{1}{2}+□+2\dfrac{1}{2}+□=7\dfrac{2}{3}$입니다.

$□+□=7\dfrac{2}{3}-2\dfrac{1}{2}-2\dfrac{1}{2}=7\dfrac{4}{6}-2\dfrac{3}{6}-2\dfrac{3}{6}$
$=5\dfrac{1}{6}-2\dfrac{3}{6}=4\dfrac{7}{6}-2\dfrac{3}{6}=2\dfrac{4}{6}=2\dfrac{2}{3}$

❷ **직사각형의 세로 구하기**
$2\dfrac{2}{3}=\dfrac{8}{3}$, $8\div2=4$이므로 $□=\dfrac{4}{3}=1\dfrac{1}{3}$입니다.

따라서 직사각형의 세로는 **$1\dfrac{1}{3}$ cm**입니다.

02 ❶ **가장 큰 수와 가장 작은 수 각각 구하기**
대분수의 자연수 부분을 비교하면 $829>452>241$
이므로 가장 큰 수는 $829\dfrac{21}{25}$이고, 가장 작은 수는
$241\dfrac{2}{5}$입니다.

❷ **위 ❶의 두 수의 차 구하기**
(두 건물의 높이의 차)
$=829\dfrac{21}{25}-241\dfrac{2}{5}=829\dfrac{21}{25}-241\dfrac{10}{25}$
$=588\dfrac{11}{25}$(m)

03 ❶ $2\dfrac{6}{7}+1\dfrac{17}{21}$을 계산하기
$2\dfrac{6}{7}+1\dfrac{17}{21}=2\dfrac{18}{21}+1\dfrac{17}{21}=3\dfrac{35}{21}=4\dfrac{14}{21}=4\dfrac{2}{3}$

❷ □ 안에 알맞은 수의 개수 구하기
$4\dfrac{2}{3}>4\dfrac{□}{7}$에서 $4\dfrac{14}{21}>4\dfrac{□\times3}{21}$입니다.

따라서 1부터 9까지의 자연수 중에서 □ 안에 알맞은 수는 1, 2, 3, 4로 모두 **4개**입니다.

04 ❶ **집에서 은행을 지나 도서관까지 가는 거리 구하기**
(집에서 은행을 지나 도서관까지 가는 거리)
$=1\dfrac{4}{5}+2\dfrac{7}{10}=1\dfrac{8}{10}+2\dfrac{7}{10}=3\dfrac{15}{10}$
$=4\dfrac{5}{10}=4\dfrac{1}{2}$(km)

❷ 은행을 지나 도서관까지 가는 거리는 도서관으로 곧바로 가는 거리보다 몇 km 더 먼지 구하기

은행을 지나 도서관까지 가는 거리는 도서관으로 곧바로 가는 거리보다

$4\frac{1}{2} - 3\frac{2}{5} = 4\frac{5}{10} - 3\frac{4}{10} = 1\frac{1}{10}$ (km) 더 멉니다.

05 ❶ 분수의 크기 비교하기

$\frac{5}{6}\left(=\frac{10}{12}\right) > \frac{2}{3}\left(=\frac{8}{12}\right) > \frac{1}{2}\left(=\frac{6}{12}\right) > \frac{1}{4}\left(=\frac{3}{12}\right)$

❷ 계산 결과가 가장 크게 되도록 □ 안에 알맞은 수를 써넣고, 식을 계산한 값 구하기

(가장 큰 수) + (두 번째로 큰 수)

$= \frac{5}{6} + \frac{2}{3} = \frac{5}{6} + \frac{4}{6} = \frac{9}{6} = 1\frac{3}{6} = 1\frac{1}{2}$

06 ❶ 성우와 소연이가 사용한 끈의 길이의 합 구하기

(성우와 소연이가 사용한 끈의 길이의 합)

$= 1\frac{2}{7} + \frac{13}{21} = 1\frac{6}{21} + \frac{13}{21}$

$= 1\frac{19}{21}$ (m)

❷ 처음 끈의 길이 구하기

처음 끈의 길이를 □ m라 하면

$\square - 1\frac{19}{21} = 5\frac{2}{3}$ 입니다.

$\square = 5\frac{2}{3} + 1\frac{19}{21} = 5\frac{14}{21} + 1\frac{19}{21}$

$= 6\frac{33}{21} = 7\frac{12}{21} = 7\frac{4}{7}$

07 ❶ 기호 ◆ 에 대하여 알맞은 식 세우기

$3\frac{9}{10} ◆ 2\frac{11}{15} = 3\frac{9}{10} + 3\frac{9}{10} - \left(2\frac{11}{15} + 2\frac{11}{15}\right)$

❷ 위 **❶**의 식을 계산하기

$3\frac{9}{10} + 3\frac{9}{10} - \left(2\frac{11}{15} + 2\frac{11}{15}\right)$

$= 6\frac{18}{10} - 4\frac{22}{15} = 7\frac{8}{10} - 5\frac{7}{15}$

$= 7\frac{24}{30} - 5\frac{14}{30} = 2\frac{10}{30} = 2\frac{1}{3}$

08 ❶ 어떤 수 구하기

어떤 수를 $\frac{20}{\square}$ 이라 하면 $\frac{5}{8} < \frac{20}{\square} < \frac{2}{3}$ 이므로 분자를 같게 하면 $\frac{20}{32} < \frac{20}{\square} < \frac{20}{30}$ 입니다.

분자가 같으므로 분모의 크기를 비교하면

$30 < \square < 32$ 에서 $\square = 31$, 어떤 수는 $\frac{20}{31}$ 입니다.

❷ 어떤 수보다 $\frac{16}{93}$ 큰 수 구하기

→ (어떤 수보다 $\frac{16}{93}$ 큰 수)

$= \frac{20}{31} + \frac{16}{93} = \frac{60}{93} + \frac{16}{93} = \frac{76}{93}$

09 레벨UP공략

◈ 전체의 양을 1이라 할 때 남은 부분을 구하려면?

(남은 부분) = (전체의 양) − (전체의 ▲) − (전체의 ●)

$= 1 - ▲ - ●$

채점 기준	❶ 호루스의 눈에 쓰인 분수들의 합 구하기	3점
	❷ 토트가 채워 줄 부분의 분수들의 합 구하기	2점

10

채점 기준	❶ 3일 동안 운동을 한 시간의 합 구하기	2점
	❷ 위 ❶의 시간의 합은 몇 시간 몇 분인지 구하기	3점

11 ❶ 문제에 알맞은 식 세우기

어떤 수를 □라 하면 $\square + 2\frac{5}{9} - 1\frac{3}{5} = 7\frac{1}{3}$ 입니다.

❷ 어떤 수 구하기

$\square = 7\frac{1}{3} + 1\frac{3}{5} - 2\frac{5}{9} = 7\frac{15}{45} + 1\frac{27}{45} - 2\frac{25}{45}$

$= 6\frac{17}{45}$

❸ 바르게 계산한 값 구하기

(바른 계산) $= 6\frac{17}{45} - 2\frac{5}{9} + 1\frac{3}{5}$

$= 6\frac{17}{45} - 2\frac{25}{45} + 1\frac{27}{45}$

$= 5\frac{62}{45} - 2\frac{25}{45} + 1\frac{27}{45} = 5\frac{19}{45}$

12 ❶ 문제에 알맞은 식 세우기

두 수를 ㉠, ㉡이라 하면 $㉠ + ㉡ = 1\frac{38}{63}$,

$㉠ - ㉡ = \frac{11}{63}$ 입니다.

❷ 두 기약분수 각각 구하기

$㉠ + ㉡ + ㉠ - ㉡$

$= ㉠ + ㉠ = 1\frac{38}{63} + \frac{11}{63} = 1\frac{49}{63} = 1\frac{7}{9} = \frac{16}{9}$

• $16 \div 2 = 8$ 이므로

$\frac{16}{9} = \frac{8}{9} + \frac{8}{9}$ 입니다. → $㉠ = \frac{8}{9}$

• $㉠ + ㉡ = 1\frac{38}{63}$ → $㉡ = 1\frac{38}{63} - ㉠ = 1\frac{38}{63} - \frac{8}{9}$

$= \frac{101}{63} - \frac{56}{63} = \frac{45}{63} = \frac{5}{7}$

진도북

5
단
원

13 레벨UP공략

◇ 수 카드 3장을 골라 한 번씩 사용하여 가장 큰 대분수와 가장 작은 대분수를 만들려면?

1   2   3   7

• 가장 큰 대분수: $7\dfrac{2}{3}$ ← 나머지 수를 이용하여 가장 큰 진분수 만들기
  가장 큰 수

• 가장 작은 대분수: $1\dfrac{2}{7}$ ← 나머지 수를 이용하여 가장 작은 진분수 만들기
  가장 작은 수

❶ 가장 큰 대분수와 가장 작은 대분수 각각 만들기

• 가장 큰 대분수는 가장 큰 숫자를 자연수 부분에 놓고 나머지 숫자로 가장 큰 진분수를 만듭니다.

→ 만들 수 있는 대분수: $9\dfrac{3}{4}$, $9\dfrac{3}{7}$, $9\dfrac{4}{7}$

$9\dfrac{3}{4}\left(=9\dfrac{21}{28}\right) > 9\dfrac{4}{7}\left(=9\dfrac{16}{28}\right) > 9\dfrac{3}{7}\left(=9\dfrac{12}{28}\right)$이

므로 만들 수 있는 가장 큰 대분수는 $9\dfrac{3}{4}$입니다.

• 가장 작은 대분수는 가장 작은 숫자를 자연수 부분에 놓고 나머지 숫자로 가장 작은 진분수를 만듭니다.

→ 만들 수 있는 대분수: $3\dfrac{4}{7}$, $3\dfrac{4}{9}$, $3\dfrac{7}{9}$

$3\dfrac{4}{9}\left(=3\dfrac{28}{63}\right) < 3\dfrac{4}{7}\left(=3\dfrac{36}{63}\right) < 3\dfrac{7}{9}\left(=3\dfrac{49}{63}\right)$이

므로 만들 수 있는 가장 작은 대분수는 $3\dfrac{4}{9}$입니다.

❷ 만든 두 대분수의 차 구하기

(만든 두 대분수의 차)

$=9\dfrac{3}{4} - 3\dfrac{4}{9} = 9\dfrac{27}{36} - 3\dfrac{16}{36} = \mathbf{6\dfrac{11}{36}}$

14 ❶ $\dfrac{18}{25}$을 세 단위분수의 합으로 나타내기

$\dfrac{18}{25} = \dfrac{㉠}{25} + \dfrac{㉡}{25} + \dfrac{㉢}{25}$인 경우

$\dfrac{㉠}{25}$, $\dfrac{㉡}{25}$, $\dfrac{㉢}{25}$을 약분하여 각각 분자가 1이 되려면

㉠, ㉡, ㉢은 25의 약수입니다.

25의 약수: 1, 5, 25

→ $1+5+25=31$로 18이 아니므로 만족하지 않습니다.

❷ $\dfrac{36}{50}$을 세 단위분수의 합으로 나타내기

$\dfrac{18}{25} = \dfrac{18\times2}{25\times2} = \dfrac{36}{50} = \dfrac{㉠}{50} + \dfrac{㉡}{50} + \dfrac{㉢}{50}$인 경우

$\dfrac{㉠}{50}$, $\dfrac{㉡}{50}$, $\dfrac{㉢}{50}$을 약분하여 각각 분자가 1이 되려면

㉠, ㉡, ㉢은 50의 약수입니다.

50의 약수: 1, 2, 5, 10, 25, 50

→ 더해서 36이 되는 세 수를 찾으면 1, 10, 25입니다.

→ $\dfrac{1}{50} + \dfrac{10}{50} + \dfrac{25}{50} = \dfrac{36}{50}$ (○)

❸ ●+▲+★의 값 구하기

$\dfrac{1}{50} + \dfrac{10}{50} + \dfrac{25}{50} = \dfrac{1}{50} + \dfrac{1}{5} + \dfrac{1}{2}$

→ ●+▲+★$=50+5+2=\mathbf{57}$

15 ❶ 통나무를 자르는 시간 구하기

(자르는 횟수)$=8-1=7$(번)

(자르는 시간)

$=4\dfrac{1}{6} + 4\dfrac{1}{6} + 4\dfrac{1}{6} + 4\dfrac{1}{6} + 4\dfrac{1}{6} + 4\dfrac{1}{6} + 4\dfrac{1}{6}$
　　　　　　　　　7번

$=28\dfrac{7}{6} = 29\dfrac{1}{6}$(분)

❷ 쉬는 시간 구하기

(쉬는 횟수)$=7-1=6$(번)

(쉬는 시간)

$=1\dfrac{1}{4} + 1\dfrac{1}{4} + 1\dfrac{1}{4} + 1\dfrac{1}{4} + 1\dfrac{1}{4} + 1\dfrac{1}{4}$
　　　　　　　6번

$=6\dfrac{6}{4} = 7\dfrac{2}{4} = 7\dfrac{1}{2}$(분)

❸ 통나무를 8도막으로 자르는 데 걸리는 시간 구하기

(걸리는 시간)

$=29\dfrac{1}{6} + 7\dfrac{1}{2} = 29\dfrac{1}{6} + 7\dfrac{3}{6} = 36\dfrac{4}{6} = 36\dfrac{2}{3}$(분)

→ $36\dfrac{2}{3}$분$=36\dfrac{40}{60}$분$=\mathbf{36분\ 40초}$

16 ❶ 규칙을 찾아 10째에 올 분수와 21째에 올 분수 각각 구하기

$\dfrac{1}{2}$, $\dfrac{1}{3}$, $\dfrac{2}{3}$, $\dfrac{1}{4}$, $\dfrac{2}{4}$, $\dfrac{3}{4}$, $\dfrac{1}{5}$ ……
1개　 2개　　　 3개

$1+2+3+4=10$ → 10째에 올 분수: $\dfrac{4}{5}$

$1+2+3+4+5+6=21$ → 21째에 올 분수: $\dfrac{6}{7}$

❷ 10째에 올 분수와 21째에 올 분수의 차 구하기

(10째에 올 분수와 21째에 올 분수의 차)

$=\dfrac{6}{7} - \dfrac{4}{5} = \dfrac{30}{35} - \dfrac{28}{35} = \mathbf{\dfrac{2}{35}}$

17 ❶ 소년, 청년, 성인으로 혼자 산 기간과 아들과 함께 산 기간의 합 알아보기

소년, 청년, 성인으로 혼자 산 기간과 아들과 함께 산 기간의 합은 일생의

$\dfrac{1}{6}+\dfrac{1}{12}+\dfrac{1}{7}+\dfrac{1}{2}=\dfrac{14}{84}+\dfrac{7}{84}+\dfrac{12}{84}+\dfrac{42}{84}=\dfrac{75}{84}$
입니다.

② 디오판토스가 몇 살까지 살았는지 구하기

일생의 $1-\dfrac{75}{84}=\dfrac{9}{84}$는 5년＋4년＝9년이므로 일생

의 $\dfrac{1}{84}$은 1년입니다.

→ 디오판토스는 **84년** 동안 살았습니다.

18 ① 판 옥수수의 양은 전체의 얼마인지 구하기

(판 옥수수의 양)

$=\dfrac{1}{4}+\dfrac{1}{8}+\dfrac{3}{10}+\dfrac{5}{16}=\dfrac{20}{80}+\dfrac{10}{80}+\dfrac{24}{80}+\dfrac{25}{80}$

$=\dfrac{79}{80}$

② 처음 창고에 있던 옥수수는 몇 자루인지 구하기

(팔고 남은 옥수수의 양)

$1-\dfrac{79}{80}=\dfrac{80}{80}-\dfrac{79}{80}=\dfrac{1}{80}$이고,

24자루이므로 $\dfrac{1}{80}=\dfrac{24}{1920}$에서 처음 창고에 있던

옥수수는 **1920자루**입니다.

STEP 3 | 최상위 도전하기 101~103쪽

1 $\dfrac{13}{24}$		**2** 300 m		**3** 8시간 35분	
4 $\dfrac{1}{12}$		**5** $2\dfrac{13}{18}$		**6** 800명	

1 ① 세 식의 합 구하기

$(㉠+㉡)+(㉡+㉢)+(㉠+㉢)$

$=\dfrac{5}{12}+\dfrac{7}{24}+\dfrac{3}{8}=\dfrac{10}{24}+\dfrac{7}{24}+\dfrac{9}{24}=\dfrac{26}{24}$

② 세 분수의 합 구하기

$㉠+㉡+㉡+㉢+㉠+㉢$

$=(㉠+㉡+㉢)+(㉠+㉡+㉢)$이고,

$26\div2=13$이므로 $\dfrac{26}{24}=\dfrac{13}{24}+\dfrac{13}{24}$입니다.

→ (세 분수의 합)$=㉠+㉡+㉢=\boldsymbol{\dfrac{13}{24}}$

2 ① 올라간 곳의 기온과 산 입구의 기온의 차 구하기

(올라간 곳의 기온과 산 입구의 기온의 차)

$=21\dfrac{2}{5}-19\dfrac{12}{20}=21\dfrac{8}{20}-19\dfrac{12}{20}$

$=20\dfrac{28}{20}-19\dfrac{12}{20}=1\dfrac{16}{20}=1\dfrac{4}{5}(℃)$

---

② 올라간 곳의 높이 구하기

$1\dfrac{4}{5}=\dfrac{9}{5}$이고, $\dfrac{3}{5}+\dfrac{3}{5}+\dfrac{3}{5}=\dfrac{9}{5}$이므로

산을 $100+100+100=\boldsymbol{300\,(m)}$ 올라간 곳입니다.

3 ① 기계가 3번 작동하는 데 걸리는 시간 구하기

이 기계가 3번 작동할 때 중간에 2번 정지를 합니다.

(기계가 3번 작동하는 시간)

$=2\dfrac{3}{4}+2\dfrac{3}{4}+2\dfrac{3}{4}=6\dfrac{9}{4}=8\dfrac{1}{4}$(시간)

(기계가 2번 정지하는 시간)$=\dfrac{1}{6}+\dfrac{1}{6}=\dfrac{2}{6}=\dfrac{1}{3}$(시간)

(기계가 3번 작동하는 데 걸리는 시간)

$=8\dfrac{1}{4}+\dfrac{1}{3}=8\dfrac{3}{12}+\dfrac{4}{12}=8\dfrac{7}{12}$(시간)

② 위 ①의 시간을 시간과 분으로 나타내기

기계가 3번 작동하는 데 걸리는 시간은

$8\dfrac{7}{12}$시간$=8\dfrac{35}{60}$시간$=\boldsymbol{8시간\ 35분}$입니다.

4 ① ㉮와 ㉯ 수도꼭지로 각각 1분 동안 채울 수 있는 물의 양 구하기

• ㉮ 수도꼭지로 1분 동안 채울 수 있는 물의 양:

전체의 $\dfrac{1}{30}$

• ㉯ 수도꼭지로 1분 동안 채울 수 있는 물의 양:

전체의 $\dfrac{1}{15}$

② 1분 동안 새는 물의 양 구하기

1분 동안 새는 물의 양은

전체의 $\dfrac{1}{15}-\dfrac{1}{20}=\dfrac{4}{60}-\dfrac{3}{60}=\dfrac{1}{60}$입니다.

③ 두 수도꼭지를 동시에 틀어 1분 동안 채울 수 있는 물의 양 구하기

따라서 ㉮와 ㉯ 두 수도꼭지를 동시에 틀어 구멍이 난 빈 욕조를 1분 동안 채울 수 있는 물의 양은 전체의

$\dfrac{1}{30}+\dfrac{1}{15}-\dfrac{1}{60}=\dfrac{2}{60}+\dfrac{4}{60}-\dfrac{1}{60}=\dfrac{5}{60}=\boldsymbol{\dfrac{1}{12}}$

입니다.

5 ① 분수를 늘어놓은 규칙 구하기

• 자연수 부분: 분수를 4개씩 묶어가며 1부터 1씩 커지는 규칙입니다.

• 분수 부분의 분자: 1, 2, 3, 4가 반복되는 규칙입니다.

• 분수 부분의 분모: 분수를 4개씩 묶어가며 5부터 1씩 커지는 규칙입니다. (또는 자연수 부분보다 4 큽니다.)

❷ 20째 분수 구하기

$20 \div 4 = 5$이므로 자연수 부분은 5,

분자는 4, 분모는 9입니다. → $5\dfrac{4}{9}$

❸ 30째 분수 구하기

$30 \div 4 = 7 \cdots 2$이므로 자연수 부분은 8,

분자는 2, 분모는 12입니다. → $8\dfrac{2}{12}$

❹ 20째 분수와 30째 분수의 차 구하기

(30째 분수) − (20째 분수)

$= 8\dfrac{2}{12} - 5\dfrac{4}{9} = 8\dfrac{6}{36} - 5\dfrac{16}{36} = 7\dfrac{42}{36} - 5\dfrac{16}{36}$

$= 2\dfrac{26}{36} = 2\dfrac{\mathbf{13}}{\mathbf{18}}$

6

영서네 학교 학생 중 전체의 $\dfrac{7}{40}$은 5학년이고, 전체의 $\dfrac{1}{5}$은 6학년입니다. 1학년부터 4학년 학생 중에서 여학생은 $\dfrac{2}{5}$이고, 안경을 쓴 남학생은 $\dfrac{1}{5}$입니다. 1학년부터 4학년 학생 중에서 안경을 쓰지 않은 남학생이 200명이라면 영서네 학교 <u>전체 학생 수는 몇 명</u>인지 구해 보세요.

└▸ 1~4학년 학생 중에서 안경을 쓰지 않은
　　남학생이 전체의 얼마인지 구합니다.

❶ 5학년과 6학년은 전체의 얼마인지 구하기

5학년과 6학년:

전체의 $\dfrac{7}{40} + \dfrac{1}{5} = \dfrac{7}{40} + \dfrac{8}{40} = \dfrac{15}{40} = \dfrac{3}{8}$

❷ 1학년부터 4학년은 전체의 얼마인지 구하기

1학년부터 4학년:

전체의 $1 - \dfrac{3}{8} = \dfrac{8}{8} - \dfrac{3}{8} = \dfrac{5}{8}$

❸ 1학년부터 4학년 학생 중에서 안경을 쓰지 않은 남학생은 전체의 얼마인지 구하기

1학년부터 4학년 학생 중에서 여학생은 $\dfrac{2}{5}$, 안경을 쓴 남학생은 $\dfrac{1}{5}$입니다.

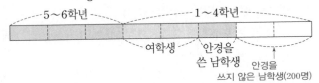

안경을 쓰지 않은 남학생은 200명, 전체의 $\dfrac{1}{4}$입니다.

❹ 전체 학생 수 구하기

→ (전체 학생 수) $= 200 \times 4 = \mathbf{800}$(명)

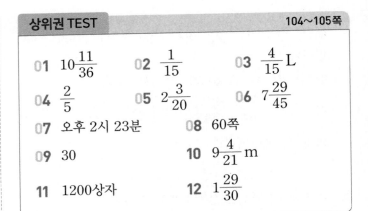

01 $10\dfrac{11}{36}$	**02** $\dfrac{1}{15}$	**03** $\dfrac{4}{15}$ L
04 $\dfrac{2}{5}$	**05** $2\dfrac{3}{20}$	**06** $7\dfrac{29}{45}$
07 오후 2시 23분	**08** 60쪽	
09 30		**10** $9\dfrac{4}{21}$ m
11 1200상자		**12** $1\dfrac{29}{30}$

01　❶ 가장 큰 수와 가장 작은 수 각각 구하기

$5\dfrac{8}{9}\left(=5\dfrac{56}{63}\right) > 5\dfrac{4}{7}\left(=5\dfrac{36}{63}\right) > 4\dfrac{5}{12}$이므로 가장

큰 수는 $5\dfrac{8}{9}$이고, 가장 작은 수는 $4\dfrac{5}{12}$입니다.

❷ 가장 큰 수와 가장 작은 수의 합 구하기

(가장 큰 수와 가장 작은 수의 합)

$= 5\dfrac{8}{9} + 4\dfrac{5}{12} = 5\dfrac{32}{36} + 4\dfrac{15}{36} = 9\dfrac{47}{36} = \mathbf{10\dfrac{11}{36}}$

02　❶ ㉠에 알맞은 수 구하기

$㉠ = \dfrac{1}{10} + \dfrac{2}{3} = \dfrac{3}{30} + \dfrac{20}{30} = \dfrac{23}{30}$

❷ ㉡에 알맞은 수 구하기

$\dfrac{23}{30} - ㉡ = \dfrac{7}{10}$, $㉡ = \dfrac{23}{30} - \dfrac{7}{10} = \dfrac{23}{30} - \dfrac{21}{30} = \dfrac{\mathbf{1}}{\mathbf{15}}$

03　❶ 주연이가 마시고 남은 우유의 양 구하기

(주연이가 마시고 남은 우유의 양)

$= \dfrac{5}{6} - \dfrac{4}{15} = \dfrac{25}{30} - \dfrac{8}{30} = \dfrac{17}{30}$(L)

❷ 동생이 마시고 남은 우유의 양 구하기

(동생이 마시고 남은 우유의 양)

$= \dfrac{17}{30} - \dfrac{3}{10} = \dfrac{17}{30} - \dfrac{9}{30} = \dfrac{8}{30} = \dfrac{\mathbf{4}}{\mathbf{15}}$(L)

04　❶ 각각 계산하기

$㉠\ \dfrac{1}{4} + \dfrac{5}{12} = \dfrac{3}{12} + \dfrac{5}{12} = \dfrac{8}{12} = \dfrac{2}{3}$

$㉡\ \dfrac{1}{2} + \dfrac{1}{3} = \dfrac{3}{6} + \dfrac{2}{6} = \dfrac{5}{6}$

$㉢\ \dfrac{11}{15} - \dfrac{3}{10} = \dfrac{22}{30} - \dfrac{9}{30} = \dfrac{13}{30}$

❷ 계산 결과가 가장 큰 것과 가장 작은 것의 차 구하기

$㉡\ \dfrac{5}{6}\left(=\dfrac{25}{30}\right) > ㉠\ \dfrac{2}{3}\left(=\dfrac{20}{30}\right) > ㉢\ \dfrac{13}{30}$

$\rightarrow \dfrac{5}{6} - \dfrac{13}{30} = \dfrac{25}{30} - \dfrac{13}{30} = \dfrac{12}{30} = \dfrac{\mathbf{2}}{\mathbf{5}}$

05 ❶ **어떤 수 구하기**

어떤 수를 □라 하면 $\square + 2\frac{4}{5} = 7\frac{3}{4}$ 입니다.

$\square = 7\frac{3}{4} - 2\frac{4}{5} = 7\frac{15}{20} - 2\frac{16}{20} = 4\frac{19}{20}$

❷ **바르게 계산하면 얼마인지 구하기**

(바른 계산) $= 4\frac{19}{20} - 2\frac{4}{5} = 4\frac{19}{20} - 2\frac{16}{20} = 2\frac{3}{20}$

06 ❶ **가장 큰 대분수와 가장 작은 대분수 각각 구하기**

• 가장 큰 대분수는 가장 큰 숫자를 자연수 부분에 놓고 나머지 숫자로 진분수를 만듭니다. → $9\frac{1}{5}$

• 가장 작은 대분수는 가장 작은 숫자를 자연수 부분에 놓고 나머지 숫자로 진분수를 만듭니다. → $1\frac{5}{9}$

❷ **만든 두 대분수의 차 구하기**

(가장 큰 대분수) − (가장 작은 대분수)

$= 9\frac{1}{5} - 1\frac{5}{9} = 9\frac{9}{45} - 1\frac{25}{45}$

$= 8\frac{54}{45} - 1\frac{25}{45} = 7\frac{29}{45}$

07 ❶ **성은이가 이모 댁에 가는 데 걸리는 시간 구하기**

(성은이가 이모 댁에 가는 데 걸린 시간)

$= \frac{4}{5} + 2\frac{7}{12} = \frac{48}{60} + 2\frac{35}{60} = 2\frac{83}{60} = 3\frac{23}{60}$ (시간)

❷ **성은이가 이모 댁에 도착한 시각 구하기**

$3\frac{23}{60}$ 시간 = 3시간 23분

➜ (성은이가 이모 댁에 도착한 시각)

= 오전 11시 + 3시간 23분 = **오후 2시 23분**

08 ❶ **효주가 오늘까지 읽은 양 구하기**

(효주가 오늘까지 읽은 양)

$= \frac{4}{9} + \frac{7}{18} = \frac{8}{18} + \frac{7}{18} = \frac{15}{18} = \frac{5}{6}$

❷ **남은 쪽수는 몇 쪽인지 구하기**

(남은 부분) $= 1 - \frac{5}{6} = \frac{1}{6}$

따라서 $\frac{1}{6} = \frac{60}{360}$ 이므로 남은 쪽수는 **60쪽**입니다.

09 ❶ $\frac{15}{16}$ 를 단위분수의 합으로 나타내기

16의 약수: 1, 2, 4, 8, 16

$\frac{15}{16} = \frac{1}{16} + \frac{2}{16} + \frac{4}{16} + \frac{8}{16}$ → 16의 약수 중에서 합이 15가 되는 네 수를 찾으면 1, 2, 4, 8입니다.

$= \frac{1}{16} + \frac{1}{8} + \frac{1}{4} + \frac{1}{2}$

❷ **㉠, ㉡, ㉢, ㉣의 합 구하기**

㉠ + ㉡ + ㉢ + ㉣ = 16 + 8 + 4 + 2 = **30**

10 ❶ **색 테이프 3장의 길이의 합 구하기**

(색 테이프 3장의 길이의 합)

$= 3\frac{4}{7} + 3\frac{4}{7} + 3\frac{4}{7} = 9\frac{12}{7} = 10\frac{5}{7}$ (m)

❷ **겹쳐진 부분의 길이의 합 구하기**

(겹쳐진 부분의 길이의 합)

$= \frac{16}{21} + \frac{16}{21} = \frac{32}{21} = 1\frac{11}{21}$ (m)

❸ **이어 붙인 색 테이프의 전체 길이 구하기**

(이어 붙인 색 테이프의 전체 길이)

$= 10\frac{5}{7} - 1\frac{11}{21} = 10\frac{15}{21} - 1\frac{11}{21} = 9\frac{4}{21}$ (m)

11 ❶ **판 귤의 양은 전체의 얼마인지 구하기**

(판 귤의 양) $= \frac{1}{6} + \frac{1}{4} + \frac{5}{12} + \frac{1}{8}$

$= \frac{4}{24} + \frac{6}{24} + \frac{10}{24} + \frac{3}{24} = \frac{23}{24}$

❷ **처음에 있던 귤은 모두 몇 상자인지 구하기**

(팔고 남은 귤의 양) $= 1 - \frac{23}{24} = \frac{24}{24} - \frac{23}{24} = \frac{1}{24}$ 이고, 50상자이므로 $\frac{1}{24} = \frac{50}{1200}$ 에서 처음에 있던 귤은 **1200상자**입니다.

12 ❶ **분수를 늘어놓은 규칙 구하기**

• 자연수 부분: 분수를 2개씩 묶어가며 2부터 1씩 커지는 규칙입니다.

• 분수 부분의 분자: 1, 2가 반복되는 규칙입니다.

• 분수 부분의 분모: 분수를 2개씩 묶어가며 3부터 1씩 커지는 규칙입니다. (또는 자연수 부분보다 1 큽니다.)

❷ **16째 분수 구하기**

16 ÷ 2 = 8이므로 자연수 부분은 9, 분자는 2, 분모는 10입니다. → $9\frac{2}{10}$

❸ **20째 분수 구하기**

20 ÷ 2 = 10이므로 자연수 부분은 11, 분자는 2, 분모는 12입니다. → $11\frac{2}{12}$

❹ **16째 분수와 20째 분수의 차 구하기**

(20째 분수) − (16째 분수)

$= 11\frac{2}{12} - 9\frac{2}{10} = 11\frac{10}{60} - 9\frac{12}{60} = 10\frac{70}{60} - 9\frac{12}{60}$

$= 1\frac{58}{60} = 1\frac{29}{30}$

6 다각형의 둘레와 넓이

개념 넓히기   109쪽

1 42 cm   **2** (1) 16 (2) 18
3 20 cm²   **4** 117 m²

STEP 1 응용 공략하기   110~116쪽

01 66 cm   **02** 2 cm²
03 ㉢   **04** 1 cm
05 예 ❶ (아랫변의 길이)=78−15−16−20
                        =27(cm) ▶3점
       ❷ (사다리꼴의 넓이)
          =(15+27)×16÷2
          =42×16÷2=336(cm²) ▶2점 / 336 cm²
06 10 cm   **07** 88 cm
08 792 cm²   **09** 25 cm
10 예 ❶ 8000 m=8 km이므로 겹쳐진 직사각형의
       가로는 16−10=6(km)이고, 세로는
       8−4=4(km)입니다.
       (겹쳐진 부분의 넓이)=6×4=24(km²) ▶3점
       ❷ (색칠한 부분의 넓이)
          =16×8−24=104(km²) ▶2점 / 104 km²
11 4배   **12** 42 cm²
13 486 cm²   **14** 315 cm²
15 14 cm, 10 cm   **16** 75 m²
17 예 ❶ 3×3=9이므로 정사각형 가의 한 변의 길
       이는 3 cm이고, 4×4=16이므로 정사각형 나의
       한 변의 길이는 4 cm입니다. ▶3점
       ❷ 평행사변형 ㄱㄴㄷㄹ에서
       (밑변의 길이)=(가의 한 변의 길이)=3 cm이고,
       (높이)=(나의 한 변의 길이)=4 cm입니다.
       따라서 (평행사변형 ㄱㄴㄷㄹ의 넓이)
              =3×4=12(cm²)입니다. ▶2점
       / 12 cm²
18 84 cm²   **19** 20 cm²
20 6 cm   **21** 8 cm

---

01 ❶ **직사각형 가와 마름모 나의 둘레 각각 구하기**
    (직사각형 가의 둘레)=(10+7)×2
                    =17×2=34(cm)
    (마름모 나의 둘레)=8×4=32(cm)

❷ **위 ❶의 둘레의 합 구하기**
(직사각형 가와 마름모 나의 둘레의 합)
=34+32=**66(cm)**

02 ❶ **도형 가와 나의 모눈 칸 수 각각 구하기**
• 도형 가의 모눈 칸 수: 18개
• 도형 나의 모눈 칸 수: 16개
❷ **위 ❶의 넓이의 차 구하기**
도형 가와 도형 나의 모눈 칸 수의 차는 2개, 모눈 한
칸의 넓이는 1 cm²이므로 도형 가와 도형 나의 넓이
의 차는 **2 cm²**입니다.

03 ❶ **도형의 넓이 각각 구하기**
㉠ (삼각형의 넓이)=3×8÷2=12(cm²)
㉡ (마름모의 넓이)=9×4÷2=18(cm²)
㉢ (사다리꼴의 넓이)=(5+6)×4÷2
                =11×4÷2=22(cm²)
❷ **넓이가 가장 넓은 것을 찾아 기호 쓰기**
따라서 22 cm²>18 cm²>12 cm²이므로 넓이가
가장 넓은 것은 ㉢입니다.

04 ❶ **정삼각형과 정팔각형의 한 변의 길이 각각 구하기**
(정삼각형의 한 변의 길이)=15÷3=5(cm)
(정팔각형의 한 변의 길이)=48÷8=6(cm)
❷ **두 도형의 한 변의 길이의 차 구하기**
(두 도형의 한 변의 길이의 차)=6−5=**1(cm)**
참고 정다각형의 둘레와 한 변의 길이 구하기
•(정다각형의 둘레)=(한 변의 길이)×(변의 수)
•(한 변의 길이)=(정다각형의 둘레)÷(변의 수)

05

채점 기준	❶ 아랫변의 길이 구하기	3점
	❷ 사다리꼴의 넓이 구하기	2점

06 ❶ **삼각형의 넓이 구하기**
(삼각형의 넓이)=16×20÷2=160(cm²)
❷ **마름모의 다른 대각선의 길이 구하기**
마름모의 다른 대각선의 길이를 □ cm라 하면
(마름모의 넓이)=32×□÷2=160입니다.
→ 32×□=320, □=**10**

07 ❶ **도형의 둘레를 구하는 방법 알아보기**
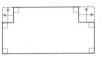
변의 위치를 평행하게 옮기면 도형
의 둘레는 가로가 29 cm, 세로가
10+5=15(cm)인 직사각형의
둘레와 같습니다.
❷ **도형의 둘레 구하기**
(도형의 둘레)=(29+15)×2=44×2=**88(cm)**

08 ❶ **빨간색으로 색칠한 부분의 넓이를 구하는 방법 알아보기**
덴마크의 국기에서 빨간색으로 색칠한 부분만 모아
보면 가로가 $37-4=33$ (cm), 세로가
$28-4=24$ (cm)인 직사각형의 넓이와 같습니다.
❷ **빨간색으로 색칠한 부분의 넓이 구하기**
(빨간색으로 색칠한 부분의 넓이)
$=33\times24=\mathbf{792}\,(\mathbf{cm^2})$

09 ❶ **삼각형 ㄱㄴㄷ의 넓이 구하기**
삼각형 ㄱㄴㄷ의 밑변을 변 ㄱㄴ이라고 하면 높이는
변 ㄱㄷ입니다.
(삼각형 ㄱㄴㄷ의 넓이)$=15\times20\div2=150$ (cm²)
❷ **변 ㄴㄷ의 길이 구하기**
삼각형 ㄱㄴㄷ의 밑변을 변 ㄴㄷ이라고 하면 높이는
선분 ㄱㄹ입니다.
(변 ㄴㄷ)$\times12\div2=150$
→ (변 ㄴㄷ)$=150\times2\div12=\mathbf{25}\,(\mathbf{cm})$

10

채점 기준	❶ 겹쳐진 부분의 넓이 구하기	3점
	❷ 색칠한 부분의 넓이 구하기	2점

11 ❶ **새로 만든 삼각형의 넓이 구하기**
(새로 만든 삼각형의 넓이)
$=(9\times2)\times(8\times2)\div2$
$=(9\times8\div2)\times2\times2$
$=(9\times8\div2)\times4$
$=$ (처음 삼각형의 넓이)$\times4$
❷ **새로 만든 삼각형의 넓이는 처음 삼각형의 넓이의 몇 배인지 구하기**
→ 새로 만든 삼각형의 넓이는 처음 삼각형의 넓이의
4배입니다.

12 ❶ **도형을 나누어 넓이 구하기**
마름모와 평행사변형으로 나누어 넓이를 구합니다.
(마름모의 넓이)$=8\times6\div2=24$ (cm²)
(평행사변형의 넓이)$=6\times3=18$ (cm²)
❷ **도형의 넓이 구하기**
(도형의 넓이)$=24+18=\mathbf{42}\,(\mathbf{cm^2})$

13 ❶ **정사각형의 한 개의 넓이 구하기**
도형의 둘레에는 정사각형의 한 변의 길이와 같은 변
이 모두 14개 있습니다.
(정사각형의 한 변의 길이)$=126\div14=9$ (cm)
→ (정사각형의 한 개의 넓이)$=9\times9=81$ (cm²)
❷ **도형의 넓이 구하기**
(도형의 넓이)$=81\times6=\mathbf{486}\,(\mathbf{cm^2})$

14 ❶ **겹쳐지는 부분의 밑변의 길이와 높이 각각 구하기**
겹쳐지는 부분은 마주 보는 두 쌍의 변이 서로 평행
하므로 평행사변형입니다.
(밑변의 길이)$=47-(12+14)=21$ (cm)
(높이)$=15$ cm
❷ **겹쳐지는 부분의 넓이 구하기**
(겹쳐지는 부분의 넓이)$=21\times15=\mathbf{315}\,(\mathbf{cm^2})$

15 ❶ **직사각형의 둘레와 넓이를 각각 식으로 나타내기**
직사각형의 둘레가 48 cm이므로
(가로)$+$(세로)$=48\div2=24$ (cm)입니다.
직사각형의 넓이가 140 cm²이므로
(가로)$\times$(세로)$=140$ cm²입니다.
❷ **가로와 세로 각각 구하기**
(가로)$>$(세로)이고, (가로)$+$(세로)$=24$ cm가 되
도록 표를 만든 후 (넓이)$=$(가로)$\times$(세로)$=140$ cm²
인 경우를 찾습니다.

가로(cm)	12	13	14
세로(cm)	12	11	10
넓이(cm²)	144	143	140

→ (가로)$=\mathbf{14}$ **cm**, (세로)$=\mathbf{10}$ **cm**

16 ❶ **단위를 하나로 통일하기**
500 cm$=5$ m
❷ **색칠한 부분의 넓이 구하기**
(전체 삼각형의 넓이)$-$(색칠하지 않은 삼각형의 넓이)
$=(5+6+5)\times15\div2-6\times15\div2=\mathbf{75}\,(\mathbf{m^2})$
➕ 다른 풀이 500 cm$=5$ m
삼각형의 밑변의 길이와 높이가 각각 같으면 넓이가 같
으므로 색칠한 부분의 넓이는 밑변의 길이가 5 m, 높
이가 15 m인 삼각형의 넓이의 2배와 같습니다.
→ (색칠한 부분의 넓이)$=(5\times15\div2)\times2$
$\qquad\qquad\qquad\qquad\qquad=\mathbf{75}\,(\mathbf{m^2})$

17

채점 기준	❶ 정사각형 가와 나의 한 변의 길이 각각 구하기	3점
	❷ 평행사변형 ㄱㄴㄷㄹ의 넓이 구하기	2점

18 ❶ **변 ㄱㅁ과 변 ㅂㅁ의 길이 각각 구하기**
평행사변형에서 마주 보는 두 변의 길이는 같습니다.
(변 ㄱㅁ)$=$(변 ㄴㄷ)$=11$ cm
(변 ㅂㅁ)$=$(변 ㄱㅁ)$-$(변 ㄱㅂ)
$\qquad\quad=11-4=7$ (cm)
❷ **평행사변형 ㄱㄴㄷㅁ의 높이 구하기**
(평행사변형 ㄱㄴㄷㅁ의 높이)
$=132\div11=12$ (cm)

❸ 평행사변형 ㅂㄷㄹㅁ의 넓이 구하기

(평행사변형 ㅂㄷㄹㅁ의 넓이)$=7 \times 12=$ **84(cm²)**

19 ❶ 삼각형의 넓이 관계 알아보기

삼각형 ㄹㄱㅁ, 삼각형 ㄹㅁㅂ, 삼각형 ㄹㅂㄷ은

(선분 ㄱㅁ)$=$(선분 ㅁㅂ)$=$(선분 ㅂㄷ)이고

높이가 같으므로 (삼각형 ㄹㄱㅁ의 넓이)

$\qquad=$(삼각형 ㄹㅁㅂ의 넓이)

$\qquad=$(삼각형 ㄹㅂㄷ의 넓이)입니다.

삼각형 ㄹㅁㅂ의 넓이는 삼각형 ㄹㄱㄷ의 넓이의 $\frac{1}{3}$

입니다.

❷ 삼각형 ㄹㅁㅂ의 넓이 구하기

(삼각형 ㄹㄱㄷ의 넓이)$=12 \times 10 \div 2$

$\qquad\qquad\qquad=60(\text{cm}^2)$

→ (삼각형 ㄹㅁㅂ의 넓이)$=60 \div 3$

$\qquad\qquad\qquad\qquad=$ **20(cm²)**

20 ❶ 삼각형과 사다리꼴의 넓이를 각각 식으로 나타내기

삼각형 ㅁㄷㄹ에서 선분 ㅁㄹ을 밑변이라 하면

(삼각형의 넓이)$=8 \times$(높이)$\div 2$입니다.

선분 ㄱㅁ의 길이를 □cm라 하면

(사다리꼴의 넓이)$=(\square+10) \times$(높이)$\div 2$입니다.

❷ 선분 ㄱㅁ의 길이 구하기

(사다리꼴의 넓이)$=$(삼각형의 넓이)$\times 2$이므로

$(\square+10) \times$(높이)$\div 2=8 \times$(높이)$\div 2 \times 2$,

$\square+10=16$, $\square=6$입니다.

→ (선분 ㄱㅁ)$=$ **6 cm**

21 ❶ 삼각형 ㅅㄴㄷ의 넓이 구하기

(직사각형 ㄱㄴㄷㄹ의 넓이)

$=7 \times 16=112(\text{cm}^2)$

(평행사변형 ㅁㄴㄷㅂ의 넓이)

$=7 \times 16=112(\text{cm}^2)$

(삼각형 ㅅㄴㄷ의 넓이)

$=$(직사각형 ㄱㄴㄷㄹ의 넓이)

$\quad+$(평행사변형 ㅁㄴㄷㅂ의 넓이)

$\quad-$(색칠한 부분의 넓이)

$=112+112-196=28(\text{cm}^2)$

❷ 선분 ㅅㄷ의 길이 구하기

선분 ㅅㄷ의 길이를 □cm라 하면

(삼각형 ㅅㄴㄷ의 넓이)$=7 \times \square \div 2=28$,

$\square=28 \times 2 \div 7=8$입니다.

→ (선분 ㅅㄷ)$=$ **8 cm**

---

01 6 cm²

02 예 ❶ 원의 지름을 □km라 하면 그린 마름모의 두 대각선의 길이는 각각 □km이므로

$\square \times \square \div 2=128$, $\square \times \square=256$, $\square=16$입니다. ▶2점

❷ 원의 지름이 16 km이므로 반지름은

$16 \div 2=8(\text{km})$입니다. ▶3점

/ 8 km

03 4 cm²   **04** 1215 m²

05 340 km²   **06** 160 cm, 1600 cm²

07 82 cm

08 예 ❶ (문살에 한지를 붙인 부분의 한 변의 길이)

$\qquad=24+24-4=44$ (cm) ▶2점

❷ (문살에 한지를 붙인 부분의 넓이)

$\qquad=44 \times 44=1936(\text{cm}^2)$ ▶3점

/ 1936 cm²

09 1520000 cm²   **10** 432 cm²

11 4200 cm²   **12** 4 cm²

13 210000 cm²

14 예 ❶ (정사각형의 넓이)$=10 \times 10=100(\text{cm}^2)$

(겹쳐진 부분의 넓이)$=100 \div 5=20(\text{cm}^2)$ ▶2점

❷ (사다리꼴의 넓이)$=$(겹쳐진 부분의 넓이)$\times 8$

$\qquad\qquad=20 \times 8=160(\text{cm}^2)$

$(8+12) \times$(높이)$\div 2=160$

→ (높이)$=160 \times 2 \div 20=16(\text{cm})$ ▶3점

/ 16 cm

15 24 cm²   **16** 32 m²

17 108 cm²

01 ❶ 평행사변형 가와 사다리꼴 나의 넓이 각각 구하기

(평행사변형 가의 넓이)$=6 \times 9=54(\text{cm}^2)$

(사다리꼴 나의 넓이)$=(12+8) \times 6 \div 2$

$\qquad\qquad\qquad=20 \times 6 \div 2=60(\text{cm}^2)$

❷ 위 ❶에서 구한 두 넓이의 차 구하기

→ (평행사변형 가와 사다리꼴 나의 넓이의 차)

$=60-54=$ **6(cm²)**

02

채점기준		
❶ 마름모의 두 대각선의 길이 각각 구하기		2점
❷ 원의 반지름 구하기		3점

03 ❶ 모눈 칸의 개수 구하기

두 삼각형을 각각 그림과 같이 옮기면 모눈은 모두 66개가 됩니다.

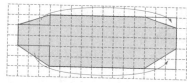

❷ 모눈 한 칸의 넓이 구하기

(모눈종이 한 칸의 넓이)

$=264 \div 66 = \mathbf{4\,(cm^2)}$

04 ❶ 큰 마름모 모양의 넓이 구하기

(큰 마름모 모양의 넓이)

$=60 \times 54 \div 2 = 1620\,(m^2)$

❷ 작은 마름모 모양의 호수의 넓이 구하기

(작은 마름모 모양의 호수의 넓이) $= 30 \times 27 \div 2$
$= 405\,(m^2)$

❸ 호수를 제외한 땅 부분의 넓이 구하기

(호수를 제외한 땅 부분의 넓이)

$=$ (큰 마름모 모양의 넓이)

$-$ (작은 마름모 모양의 호수의 넓이)

$= 1620 - 405 = \mathbf{1215\,(m^2)}$

05 ❶ 색칠한 부분을 이어 붙이면 어떤 도형이 되는지 알아보기

다음과 같이 색칠한 부분을 이어 붙이면 평행사변형이 됩니다.

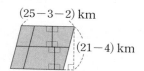

❷ 색칠한 부분의 넓이 구하기

(색칠한 부분의 넓이)

$=(25-3-2) \times (21-4)$

$= 20 \times 17 = \mathbf{340\,(km^2)}$

06 ❶ 정사각형의 한 변의 길이 구하기

$8 \times 8 = 64$이므로 넓이가 $64\ cm^2$인 정사각형의 한 변의 길이는 $8\ cm$입니다.

❷ 새로 만든 정사각형의 둘레와 넓이 각각 구하기

(새로 만든 정사각형의 한 변)$= 8 \times 5 = 40\,(cm)$

(새로 만든 정사각형의 둘레)$= 40 \times 4 = \mathbf{160\,(cm)}$

(새로 만든 정사각형의 넓이)$= 64 \times 5 \times 5$
$= \mathbf{1600\,(cm^2)}$

참고 한 변의 길이가 ■ cm인 정사각형의 각 변을 ●배 하여 정사각형을 새로 만들면 둘레와 넓이가 각각 다음과 같습니다.

• 둘레: (■ × ●) × 4 → (■ × ●)의 4배

• 넓이: (■ × ●) × (■ × ●)

→ ■ × ■ × ● × ●

→ (■ × ■)의 (● × ●)배

07
레벨UP공략

◆ **직각으로 이루어진 도형의 둘레를 구하려면?**

방법1 변의 위치를 평행하게 옮겨 직사각형으로 만들어 구하기

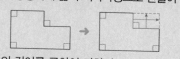

방법2 모든 선분의 길이를 구하여 더하기

❶ 변의 위치를 평행하게 옮겨 만든 직사각형의 가로와 세로의 길이 각각 구하기

바깥쪽 직사각형의 형태로 생각하고 둘레를 구합니다.

(직사각형의 가로)$= 13 + 12 = 25\,(cm)$

(직사각형의 세로)$= 9 + 7 = 16\,(cm)$

❷ 직사각형의 둘레 구하기

(직사각형의 둘레)$=(25+16) \times 2 = \mathbf{82\,(cm)}$

08

채점 기준	❶ 문살에 한지를 붙인 부분의 한 변의 길이 구하기	2점
	❷ 문살에 한지를 붙인 부분의 넓이 구하기	3점

09 ❶ 작은 마름모와 큰 마름모의 넓이 각각 구하기

(작은 마름모의 한 대각선의 길이)$= 4 \times 2 = 8\,(m)$

(작은 마름모의 넓이)

$= 8 \times 8 \div 2 = 32\,(m^2)$

(큰 마름모의 한 대각선의 길이)

$= 8 \times 2 = 16\,(m)$

(큰 마름모의 넓이)

$= 16 \times 16 \div 2 = 128\,(m^2)$

❷ 겹쳐진 부분의 넓이 구하기

(겹쳐진 부분의 넓이)$= 4 \times 4 \div 2 = 8\,(m^2)$

❸ 도형 전체의 넓이 구하기

(도형 전체의 넓이)$= 32 + 128 - 8 = 152\,(m^2)$

$\rightarrow 152\ m^2 = \mathbf{1520000\ cm^2}$

10 ❶ 직사각형 한 개의 짧은 변의 길이 구하기

(사각형 ㄱㄴㄷㄹ의 가로와 세로의 합)

$= 84 \div 2 = 42\,(cm)$

선분 ㄱㅁ의 길이를 □ cm라 하면

(사각형 ㄱㄴㄷㄹ의 가로)$=$ (선분 ㄱㄹ)$=(□ \times 4)\,cm$,

(사각형 ㄱㄴㄷㄹ의 세로)$=$ (선분 ㄱㄴ)$=(□ \times 3)\,cm$
입니다.

$\rightarrow □ \times 4 + □ \times 3 = 42,\ □ \times 7 = 42,\ □ = 6$

❷ 사각형 ㄱㄴㄷㄹ의 가로와 세로 각각 구하기

(선분 ㄱㄹ)$= 6 \times 4 = 24\,(cm)$ → 가로

(선분 ㄱㄴ)$= 6 \times 3 = 18\,(cm)$ → 세로

❸ 사각형 ㄱㄴㄷㄹ의 넓이 구하기

(사각형 ㄱㄴㄷㄹ의 넓이)$= 24 \times 18 = \mathbf{432\,(cm^2)}$

11 레벨UP공략

❖ 밑변의 길이에 따라 달라지는 삼각형의 넓이를 구하는 식은?

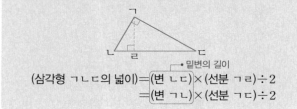

(삼각형 ㄱㄴㄷ의 넓이)=(변 ㄴㄷ)×(선분 ㄱㄹ)÷2
　　　　　　　　　　　＝(변 ㄱㄴ)×(선분 ㄱㄷ)÷2

❶ **삼각형 ㄱㄴㄷ의 넓이 구하기**

(삼각형 ㄱㄴㄷ의 넓이)
　＝$100×48÷2=2400\,(\text{cm}^2)$

❷ **삼각형 ㄱㄷㄹ의 넓이 구하기**

삼각형 ㄱㄷㄹ의 밑변의 길이를 80 cm라 하면 높이는 □ cm이므로 $80×□÷2=2400$,
□$=2400×2÷80=60$입니다.
삼각형 ㄱㄷㄹ은 이등변삼각형이므로
(변 ㄱㄷ)=(변 ㄱㄹ)=60 cm입니다.
(삼각형 ㄱㄷㄹ의 넓이)$=60×60÷2=1800\,(\text{cm}^2)$

❸ **사각형 ㄱㄴㄷㄹ의 넓이 구하기**

➡ (사각형 ㄱㄴㄷㄹ의 넓이)
　＝$2400+1800=$**4200 (cm²)**

12 ❶ **소정이와 현기가 만든 도형의 넓이 각각 구하기**

전체 넓이에서 부분의 넓이를 빼서 넓이를 구합니다.
(소정이가 만든 도형의 넓이)
　＝$6×8-5×2-5×4$
　＝$48-10-20=18\,(\text{cm}^2)$
(현기가 만든 도형의 넓이)
　＝$7×6-5×2-5×2$
　＝$42-10-10=22\,(\text{cm}^2)$

❷ **위 ❶의 두 넓이의 차 구하기**

➡ (두 사람이 만든 도형의 넓이의 차)
　＝$22-18=$**4 (cm²)**

13 ❶ **삼각형 ㄱㄴㄷ의 넓이 구하기**

다음과 같이 선을 그으면 평행사변형 ㄱㄴㄷㄹ은 반으로 나누어집니다.

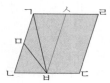

(평행사변형 ㄱㄴㄷㅅ의 넓이)$=168÷2=84\,(\text{m}^2)$
(삼각형 ㄱㄴㅂ의 넓이)
　＝(평행사변형 ㄱㄴㅂㅅ의 넓이)÷2
　＝$84÷2=42\,(\text{m}^2)$

❷ **삼각형 ㄱㅁㅂ의 넓이 구하기**

(삼각형 ㄱㅁㅂ의 넓이)
　＝(삼각형 ㄱㄴㅂ의 넓이)÷2
　＝$42÷2=21\,(\text{m}^2)$ ➡ 21 m²＝**210000 cm²**

14

채점 기준	❶ 겹쳐진 부분의 넓이 구하기	2점
	❷ 사다리꼴의 높이 구하기	3점

15 레벨UP공략

넓이의 관계를 이용하여 삼각형의 넓이를 구하려면?

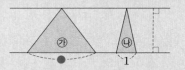

삼각형 ㉮와 삼각형 ㉯의 높이는 같고 삼각형 ㉮의 밑변의 길이가 삼각형 ㉯의 밑변의 길이의 ●배일 때
(삼각형 ㉮의 넓이)=(삼각형 ㉯의 넓이)×●

❶ **삼각형 ㄱㄴㅂ의 넓이 구하기**

사다리꼴 ㄱㄴㅂㅅ의 넓이는 삼각형 ㄱㅂㅅ의 넓이의 5배이므로 삼각형 ㄱㄴㅂ의 넓이는 삼각형 ㄱㅂㅅ의 넓이의 4배입니다.
(삼각형 ㄱㄴㅂ의 넓이)$=36×4=144\,(\text{cm}^2)$

❷ **삼각형 ㄱㄷㄹ의 넓이 구하기**

삼각형 ㄱㄷㄹ의 밑변의 길이는 삼각형 ㄱㄴㅂ의 밑변의 길이의 $\frac{1}{6}$이므로 삼각형 ㄱㄷㄹ의 넓이는 삼각형 ㄱㄴㅂ의 넓이의 $\frac{1}{6}$입니다.

➡ (삼각형 ㄱㄷㄹ의 넓이)$=144÷6=$**24 (cm²)**

16 ❶ **선분 ㅁㄷ의 길이 구하기**

사각형 ㄱㄴㄷㄹ은 마름모이므로 네 변의 길이가 10 m로 모두 같습니다.
(변 ㄱㄴ)=(변 ㄴㄷ)=(변 ㄱㄹ)=10 m
(선분 ㅁㄷ)=(변 ㄴㄷ)-(변 ㄴㅁ)=$10-6=4\,(\text{m})$

❷ **노란색 튤립을 심은 부분의 넓이 구하기**

사각형 ㄱㅁㄷㅂ의 넓이는 삼각형 ㄱㅁㄷ의 넓이의 2배입니다.

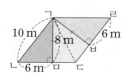

(삼각형 ㄱㅁㄷ의 넓이)$=4×8÷2=16\,(\text{m}^2)$
➡ (사각형 ㄱㅁㄷㅂ의 넓이)
　＝(삼각형 ㄱㅁㄷ의 넓이)×2
　＝$16×2=$**32 (m²)**

17 ❶ **선분 ㄱㅁ, 선분 ㅁㅅ의 길이 각각 구하기**

(각 ㄱㄹㅁ)=180°−90°−45°=45°이므로
삼각형 ㄱㅁㄹ은 두 각의 크기가 45°로 같은 이등변
삼각형입니다.
(선분 ㄱㅁ)=(선분 ㄱㄹ)=6 cm
(선분 ㅁㅅ)=12−6=6(cm)

❷ **색칠한 부분의 넓이 구하기**

사각형 ㅁㅅㄷㄹ은 사다리꼴이고
(사각형 ㄱㄴㅂㅁ의 넓이)=(사각형 ㅁㅅㄷㄹ의 넓이)
입니다.
(사각형 ㅁㅅㄷㄹ의 넓이)
=(6+12)×6÷2=54(cm²)
→ (색칠한 부분의 넓이)
=(사각형 ㅁㅅㄷㄹ의 넓이)×2
=54×2=**108(cm²)**

STEP**3** | **최상위 도전하기**   **123~125쪽**

1	35 m²	**2**	200 cm²
3	63000000 m²	**4**	55 cm²
5	268 cm	**6**	120 cm²

1 ❶ **선분 ㄱㄷ의 길이 구하기**

정사각형은 마름모이므로
(선분 ㄱㄷ)×(선분 ㄴㄹ)÷2=50
→ (선분 ㄱㄷ)×(선분 ㄴㄹ)=50×2=100입니다.
(선분 ㄱㄷ)=(선분 ㄴㄹ)이고 10×10=100이므로
(선분 ㄱㄷ)=(선분 ㄴㄹ)=10 m입니다.

❷ **연못의 넓이 구하기**

(연못의 넓이)=10×3÷2=15(m²)

❸ **공원에서 연못의 넓이를 뺀 나머지의 넓이 구하기**

(공원에서 연못의 넓이를 뺀 나머지의 넓이)
=50−15=**35(m²)**

2 ❶ **직사각형의 가로 구하기**

(직사각형의 가로)=40÷5=8 cm

❷ **사각형 마의 세로 구하기**

사각형 다는 정사각형이므로 네 변의 길이가 모두 같
습니다. → (사각형 다의 세로)=8 cm
세로가 1 cm씩 커지므로
(사각형 마의 세로)=(사각형 다의 세로)+1+1
=8+1+1=10(cm)입니다.

❸ **색칠한 부분의 넓이 구하기**

(색칠한 부분의 넓이)
=40×(사각형 마의 세로)÷2
=40×10÷2=**200(cm²)**

3 ❶ **선분 ㅁㄷ의 길이 구하기**

(각 ㄴㄱㄷ)=180°−90°−45°=45°이므로
삼각형 ㄱㄴㄷ은 이등변삼각형입니다.
(변 ㄴㄷ)=(변 ㄱㄴ)=12 km
(선분 ㅁㄷ)=12−6=6(km)

❷ **삼각형 ㄹㅁㄷ의 넓이 구하기**

변 ㄴㄷ과 수선인 선분 ㅂㅁ을
그으면 삼각형 ㅂㅁㄷ은 직각삼
각형이면서 이등변삼각형이 되
므로 (선분 ㅂㅁ)=(선분 ㅁㄷ)
=6 km입니다.

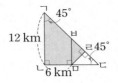

(삼각형 ㄹㅁㄷ의 넓이)
=(삼각형 ㅂㅁㄷ의 넓이)
=(삼각형 ㅂㅁㄷ의 넓이)÷2
=(6×6÷2)÷2=9(km²)

❸ **색칠한 부분의 넓이 구하기**

(색칠한 부분의 넓이)
=(삼각형 ㄱㄴㄷ의 넓이)−(삼각형 ㄹㅁㄷ의 넓이)
=(12×12÷2)−9
=72−9=63(km²)
→ 63 km²=**63000000 m²**

4 ❶ **삼각형 ㄱㄴㅂ의 넓이 구하기**

(삼각형 ㅂㅁㄹ의 넓이)=4×3÷2=6(cm²)
(삼각형 ㄱㄴㅂ의 넓이)
=(삼각형 ㅂㅁㄹ의 넓이)×4
=6×4=24(cm²)

❷ **변 ㄱㄴ과 변 ㄱㄹ의 길이 각각 구하기**

(변 ㄱㄴ)=(변 ㄹㄷ)=3+5=8(cm)
8×(변 ㄱㅂ)÷2=24, 4×(변 ㄱㅂ)=24,
(변 ㄱㅂ)=24÷4=6(cm)
(변 ㄱㄹ)=(변 ㄱㅂ)+(변 ㅂㄹ)
=6+4=10(cm)

❸ **사다리꼴 ㄱㄴㅁㄹ의 넓이 구하기**

→ (사다리꼴 ㄱㄴㅁㄹ의 넓이)
=(3+8)×10÷2=11×10÷2
=**55(cm²)**

5 ❶ **선분 ㅂㅅ의 길이 구하기**

(선분 ㄷㅋ)=(선분 ㄷㅅ)×3

→ (선분 ㄷㅅ)=144÷3=48(cm)

(선분 ㄷㅂ)=(선분 ㅂㅅ)이므로

(선분 ㄷㅅ)=(선분 ㅂㅅ)×2입니다.

(선분 ㅂㅅ)=(선분 ㄷㅅ)÷2

=48÷2=24(cm)

❷ 선분 ㅅㅊ의 길이 구하기

(선분 ㅅㅋ)=(선분 ㄷㅋ)−(선분 ㄷㅅ)

=144−48=96(cm)

(선분 ㅅㅋ)×3=(선분 ㅊㅋ)×5,

(선분 ㅅㅋ)=(선분 ㅅㅊ)+(선분 ㅊㅋ)이므로

(선분 ㅅㅋ)×5

=(선분 ㅅㅊ)×5+(선분 ㅊㅋ)×5

=(선분 ㅅㅊ)×5+(선분 ㅅㅊ)×3

=(선분 ㅅㅊ)×8입니다.

(선분 ㅅㅋ)×5=96×5=480이므로

(선분 ㅅㅊ)×8=480,

(선분 ㅅㅊ)=480÷8=60(cm)입니다.

❸ 선분 ㅂㅊ의 길이 구하기

(선분 ㅂㅊ)=(선분 ㅂㅅ)+(선분 ㅅㅊ)

=24+60=84(cm)

❹ 사각형 ㄹㅇㅈㅁ의 둘레 구하기

(사각형 ㄹㅇㅈㅁ의 둘레)

=(50+84)×2=268(cm)

따라서 스트라이크 존의 둘레는 **268 cm**입니다.

6 평행사변형 ㄱㄴㄷㄹ에서 삼각형 ㄱㄴㅅ의 넓이가 6 cm²입니다. <u>변 ㄹㅁ의 길이는 변 ㅁㄷ의 길이의 2배일</u> 때, 평행사변형 ㄱㄴㄷㄹ의 넓이는 몇 cm²인지 구해 보세요.
→•(변 ㄹㅁ)=(변 ㅁㄷ)×2

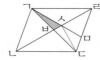

❶ 삼각형 ㅅㅂㄷ의 넓이 구하기

그림과 같이 보조선을 그으면

(삼각형 ㅅㅂㄷ의 넓이)

=(삼각형 ㄱㅂㅅ의 넓이)

=6 cm²입니다.

❷ 삼각형 ㄱㅅㄹ의 넓이 구하기

(삼각형 ㅅㄷㅁ의 넓이)=□ cm²라 하면

(삼각형 ㄱㄷㅁ의 넓이)=12+□입니다.

삼각형 ㄱㅁㄹ은 삼각형 ㄱㄷㅁ과 높이가 같고 밑변의 길이가 2배이므로

(삼각형 ㄱㅁㄹ의 넓이)=24+2×□입니다.

(삼각형 ㄱㅁㄹ의 넓이)

24+2×□

=(삼각형 ㄱㅅㄹ의 넓이)+(삼각형 ㅅㅁㄹ의 넓이)

이고 삼각형 ㅅㅁㄹ의 넓이는 삼각형 ㅅㄷㅁ과 높이가 같고 밑변의 길이가 2배이므로

(삼각형 ㅅㅁㄹ의 넓이)

=(삼각형 ㅅㄷㅁ의 넓이)×2=2×□

→ (삼각형 ㄱㅅㄹ의 넓이)=24 cm²

❸ 평행사변형 ㄱㄴㄷㄹ의 넓이 구하기

따라서 삼각형 ㄱㅂㄹ의 넓이는 6+24=30(cm²)

이고, 평행사변형 ㄱㄴㄷㄹ의 $\frac{1}{4}$이므로 평행사변형

ㄱㄴㄷㄹ의 넓이는 30×4=**120(cm²)**입니다.

상위권 TEST	126~127쪽
01 120 m²	**02** ㉡
03 66 cm²	**04** 255 cm²
05 360 cm²	**06** 8 m
07 40 cm²	**08** 301 cm²
09 104 m²	**10** 48 cm²
11 7 cm	**12** 28000000 m²

---

01 ❶ 사다리꼴의 넓이 구하는 식 만들기

(사다리꼴의 넓이)={(윗변)+(아랫변)}×(높이)÷2

❷ 사다리꼴의 넓이 구하기

(사다리꼴의 넓이)=(11+19)×8÷2=**120(m²)**

02 ❶ 도형의 둘레 각각 구하기

㉠ (정오각형의 둘레)=12×5=60(cm)

㉡ (정구각형의 둘레)=7×9=63(cm)

❷ 둘레가 더 긴 것 찾기

63 cm>60 cm이므로 정다각형의 둘레가 더 긴 것은 ㉡입니다.

03 ❶ 직사각형의 세로 구하기

세로를 □ cm라 하면 (11+□)×2=34,

11+□=17, □=6입니다.

❷ 직사각형의 넓이 구하기

(직사각형의 넓이)=11×6=**66(cm²)**

04 ❶ 큰 마름모의 넓이와 작은 마름모의 넓이 각각 구하기

(큰 마름모의 넓이)=34×20÷2=340(cm²)

(작은 마름모의 넓이)=17×10÷2=85(cm²)

❷ 색칠한 부분의 넓이 구하기

(색칠한 부분의 넓이)=340−85=**255(cm²)**

05 ❶ 가와 나의 넓이 각각 구하기

(가의 넓이)$=25 \times 12 \div 2 - 5 \times 8 \div 2$
$\qquad\qquad = 150 - 20 = 130 \,(\text{cm}^2)$

(나의 넓이)$=26 \times 10 - 3 \times 10$
$\qquad\qquad = 260 - 30 = 230 \,(\text{cm}^2)$

❷ 위 ❶의 넓이의 합 구하기

(색칠한 부분의 넓이의 합)$=130 + 230 = \textbf{360} \,(\textbf{cm}^2)$

06 ❶ 삼각형 ㄱㄴㄷ의 넓이 구하기

(삼각형 ㄱㄴㄷ의 넓이)$=6 \times 8 \div 2 = 24 \,(\text{m}^2)$

❷ 선분 ㄷㄹ의 길이 구하기

선분 ㄷㄹ의 길이를 $\square$ m라 하면

(사다리꼴 ㄱㄷㄹㅁ의 넓이)$=(10 + \square) \times 8 \div 2$

(사다리꼴의 넓이)$=$(삼각형의 넓이)$\times 3$이므로

$(10 + \square) \times 8 \div 2 = 24 \times 3 = 72$,

$10 + \square = 18$, $\square = 8$입니다. → (선분 ㄷㄹ)$= \textbf{8 m}$

07 ❶ 선분 ㅂㅁ의 길이 구하기

(선분 ㄱㅁ)$=$(선분 ㄱㄹ)$=17$ cm

(선분 ㅂㅁ)$=17 - 10 = 7 \,(\text{cm})$

❷ 삼각형 ㄱㅂㄷ의 넓이 구하기

(선분 ㄷㅁ)$=$(선분 ㄷㄹ)$=8$ cm

→ (삼각형 ㄱㅂㄷ의 넓이)

$\quad =$(삼각형 ㄱㅁㄷ의 넓이)$-$(삼각형 ㅂㅁㄷ의 넓이)

$\quad =17 \times 8 \div 2 - 7 \times 8 \div 2$

$\quad =68 - 28 = \textbf{40} \,(\textbf{cm}^2)$

08 ❶ 삼각형 ㄱㄷㄹ의 넓이 구하기

(삼각형 ㄱㄷㄹ의 넓이)$=21 \times 10 \div 2 = 105 \,(\text{cm}^2)$

❷ 15 cm를 밑변으로 하는 삼각형 ㄱㄷㄹ의 높이 구하기

삼각형 ㄱㄷㄹ의 밑변의 길이를 15 cm라 할 때
넓이가 105 cm²이므로

(높이)$=105 \times 2 \div 15 = 14 \,(\text{cm})$입니다.

❸ 사다리꼴 ㄱㄴㄷㄹ의 넓이 구하기

(사다리꼴 ㄱㄴㄷㄹ의 넓이)

$=(15 + 28) \times 14 \div 2$

$=43 \times 14 \div 2 = \textbf{301} \,(\textbf{cm}^2)$

09 ❶ 사다리꼴 ㉮와 삼각형 ㉯의 넓이 각각 구하기

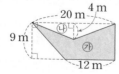

(사다리꼴 ㉮의 넓이)$=(20 + 12) \times 9 \div 2$
$\qquad\qquad\qquad = 32 \times 9 \div 2 = 144 \,(\text{m}^2)$

(삼각형 ㉯의 넓이)$=20 \times 4 \div 2 = 40 \,(\text{m}^2)$

❷ 색칠한 부분의 넓이 구하기

(색칠한 부분의 넓이)$=144 - 40 = \textbf{104} \,(\textbf{m}^2)$

10 ❶ 직사각형 ㄱㄴㄷㄹ의 넓이 구하기

(직사각형 ㄱㄴㄷㄹ의 넓이)$=24 \times 16 = 384 \,(\text{cm}^2)$

❷ 삼각형 ㄱㄴㄹ의 넓이 구하기

(삼각형 ㄱㄴㄹ의 넓이)$=384 \div 2 = 192 \,(\text{cm}^2)$

❸ 삼각형 ㄱㅂㅅ의 넓이 구하기

삼각형 ㄱㅂㅅ의 넓이는 삼각형 ㄱㄴㄹ의 넓이의 $\dfrac{1}{4}$
입니다.

→ (삼각형 ㄱㅂㅅ의 넓이)$=192 \div 4 = \textbf{48} \,(\textbf{cm}^2)$

11 ❶ 직사각형과 평행사변형의 넓이 각각 구하기

(직사각형 ㄱㄴㄷㄹ의 넓이)$=6 \times 13 = 78 \,(\text{cm}^2)$

(평행사변형 ㄱㅁㅂㄹ의 넓이)$=6 \times 13 = 78 \,(\text{cm}^2)$

❷ 삼각형 ㄱㅅㄹ의 넓이 구하기

(삼각형 ㄱㅅㄹ의 넓이)

$=$(직사각형 ㄱㄴㄷㄹ의 넓이)

$\quad +$(평행사변형 ㄱㅁㅂㄹ의 넓이)

$\quad -$(색칠한 부분의 넓이)

$=78 + 78 - 138 = 18 \,(\text{cm}^2)$

❸ 선분 ㅅㄷ의 길이 구하기

(선분 ㄹㅅ)$=18 \times 2 \div 6 = 6 \,(\text{cm})$

→ (선분 ㅅㄷ)$=13 - 6 = \textbf{7} \,(\textbf{cm})$

12 ❶ 선분 ㄱㅁ의 길이 구하기

(각 ㄱㄴㄷ)$=180° - 90° - 45° = 45°$이므로
삼각형 ㄱㄴㄷ은 이등변삼각형입니다.

(변 ㄱㄷ)$=$(변 ㄴㄷ)$=8$ km

(선분 ㄱㅁ)$=8 - 4 = 4 \,(\text{km})$

❷ 삼각형 ㄹㅁㄱ의 넓이 구하기

변 ㄱㄷ과 수선인 선분 ㅂㅁ을 그으
면 삼각형 ㅂㅁㄱ은 직각삼각형이면
서 이등변삼각형이 되므로

(선분 ㅂㅁ)$=$(선분 ㅁㄱ)$=4$ km

(삼각형 ㄹㅁㄱ의 넓이)

$=$(삼각형 ㅂㅁㄹ의 넓이)

$=$(삼각형 ㅂㅁㄱ의 넓이)$\div 2$

$=(4 \times 4 \div 2) \div 2 = 4 \,(\text{km}^2)$

❸ 색칠한 부분의 넓이 구하기

(색칠한 부분의 넓이)

$=$(삼각형 ㄱㄴㄷ의 넓이)$-$(삼각형 ㄹㅁㄱ의 넓이)

$=8 \times 8 \div 2 - 4 = 32 - 4 = 28 \,(\text{km}^2)$

→ $28 \,\text{km}^2 = \textbf{28000000} \,\textbf{m}^2$

정답 및 풀이

경시대회 예상 문제

A형 　1. 자연수의 혼합 계산　01~02쪽

1 ㄹ, ㄷ, ㄴ, ㄱ

2 예 ❶ ㄱ $23 \times 5 - 2 = 115 - 2 = 113$ ▸2점

　　❷ ㄴ $23 \times (5 - 2) = 23 \times 3 = 69$ ▸2점

　　❸ 따라서 ㄱ과 ㄴ의 차는 $113 - 69 = 44$입니다. ▸1점 / 44

3 $152 + 84 - 102 = 134$ / 134명

4 70

5 6시간

6 2

7 8500원

8 ×, −, ÷, +

9 5

10 280 cm

11 예 ❶ 어떤 수를 □라 하면 $(□ - 7) \div 6 = 3$이므로 $□ - 7 = 3 \times 6 = 18$, $□ = 18 + 7 = 25$입니다. ▸5점

　　❷ 따라서 어떤 수가 25이므로 바르게 계산하면 $(25 + 7) \times 6 = 32 \times 6 = 192$입니다. ▸5점 / 192

12 예 $6 \times (5 + 4) - 3 \div 1 = 51$

---

1 ㄱ $27 \div (3 + 6) = 27 \div 9 = 3$

　ㄴ $54 \div (6 \div 3) = 54 \div 2 = 27$

　ㄷ $70 - (26 + 13) = 70 - 39 = 31$

　ㄹ $(18 - 4) \times 9 = 14 \times 9 = 126$

　➡ $126 > 31 > 27 > 3$이므로 계산 결과가 큰 순서대로 기호를 쓰면 ㄹ, ㄷ, ㄴ, ㄱ입니다.

2

채점 기준		
❶ ㄱ의 계산 결과 구하기		2점
❷ ㄴ의 계산 결과 구하기		2점
❸ ㄱ과 ㄴ의 차 구하기		1점

3 (여자 입장객 수)

　= (어른 입장객 수) + (어린이 입장객 수)

　　− (남자 입장객 수)

　= $152 + 84 - 102 = 236 - 102 = $ **134(명)**

4 ㄱ $60 - (19 + 3) = 60 - 22 = 38$

　ㄴ $42 + 6 - 5 = 48 - 5 = 43$

　ㄷ $18 \times 3 \div 2 = 54 \div 2 = 27$

$43 > 38 > 27$이므로 계산 결과가 가장 큰 것은 43이고, 가장 작은 것은 27입니다.

　➡ $43 + 27 = $ **70**

5 (9명이 인형 270개를 만드는 데 걸리는 시간)

　= (인형의 수) ÷ (9명이 1시간에 만드는 인형의 수)

　= $270 \div (5 \times 9) = 270 \div 45 = $ **6(시간)**

6 $26 + 24 - 15 = 50 - 15 = 35$이므로

$52 - 19 + □ = 35$입니다.

　➡ $52 - 19 + □ = 35$, $33 + □ = 35$, $□ = 35 - 33$,

　　$□ = $ **2**

7 (거스름돈)

　= (낸 돈) − (볶음밥 1인분과 새우튀김 2인분의 값)

　= $20000 - (6500 + 2500 \times 2)$

　= $20000 - (6500 + 5000)$

　= $20000 - 11500 = $ **8500(원)**

8 ÷가 들어갈 수 있는 경우는

$2 ○ 8 ○ 27 ÷ 9 ○ 6 = 19$입니다.

계산이 가능한 경우를 생각하여 여러 가지 방법으로 +, −, ×를 써넣어 봅니다.

　➡ $2 \times 8 - 27 \div 9 + 6$

　　= $16 - 3 + 6 = 13 + 6 = 19$

9 $□ ★ 11 = 770$이므로 $□ \times (11 + 3) \times 11 = 770$입니다.

　➡ $□ \times 14 \times 11 = 770$, $□ \times 14 = 770 \div 11 = 70$,

　　$□ = 70 \div 14 = $ **5**

10 (이어 붙인 색 테이프 전체의 길이)

　= (색 테이프 16장의 길이) − (겹쳐진 부분의 길이)

　= $25 \times 16 - 8 \times 15 = 400 - 120 = $ **280(cm)**

11

채점 기준	
❶ 어떤 수 구하기	5점
❷ 바르게 계산하기	5점

12 계산 결과가 가장 크게 되려면 +, ×에는 큰 수를 사용하고 −, ÷에는 작은 수를 사용해야 합니다.

① 곱하는 두 수가 클수록 값이 커집니다.

　➡ $6 \times (5 + 4)$

　　　6 ← 가장 큰 수

　　　$(5+4)$ ← 두 번째로 큰 수와 세 번째로 큰 수

② −, ÷ 중 계산 결과가 커지도록 넣습니다.

　➡ $6 \times (5 + 4) - 1 \div 3 (\times)$

　　$6 \times (5 + 4) - 3 \div 1 = 51 (○)$

　　$6 \times (5 + 4) \div 3 - 1 = 17 (\times)$

1 ㉢

2 예 ❶ 효정이가 말한 식은
$84÷(4+2)=84÷6=14$입니다. ▶2점
❷ 연우가 말한 식은 $84÷4+2=21+2=23$입니다. ▶2점
❸ 따라서 $14<23$이므로 더 큰 식을 말한 사람은 연우입니다. ▶1점 / 연우

3 $5400÷9×2=1200$ / 1200원

4 24

5 65쪽

6 15

7 87살

8 $23+(15×4-24)÷6=29$

9 예 ❶ $3×(46-28)÷2+4$
$\quad=3×18÷2+4=54÷2+4$
$\quad=27+4=31$ ▶4점
❷ $2×\square-(4+21÷3)=31$이므로
$2×\square-(4+7)=31$, $2×\square-11=31$,
$2×\square=31+11=42$, $\square=42÷2=21$입니다.
▶6점 / 21

10 332 cm

11 6, 7, 8, 9

12 18개

---

1 ㉠ $60÷(4+16)=60÷20=3$
㉡ $50-20×2=50-40=10$
㉢ $8×6+3=48+3=51$
㉣ $7×(5+1)=7×6=42$
→ 계산 결과가 50보다 큰 것은 ㉢입니다.

2

채점 기준		
❶ 효정이가 말한 식 계산하기	2점
❷ 연우가 말한 식 계산하기	2점
❸ 계산 결과가 더 큰 식을 말한 사람 구하기	1점

3 (색연필 2자루의 값)
$=$(색연필 9자루의 값)$÷9×2$
$=5400÷9×2=600×2=$**1200(원)**

4 $6+2=8$ → $8×9=72$ → $72÷3=$**24**

5 1주일은 7일입니다.
(두 사람이 하루 동안 읽은 동화책 쪽수의 합)
$=$(윤정이가 하루 동안 읽은 동화책 쪽수)
$\quad+$(민성이가 하루 동안 읽은 동화책 쪽수)
$=161÷7+294÷7=23+294÷7$
$=23+42=$**65(쪽)**

6 눈금 한 칸은 $100÷5=20$이므로 ㉠$=20$, ㉡$=80$입니다.
→ $(㉡-㉠)÷4=(80-20)÷4$
$\qquad\qquad=60÷4=$**15**

7 (할머니의 연세)$=$(아버지의 연세)$×2-5$
$\qquad=(13×3+7)×2-5$
$\qquad=(39+7)×2-5$
$\qquad=46×2-5$
$\qquad=92-5=$**87(살)**

8 식이 성립하도록 ( )를 차례로 넣어봅니다.
• $(23+15)×4-24÷6=38×4-24÷6$
$\qquad\qquad\qquad\qquad=152-4=148\,(×)$
• $23+(15×4-24)÷6=23+(60-24)÷6$
$\qquad\qquad\qquad\qquad=23+36÷6$
$\qquad\qquad\qquad\qquad=23+6=29\,(○)$

9

채점 기준		
❶ ㉠의 계산 결과 구하기	4점
❷ □ 안에 알맞은 수 구하기	6점

10 (남는 철사의 길이)
$=$(전체 철사의 길이)
$\quad-$(정삼각형 4개를 만드는 데 필요한 철사의 길이)
$\quad-$(직사각형 1개를 만드는 데 필요한 철사의 길이)
$=532-12×3×4-(15+13)×2$
$=532-144-28×2$
$=532-144-56$
$=388-56$
$=$**332(cm)**

11 $215-(53+47)÷5×9$
$=215-100÷5×9$
$=215-20×9$
$=215-180=35$
$35<7×\square$에서 $35=7×\square$이면 $\square=5$입니다.
따라서 □ 안에 알맞은 수는 5보다 큰 **6, 7, 8, 9**입니다.

12 정사각형 □개를 만드는 데 필요한 성냥개비는
$4+3×(\square-1)$입니다.
→ $4+3×(\square-1)=55$,
$3×(\square-1)=55-4=51$,
$\square-1=51÷3=17$, $\square=17+1=18$
따라서 성냥개비 55개로 만들 수 있는 정사각형은 모두 **18개**입니다.

A 형 2. 약수와 배수

1 18

2 ❶ 진석 ▶2점
  （예） ❷ 16과 32의 공약수 중에서 가장 큰 수는 16입니다. ▶3점

3 24　　　　　　**4** 135

5 95개　　　　　**6** 4개

7 10개　　　　　**8** 30

9 （예） ❶ 만들 수 있는 가장 큰 정사각형의 한 변의 길이는 42와 63의 최대공약수인 21 cm입니다. ▶4점
  ❷ 따라서 직사각형 모양의 종이를 가로로 $42 \div 21 = 2$(개), 세로로 $63 \div 21 = 3$(개)씩 만들 수 있으므로 만들 수 있는 가장 큰 정사각형은 모두 $2 \times 3 = 6$(개)입니다. ▶6점 / 6개

10 오전 9시 20분　　　**11** 9

12 210일 후

---

1 ・3의 약수: 1, 3 ➡ 2개
　・9의 약수: 1, 3, 9 ➡ 3개
　・18의 약수: 1, 2, 3, 6, 9, 18 ➡ 6개
　・35의 약수: 1, 5, 7, 35 ➡ 4개
　따라서 약수의 수가 가장 많은 수는 약수가 6개인 **18**입니다.

2

채점 기준		
❶ 잘못 말한 사람을 찾아 이름 쓰기		2점
❷ 잘못 말한 이유 설명하기		3점

3 8의 배수: 8, 16, 24, 32, 40……
　(8의 약수의 합)$=1+2+4+8=15$
　(16의 약수의 합)$=1+2+4+8+16=31$
　(24의 약수의 합)
　$=1+2+3+4+6+8+12+24=60$
　➡ 어떤 수는 **24**입니다.

4 $3\,)\!\overline{\;15\quad 9\;}$
　　　　$5\quad 3$　➡ 최소공배수: $3 \times 5 \times 3 = 45$
　$45 \times 3 = 135 \rightarrow 150 - 135 = 15$,
　$45 \times 4 = 180 \rightarrow 180 - 150 = 30$이므로 45의 배수 중에서 150에 가장 가까운 수는 **135**입니다.

5 $2\,)\!\overline{\;4\quad 10\;}$
　　　　$2\quad 5$　➡ 최소공배수: $2 \times 2 \times 5 = 20$
　4의 배수도 되고 10의 배수도 되는 번호는 20, 40, 60, 80, 100으로 모두 5개입니다.
　따라서 불이 붙은 양초는 $100 - 5 = $ **95(개)**입니다.

6 4의 배수가 되려면 끝의 두 자리 수가 00 또는 4의 배수이어야 하므로 끝의 두 자리 수가 될 수 있는 수는 24, 28, 48, 84입니다.
　➡ 만들 수 있는 세 자리 수 중에서 4의 배수는 824, 428, 248, 284로 모두 **4개**입니다.

7 네 꼭짓점과 둘레에 같은 간격으로 가능한 넓게 기둥을 세우려면 직사각형의 가로와 세로의 최대공약수만큼의 간격으로 기둥을 세우면 됩니다.
　18과 12의 최대공약수는 6이므로 기둥 사이의 간격은 6 m이고 기둥은
　$(18 + 12 + 18 + 12) \div 6 = 60 \div 6 = $ **10(개)**가 필요합니다.

8 두 수의 최대공약수가 6이므로 어떤 수를 $6 \times \blacksquare$라고 합니다.
　$6\,)\!\overline{\;6 \times \blacksquare\quad 42\;}$
　　　　　$\blacksquare\quad\;\; 7$　➡ 최소공배수: $6 \times \blacksquare \times 7 = 210$
　$6 \times \blacksquare \times 7 = 210$, $6 \times \blacksquare = 30$이므로 어떤 수는 **30**입니다.

9

채점 기준		
❶ 가장 큰 정사각형의 한 변의 길이 구하기		4점
❷ 만들 수 있는 정사각형의 수 구하기		6점

10 8과 5의 최소공배수는 40이므로 40분마다 두 알람 시계가 동시에 울립니다.
　오전 8시 $\xrightarrow{\;40분\ 후\;}$ 오전 8시 40분
　　　　　$\xrightarrow{\;40분\ 후\;}$ **오전 9시 20분**

11 어떤 수는 $67 - 4 = 63$과 $142 - 7 = 135$의 공약수입니다.
　$3\,)\!\overline{\;63\quad 135\;}$
　$3\,)\!\overline{\;21\quad 45\;}$
　　　　$7\quad 15$　➡ 최대공약수: $3 \times 3 = 9$
　63과 135의 공약수 1, 3, 9 중에서 나머지인 7보다 큰 수는 9이므로 어떤 수는 **9**입니다.

12 $2\,)\!\overline{\;6\quad 10\;}$
　　　　$3\quad 5$　➡ 최소공배수: $2 \times 3 \times 5 = 30$
　수지와 지호는 30일에 한 번씩 다시 만납니다.
　수요일은 7일마다 반복되므로 두 사람이 만나는 날이 다시 수요일이 되려면 30과 7의 최소공배수의 날수가 지나면 됩니다.
　➡ 다음번에 수지와 지호가 도서관에 같이 가는 날이 수요일이 되려면 적어도 $30 \times 7 = $ **210(일)** 후입니다.

1 5가지   **2** 7개, 6개

3 3, 6, 21, 42   **4** 14

5 ⓐ ❶ 두 수의 공약수는 두 수의 최대공약수의 약수와 같습니다. ㉠과 ㉡의 공약수는 20의 약수인 1, 2, 4, 5, 10, 20입니다. ▶5점
　❷ (㉠과 ㉡의 공약수들의 합)
　　$=1+2+4+5+10+20=42$ ▶3점 / 42

6 175   **7** 6개

8 124   **9** 24

10 4번

11 ⓐ ❶ 15와 20의 최소공배수는 60이므로 60 m 간격으로 나무와 의자가 동시에 놓여 있습니다. ▶4점
　❷ 따라서 나무 밑에 놓여 있는 의자는 $720 \div 60 = 12$(개)와 시작점에 있는 의자 한 개를 더하여 모두 $12+1=13$(개)입니다. ▶6점 / 13개

12 오후 2시 12분

---

1 18의 약수: 1, 2, 3, 6, 9, 18
18의 약수 중에서 1보다 큰 수를 찾으면 2, 3, 6, 9, 18입니다.
➡ 귤 18개를 여러 개의 접시에 똑같이 나누어 담는 방법은 모두 **5가지**입니다.

2
$$3\,)\underline{63\quad 54}$$
$$3\,)\underline{21\quad 18}$$
$$\quad\ 7\quad\ 6\ \ \rightarrow \text{최대공약수: } 3\times 3=9$$
(한 사람에게 나누어 줄 수 있는 사과의 수)
$=63\div 9=\mathbf{7(개)}$
(한 사람에게 나누어 줄 수 있는 배의 수)
$=54\div 9=\mathbf{6(개)}$

3 • 42의 약수: 1, 2, ③, ⑥, 7, 14, ㉑, ㊷
• 70의 약수: 1, 2, 5, 7, 10, 14, 35, 70
➡ 42의 약수 중에서 70의 약수가 아닌 수는 **3, 6, 21, 42**입니다.

4 • ㉠$=2\times 7\times 4=56$
• ㉡$=2\times 7\times 5=70$
➡ (㉠과 ㉡의 차)$=70-56=\mathbf{14}$

5
채점 기준	❶ ㉠과 ㉡의 공약수 모두 구하기	5점
	❷ ㉠과 ㉡의 공약수들의 합 구하기	3점

6 25로도 나누어떨어지고, 35로도 나누어떨어지는 수 중에서 가장 작은 수는 25와 35의 최소공배수입니다.
$$5\,)\underline{25\quad 35}$$
$$\quad\ 5\quad\ 7\ \ \rightarrow \text{최소공배수: } 5\times 5\times 7=\mathbf{175}$$

7 가윤이가 연 사물함 번호: 2, 4, 6, 8, 10, 12, 14, 16, 18, 20, 22, 24
➡ 석훈이가 닫은 사물함 번호: 6, 12, 18, 24
➡ 은미가 닫은 사물함 번호: 8, 16
따라서 열려 있는 사물함 번호는 2, 4, 10, 14, 20, 22로 모두 **6개**입니다.

8
$$2\,)\underline{12\quad 32}$$
$$2\,)\underline{\ 6\quad 16}$$
$$\quad\ 3\quad\ 8\ \ \rightarrow \text{최대공약수: } 2\times 2=4\text{이므로}$$
$$\text{12▲32}=4\text{입니다.}$$
$$5\,)\underline{15\quad 40}$$
$$\quad\ 3\quad\ 8\ \ \rightarrow \text{최소공배수: } 5\times 3\times 8=120\text{이므}$$
$$\text{로 15★40}=120\text{입니다.}$$
따라서 (12▲32)+(15★40)$=4+120=\mathbf{124}$입니다.

9 두 수를 ㉮, ㉯라고 하면
㉮$=$(어떤 수)$\times 3$,
㉯$=$(어떤 수)$\times 9=$(어떤 수)$\times 3\times 3$입니다.
• ㉮와 ㉯의 최대공약수: (어떤 수)$\times 3$
• ㉮와 ㉯의 최소공배수: (어떤 수)$\times 3\times 3$
　　　　　$=$(최대공약수)$\times 3=72$
➡ $72\div 3=24$이므로 두 수의 최대공약수는 **24**입니다.

10
$$2\,)\underline{\ 8\quad 12}$$
$$2\,)\underline{\ 4\quad\ 6}$$
$$\quad\ 2\quad\ 3\ \ \rightarrow \text{최소공배수: } 2\times 2\times 2\times 3=24$$
8과 12의 최소공배수는 24이므로 24일마다 동시에 정기 휴일입니다.
➡ $100\div 24=4\cdots 4$이므로 100일 동안 동시에 정기 휴일인 날은 **4번**입니다.

11
채점 기준	❶ 나무와 의자가 동시에 놓이는 간격 구하기	4점
	❷ 나무 밑에 놓여 있는 의자의 수 구하기	6점

12 • 8과 12의 최소공배수: 24
• 24와 18의 최소공배수: 72
➡ 8, 12, 18의 최소공배수: 72
따라서 세 방향의 기차는 72분마다 동시에 출발하므로
(다음번에 동시에 출발하는 시각)
$=$오후 1시$+72$분$=$오후 1시$+1$시간 12분
$=$**오후 2시 12분**입니다.

A형 3. 규칙과 대응
09~10쪽

1 13개

2 예 $\diamondsuit=55-\blacklozenge$

3 12개

4 예 톱니바퀴 나의 회전 수는 톱니바퀴 가의 회전 수의 2배입니다.

5 23층탑

6 예 ❶ 포장지의 수를 □, 꾸민 상자의 수를 △라고 하면 □=△+3입니다. ▸3점
❷ ㉠=3+3=6이고, 13=㉡+3, ㉡=10입니다. ▸3점
❸ 따라서 (㉠과 ㉡의 합)=6+10=16입니다. ▸2점
/ 16

7 2900원

8 40 cm

9 예 ❶ (2018년 연아의 나이)=17−1=16(살) ▸2점
❷ 준서와 연아의 나이 차는 항상 16−12=4(살)이므로 ●와 ■ 사이의 대응 관계는 ●=■−4입니다. ▸4점
❸ 따라서 ■=20일 때 ●=20−4=16이므로 준서는 16살입니다. ▸4점
/ 예 ●=■−4, 16살

10 예 $\diamondsuit=60\div\odot$

11 예 $\star=\square\times2+2$

12 65개

1

책상의 수(개)	1	2	3	4	5	……
서랍의 수(개)	4	8	12	16	20	……

(책상의 수)×4=(서랍의 수)이므로 서랍이 52개일 때 책상은 52÷4=**13(개)**입니다.

2

◆	1	2	3	4	5	……
◇	54	53	52	51	50	……

→ $\diamondsuit=55-\blacklozenge$ 또는 $\blacklozenge=55-\diamondsuit$

3

흰색 바둑돌의 수(개)	1	2	3	4	5	……
검은색 바둑돌의 수(개)	3	4	5	6	7	……

흰색 바둑돌의 수에 2를 더하면 검은색 바둑돌의 수와 같습니다.
→ 흰색 바둑돌이 10개일 때 검은색 바둑돌은
10+2=**12(개)** 필요합니다.

4

톱니바퀴 가의 회전 수(번)	1	2	3	4	……
톱니바퀴 나의 회전 수(번)	2	4	6	8	……

(톱니바퀴 가의 회전 수)×2=(톱니바퀴 나의 회전 수)

---

5 한 층에 면봉을 3개씩 쌓으므로 ■층탑을 만들기 위하여 사용한 면봉의 개수는 ■×3입니다.
→ ■×3=69, ■=23이므로 면봉 69개로 **23층탑**을 만들 수 있습니다.

6

채점 기준	❶ 포장지의 수와 꾸민 상자의 수 사이의 대응 관계를 식으로 나타내기	3점
	❷ ㉠과 ㉡에 알맞은 수 각각 구하기	3점
	❸ ㉠과 ㉡의 합 구하기	2점

7 (현서가 가지게 되는 돈)
=(재우가 가지게 되는 돈)+800

재우가 가지게 되는 돈(원)	1700	1800	1900	2000	2100
현서가 가지게 되는 돈(원)	2500	2600	2700	2800	2900

표에서 금액의 합이 5000원이 되는 경우를 찾으면 현서가 가지게 되는 돈은 2900원입니다.

8

순서(째)	1	2	3	4	……
전체 도형의 둘레(cm)	4	8	12	16	……

(전체 도형의 둘레)=(순서)×4
→ (10째에 놓이는 전체 도형의 둘레)
=10×4=**40 (cm)**

9

채점 기준	❶ 2018년 연아의 나이 구하기	2점
	❷ ●와 ■ 사이의 대응 관계를 식으로 나타내기	4점
	❸ 연아가 20살일 때 준서의 나이 구하기	4점

10 한 사람이 하루에 하는 일의 양을 1이라고 하면 전체 일의 양은 6×10=60입니다.

◎	1	2	3	4	5	……
◇	60	30	20	15	12	……

→ $\diamondsuit=60\div\odot$ 또는 $\odot=60\div\diamondsuit$

11

□	1	2	3	4	5	……
☆	4	6	8	10	12	……

→ $\star=\square\times2+2$ 또는 $\square=(\star-2)\div2$

12

정삼각형의 수(개)	1	2	3	4	5	……
성냥개비의 수(개)	3	5	7	9	11	……

처음 정삼각형을 1개 만드는 데 3개의 성냥개비가 필요하고, 정삼각형을 1개씩 더 만들 때마다 성냥개비가 2개씩 더 필요합니다.
(정삼각형을 32개 만드는 데 필요한 성냥개비의 수)
=3+2×(32−1)=3+2×31
=3+62=**65(개)**

1 (예) $\square \times 3 = \bigcirc$　　　**2** 아홉째

3 1780　　　**4** (예) $\diamondsuit = 22 - \blacklozenge$

5 (예) 정수의 나이에 2006을 더하면 연도와 같습니다.

6 (예) ❶ 서희가 말한 수를 $\blacktriangle$, 태수가 답한 수를 $\bullet$라
고 하면 $\blacktriangle \times \bullet = 72$입니다. ▶4점
❷ 따라서 서희가 8이라고 말하면 $8 \times \bullet = 72$,
$\bullet = 72 \div 8 = 9$이므로 태수는 9라고 답해야 합니
다. ▶4점 / 9

7 2100원

8 (예) ❶

자르는 횟수(번)	1	2	3	4	……
도막 수(도막)	2	3	4	5	……

(자르는 횟수)=(도막 수)-1
통나무를 7도막으로 자르려면 $7-1=6$(번) 잘라
야 합니다. ▶4점
❷ (통나무를 7도막으로 자르는 데 걸리는 시간)
$= 4 \times 6 = 24$(분)▶6점 / 24분

9 40 cm

10 28개　　　**11** (예) $\diamondsuit = \odot \times 4 + 1$

12 20개

1

물을 받는 시간(분)	1	2	3	4	……
받은 물의 양(L)	3	6	9	12	……

(물을 받는 시간)$\times 3 =$(받은 물의 양)
→ $\square \times 3 = \bigcirc$ 또는 $\bigcirc \div 3 = \square$

2

순서(째)	1	2	3	4	5	……
구슬의 수(개)	6	12	18	24	30	……

(구슬의 수)=(순서)$\times 6$
→ 구슬 54개가 놓이는 순서가 $\square$째일 때
$54 = \square \times 6$, $\square = 9$이므로 **아홉째**입니다.

3 폐식용유의 양을 $\diamondsuit$, 재생비누의 수를 $\bigcirc$라고 하면
$\diamondsuit = 200 \times \bigcirc$입니다.
• $\bigcirc = 200 \times 9 = 1800$
• $4000 = 200 \times \bigcirc$, $\bigcirc = 20$
→ $\bigcirc - \bigcirc = 1800 - 20 = $**1780**

4 직사각형의 긴 변의 길이와 짧은 변의 길이의 합은
$44 \div 2 = 22$(cm)입니다.

$\blacklozenge$	1	2	3	4	5	……
$\diamondsuit$	21	20	19	18	17	……

→ $\diamondsuit = 22 - \blacklozenge$ 또는 $\blacklozenge = 22 - \diamondsuit$

5

연도(년)	2019	2020	2021	2022	……
정수의 나이(살)	13	14	15	16	……

연도와 정수의 나이의 차는 2006이므로 **연도는 정수
의 나이에 2006을 더한 것과 같습니다.**

6

채점 기준	❶ 서희가 말한 수와 태수가 말한 수 사이의 대응 관계 구하기	4점
	❷ 서희가 8이라고 말할 때 태수가 답해야 하는 수 구하기	4점

7

순서(째)	1	2	3	4	……
동전의 수(개)	3	6	9	12	……

(동전의 수)=(순서)$\times 3$
→ 7째에 놓이는 동전은 $7 \times 3 = 21$(개)이므로 모두
$100 \times 21 = $**2100(원)**입니다.

8

채점 기준	❶ 통나무를 잘라야 하는 횟수 구하기	4점
	❷ 통나무를 7도막으로 자르는 데 걸리는 시간 구하기	6점

9 (짧은 끈의 길이)=(긴 끈의 길이)-20
$1\,m = 100\,cm$

긴 끈의 길이(cm)	55	56	57	58	59	60
짧은 끈의 길이(cm)	35	36	37	38	39	40
끈의 길이의 합(cm)	90	92	94	96	98	100

따라서 짧은 끈의 길이는 **40 cm**입니다.

10

순서(째)	1	2	3	4	5	……
흰색 바둑돌의 수(개)	1	4	9	16	25	……
검은색 바둑돌의 수(개)	8	12	16	20	24	……

• (흰색 바둑돌의 수)=(순서)$\times$(순서)
(8째에 놓이는 흰색 바둑돌의 수)$= 8 \times 8 = 64$(개)
• (검은색 바둑돌의 수)$= \{(순서)+1\} \times 4$
(8째에 놓이는 검은색 바둑돌의 수)
$= (8+1) \times 4 = 9 \times 4 = 36$(개)
→ 8째에는 흰색 바둑돌을 검은색 바둑돌보다
$64 - 36 = $**28(개)** 더 놓아야 합니다.

11

$\odot$	1	2	3	4	5	……
$\diamondsuit$	5	9	13	17	21	……

→ $\diamondsuit = \odot \times 4 + 1$ 또는 $\odot = (\diamondsuit - 1) \div 4$

12

종이의 수(장)	1	2	3	4	5	……
누름 못의 수(개)	4	6	8	10	12	……

(누름 못의 수)=(종이의 수)$\times 2 + 2$
→ 종이 9장을 붙일 때 필요한 누름 못은 모두
$9 \times 2 + 2 = $**20(개)**입니다.

A 형 4. 약분과 통분 13~14쪽

1 25

2 ㉢

3 $1\dfrac{17}{20}$

4 6개

5 (예) ❶ $\dfrac{5}{12}$와 $\dfrac{7}{15}$을 분모가 60인 분수로 통분하면

$\dfrac{5}{12}=\dfrac{25}{60}$, $\dfrac{7}{15}=\dfrac{28}{60}$입니다. ▶5점

❷ 따라서 $\dfrac{5}{12}$와 $\dfrac{7}{15}$ 사이에 있는 분수 중에서 분모가 60인 분수는 $\dfrac{26}{60}$, $\dfrac{27}{60}$입니다. ▶3점 / $\dfrac{26}{60}$, $\dfrac{27}{60}$

6 108

7 $\dfrac{39}{120}$

8 (예) ❶ $\dfrac{2}{5}=\dfrac{12}{30}$, $\dfrac{8}{15}=\dfrac{16}{30}$이므로

$\dfrac{12}{30}<\dfrac{\square}{30}<\dfrac{16}{30}$입니다. ▶4점

❷ $12<\square<16$에서 $\square=13$, 14, 15입니다. ▶4점

❸ 따라서 $\square$ 안에 들어갈 수 있는 자연수들의 합은 $13+14+15=42$입니다. ▶2점 / 42

9 $\dfrac{7}{8}$

10 토마토

11 $\dfrac{27}{81}$

12 $\dfrac{23}{43}$

---

1 $\dfrac{35}{42}=\dfrac{5}{6}$ → $\dfrac{5}{6}=\dfrac{5\times5}{6\times5}=\dfrac{25}{30}$

따라서 ㉠에 알맞은 수는 **25**입니다.

2 ㉠ $\left(\dfrac{4}{9},\ \dfrac{7}{18}\right)$ → $\left(\dfrac{8}{18},\ \dfrac{7}{18}\right)$ → $\dfrac{4}{9}>\dfrac{7}{18}$

㉡ $\left(\dfrac{4}{9},\ \dfrac{10}{27}\right)$ → $\left(\dfrac{12}{27},\ \dfrac{10}{27}\right)$ → $\dfrac{4}{9}>\dfrac{10}{27}$

㉢ $\left(\dfrac{4}{9},\ \dfrac{22}{45}\right)$ → $\left(\dfrac{20}{45},\ \dfrac{22}{45}\right)$ → $\dfrac{4}{9}<\dfrac{22}{45}$

따라서 $\dfrac{4}{9}$보다 큰 분수는 ㉢입니다.

3 $1\dfrac{17}{20}=1\dfrac{85}{100}=1.85$

→ $1.85>1.8>1.4$이므로 가장 큰 수는 $1\dfrac{17}{20}$입니다.

4 분모가 14인 진분수 중에서 기약분수는

$\dfrac{1}{14}$, $\dfrac{3}{14}$, $\dfrac{5}{14}$, $\dfrac{9}{14}$, $\dfrac{11}{14}$, $\dfrac{13}{14}$이므로 모두 **6개**입니다.

5

채점 기준		
❶ 분모가 60인 분수로 통분하기		5점
❷ $\dfrac{5}{12}$와 $\dfrac{7}{15}$ 사이에 있는 분수 중에서 분모가 60인 분수 구하기		3점

6 9와 6의 최소공배수가 18이므로 공통분모가 될 수 있는 수는 18의 배수입니다.

18의 배수: 18, 36, 54, 72, 90, 108……

→ $100-90=10$, $108-100=8$이므로 공통분모가 될 수 있는 수 중에서 100에 가장 가까운 수는 **108**입니다.

7 $0.325=\dfrac{325}{1000}=\dfrac{13}{40}$

→ $\dfrac{13}{40}=\dfrac{26}{80}=\dfrac{39}{120}=\dfrac{52}{160}$……이므로 분자와 분모의 차가 81인 분수는 $\dfrac{39}{120}$입니다.

8

채점 기준		
❶ 주어진 세 분수 통분하기		4점
❷ $\square$ 안에 들어갈 수 있는 자연수를 모두 구하기		4점
❸ $\square$ 안에 들어갈 수 있는 자연수들의 합 구하기		2점

9 • 분모가 4인 가장 큰 진분수: $\dfrac{3}{4}$

• 분모가 7인 가장 큰 진분수: $\dfrac{4}{7}$

• 분모가 8인 가장 큰 진분수: $\dfrac{7}{8}$

$\left(\dfrac{3}{4},\ \dfrac{4}{7},\ \dfrac{7}{8}\right)$ → $\left(\dfrac{42}{56},\ \dfrac{32}{56},\ \dfrac{49}{56}\right)$ → $\dfrac{7}{8}>\dfrac{3}{4}>\dfrac{4}{7}$

따라서 만들 수 있는 가장 큰 진분수는 $\dfrac{7}{8}$입니다.

10 • 상추를 심은 부분은 밭 전체의 $\dfrac{1}{4}=\dfrac{5}{20}$입니다.

• 토마토를 심은 부분은 밭 전체의 $\dfrac{2}{5}=\dfrac{8}{20}$입니다.

• 고추를 심은 부분은 밭 전체의

$1-\dfrac{5}{20}-\dfrac{8}{20}=\dfrac{20}{20}-\dfrac{5}{20}-\dfrac{8}{20}=\dfrac{7}{20}$입니다.

→ $\dfrac{8}{20}>\dfrac{7}{20}>\dfrac{5}{20}$이므로 **토마토**를 심은 밭의 넓이가 가장 넓습니다.

11 합이 4가 되는 두 수는 1과 3, 2와 2입니다.

분모와 분자가 각각 2이면 기약분수가 되지 않습니다.

→ 두 수가 1, 3일 때 기약분수로 나타내면 $\dfrac{1}{3}$이므로 어떤 분수는 $\dfrac{1\times27}{3\times27}=\dfrac{27}{81}$입니다.

12 분자는 4씩 커지고 분모는 7씩 커지는 규칙입니다.

→ 12째에 놓이는 분수: $\dfrac{2+4\times11}{9+7\times11}=\dfrac{46}{86}$

따라서 12째에 놓이는 분수를 기약분수로 나타내면 $\dfrac{46}{86}=\dfrac{23}{43}$입니다.

1 $\dfrac{6}{9}$

2 예 ❶ 2.32를 대분수로 나타내면 $2\dfrac{32}{100}$입니다. ▶2점

　 ❷ $2\dfrac{32}{100}$를 기약분수로 나타내면 $2\dfrac{8}{25}$입니다.

　 ▶3점 / $2\dfrac{8}{25}$

3 공원　　**4** $\dfrac{20}{25}$　　**5** 63

6 $\dfrac{1}{3}$　　**7** 6　　**8** 5개

9 42

10 예 ❶ $\dfrac{2}{3}$를 5로 약분하기 전의 분수는

　 $\dfrac{2}{3}=\dfrac{2\times5}{3\times5}=\dfrac{10}{15}$입니다. ▶5점

　 ❷ $\dfrac{10}{15}$의 분자에 3을 더하기 전의 분수는

　 $\dfrac{10-3}{15}=\dfrac{7}{15}$이므로 어떤 분수는 $\dfrac{7}{15}$입니다.

　 ▶5점 / $\dfrac{7}{15}$

11 $\dfrac{12}{32}$　　**12** 13

---

1 $\dfrac{36}{54}$이 진분수이므로 수 카드로 만들 수 있는 진분수

는 $\dfrac{2}{5}$, $\dfrac{2}{6}$, $\dfrac{5}{6}$, $\dfrac{2}{9}$, $\dfrac{5}{9}$, $\dfrac{6}{9}$입니다.

→ $\dfrac{36}{54}=\dfrac{36\div6}{54\div6}=\dfrac{6}{9}$

2

채점 기준		점수
❶ 2.32를 대분수로 나타내기		2점
❷ ❶에서 구한 대분수를 기약분수로 나타내기		3점

3 $\left(\dfrac{5}{6},\dfrac{7}{12}\right)\rightarrow\left(\dfrac{10}{12},\dfrac{7}{12}\right)\rightarrow\dfrac{5}{6}>\dfrac{7}{12}$

$\left(\dfrac{7}{12},\dfrac{3}{8}\right)\rightarrow\left(\dfrac{14}{24},\dfrac{9}{24}\right)\rightarrow\dfrac{7}{12}>\dfrac{3}{8}$

따라서 $\dfrac{5}{6}>\dfrac{7}{12}>\dfrac{3}{8}$이므로 가장 가까운 곳은 **공원**
입니다.

4 $\dfrac{4}{5}$의 분모와 분자의 합이 9이므로 $\dfrac{4}{5}$의 분모와 분자
에 각각 45÷9=5를 곱합니다.

→ $\dfrac{4}{5}=\dfrac{4\times5}{5\times5}=\dfrac{20}{25}$

5 $\dfrac{40}{72}=\dfrac{40-35}{72-□}=\dfrac{5}{72-□}$, $\dfrac{40}{72}=\dfrac{5}{9}$이므로

72−□=9, □=72−9=63입니다.
따라서 분모에서 **63**을 빼야 합니다.

6 $\dfrac{1}{6}=\dfrac{2}{12}$, $\dfrac{1}{2}=\dfrac{6}{12}$

$\dfrac{2}{12}$와 $\dfrac{6}{12}$ 사이를 4등분 하였으므로 수직선에서 눈
금 한 칸은 $\dfrac{1}{12}$입니다. → ㉠$=\dfrac{4}{12}=\dfrac{1}{3}$

7 8과 20의 최소공배수가 40이므로 주어진 두 분수를

분모가 40인 분수로 통분하면 $\dfrac{㉠\times5}{40}<\dfrac{18}{40}$입니다.

㉠×5<18에서 ㉠이 될 수 있는 자연수는 1, 2,
3입니다.

→ (㉠이 될 수 있는 자연수들의 합)
　 =1+2+3=**6**

8 63을 공통분모로 하여 통분할 수 있으려면 분모는
7 또는 9이어야 합니다.

• 분모가 7인 진분수: $\dfrac{4}{7}$, $\dfrac{5}{7}$

• 분모가 9인 진분수: $\dfrac{4}{9}$, $\dfrac{5}{9}$, $\dfrac{7}{9}$

→ 만들 수 있는 진분수는 모두 **5개**입니다.

9 $\dfrac{21}{㉠\times㉠}=\dfrac{1}{84}=\dfrac{1}{2\times2\times3\times7}$

　 $=\dfrac{3\times7}{2\times2\times3\times7\times3\times7}$

　 $=\dfrac{3\times7}{(2\times3\times7)\times(2\times3\times7)}=\dfrac{21}{42\times42}$

→ ㉠=**42**

10

채점 기준		점수
❶ 약분하기 전의 분수 구하기		5점
❷ 어떤 분수 구하기		5점

11 구하려는 분수의 분모와 분자의 최대공약수를 □라

고 하면 구하려는 분수는 $\dfrac{3\times□}{8\times□}$입니다.

분모와 분자의 최소공배수가 96이므로
3×8×□=96, 24×□=96, □=4입니다.

→ 두 조건을 만족하는 분수는 $\dfrac{3\times4}{8\times4}=\dfrac{12}{32}$입니다.

12 분자 4, 8, 12의 최소공배수인 24로 분자를 모두 같게

하면 $\dfrac{4}{7}=\dfrac{24}{42}$, $\dfrac{8}{□}=\dfrac{24}{□\times3}$, $\dfrac{12}{13}=\dfrac{24}{26}$입니다.

→ $\dfrac{24}{42}<\dfrac{24}{□\times3}<\dfrac{24}{26}$ → 42>□×3>26

따라서 □ 안에 들어갈 수 있는 자연수는 9, 10, 11,
12, 13이므로 가장 큰 수는 **13**입니다.

A형 5. 분수의 덧셈과 뺄셈 17~18쪽

1 $\dfrac{1}{6}$, $\dfrac{23}{30}$ **2** $\dfrac{3}{8}$ cm **3** ㉡

4 $\dfrac{7}{24}$ **5** 235개

6 예 ❶ 경희가 만든 가장 큰 대분수는 $5\dfrac{2}{3}$이고,

민수가 만든 가장 큰 대분수는 $5\dfrac{3}{4}$입니다. ▶4점

❷ $\left(5\dfrac{2}{3},\ 5\dfrac{3}{4}\right)$ → $\left(5\dfrac{8}{12},\ 5\dfrac{9}{12}\right)$이므로 민수가

만든 대분수가 $5\dfrac{9}{12}-5\dfrac{8}{12}=\dfrac{1}{12}$ 더 큽니다. ▶4점

/ 민수, $\dfrac{1}{12}$

7 2, 3, 4, 5 **8** $3\dfrac{1}{12}$시간

9 예 ❶ (아버지의 몸무게)$=57\dfrac{1}{9}+13\dfrac{7}{12}$

$=57\dfrac{4}{36}+13\dfrac{21}{36}=70\dfrac{25}{36}$(kg) ▶5점

❷ (어머니와 아버지의 몸무게의 합)

$=57\dfrac{1}{9}+76\dfrac{25}{36}=57\dfrac{4}{36}+70\dfrac{25}{36}$

$=127\dfrac{29}{36}$(kg) ▶5점 / $127\dfrac{29}{36}$ kg

10 $14\dfrac{1}{21}$ **11** 4 **12** 12일

1 $\dfrac{13}{15}-\dfrac{7}{10}=\dfrac{26}{30}-\dfrac{21}{30}=\dfrac{5}{30}=\dfrac{1}{6}$

→ $\dfrac{1}{6}+\dfrac{3}{5}=\dfrac{5}{30}+\dfrac{18}{30}=\dfrac{23}{30}$

2 $\left(2\dfrac{3}{4},\ 2\dfrac{3}{8},\ 2\dfrac{4}{9}\right)$ → $\left(2\dfrac{54}{72},\ 2\dfrac{27}{72},\ 2\dfrac{32}{72}\right)$

가장 긴 변: $2\dfrac{3}{4}$ cm, 가장 짧은 변: $2\dfrac{3}{8}$ cm

→ $2\dfrac{3}{4}-2\dfrac{3}{8}=2\dfrac{6}{8}-2\dfrac{3}{8}=\dfrac{3}{8}$(cm)

3 ㉠ $\dfrac{5}{6}+\dfrac{1}{4}=\dfrac{10}{12}+\dfrac{3}{12}=\dfrac{13}{12}=1\dfrac{1}{12}$

㉡ $\dfrac{7}{12}+\dfrac{3}{4}=\dfrac{7}{12}+\dfrac{9}{12}=\dfrac{16}{12}$

$=1\dfrac{4}{12}=1\dfrac{1}{3}$

㉢ $\dfrac{3}{7}+\dfrac{5}{21}=\dfrac{9}{21}+\dfrac{5}{21}=\dfrac{14}{21}=\dfrac{2}{3}$

→ $1\dfrac{1}{3}>1\dfrac{1}{12}>\dfrac{2}{3}$이므로 계산 결과가 가장 큰 것의 기호를 쓰면 ㉡입니다.

4 $\square=\dfrac{5}{12}-\dfrac{1}{8}=\dfrac{10}{24}-\dfrac{3}{24}=\dfrac{7}{24}$

5 $2\dfrac{3}{4}+3\dfrac{7}{9}=2\dfrac{27}{36}+3\dfrac{28}{36}=5\dfrac{55}{36}=6\dfrac{19}{36}$

→ $6\dfrac{19}{36}=\dfrac{235}{36}$이므로 $\dfrac{1}{36}$이 **235개**인 수입니다.

6

채점 기준	❶ 경희와 민수가 만든 가장 큰 대분수를 각각 구하기	4점
	❷ 누가 만든 대분수가 얼마나 더 큰지 구하기	4점

7 • $\dfrac{11}{15}+\dfrac{7}{12}=\dfrac{44}{60}+\dfrac{35}{60}=\dfrac{79}{60}=1\dfrac{19}{60}$

• $13\dfrac{1}{6}-7\dfrac{5}{18}=13\dfrac{3}{18}-7\dfrac{5}{18}=12\dfrac{21}{18}-7\dfrac{5}{18}$

$=5\dfrac{16}{18}=5\dfrac{8}{9}$

→ $1\dfrac{19}{60}<\square<5\dfrac{8}{9}$에서 $\square$ 안에 들어갈 수 있는 자연수는 **2**, **3**, **4**, **5**입니다.

8 1시간 25분$=1\dfrac{25}{60}$시간$=1\dfrac{5}{12}$시간

→ (할머니 댁에 가는 데 걸린 시간)

$=1\dfrac{2}{3}+1\dfrac{5}{12}=1\dfrac{8}{12}+1\dfrac{5}{12}=2\dfrac{13}{12}=\mathbf{3\dfrac{1}{12}}$(시간)

9

채점 기준	❶ 아버지의 몸무게 구하기	5점
	❷ 어머니와 아버지의 몸무게의 합 구하기	5점

10 어떤 수를 $\square$라고 하면 $\square-5\dfrac{2}{3}=2\dfrac{5}{7}$이므로

$\square=2\dfrac{5}{7}+5\dfrac{2}{3}=2\dfrac{15}{21}+5\dfrac{14}{21}=7\dfrac{29}{21}=8\dfrac{8}{21}$입니다.

→ 바른 계산: $8\dfrac{8}{21}+5\dfrac{2}{3}=8\dfrac{8}{21}+5\dfrac{14}{21}$

$=13\dfrac{22}{21}=\mathbf{14\dfrac{1}{21}}$

11 21의 약수는 1, 3, 7, 21이고 이 중에서 두 수를 더하여 10이 되는 두 수는 3과 7입니다.

→ $\dfrac{10}{21}=\dfrac{3}{21}+\dfrac{7}{21}=\dfrac{1}{7}+\dfrac{1}{3}$에서 ㉠$=7$, ㉡$=3$이므로 ㉠$-$㉡$=7-3=\mathbf{4}$입니다.

12 • 아버지가 혼자서 일을 하면 $5\times4=20$(일)이 걸리므로 하루에 하는 일의 양은 $\dfrac{1}{20}$입니다.

• 삼촌이 혼자서 일을 하면 $6\times5=30$(일)이 걸리므로 하루에 하는 일의 양은 $\dfrac{1}{30}$입니다.

→ $\dfrac{1}{20}+\dfrac{1}{30}=\dfrac{3}{60}+\dfrac{2}{60}=\dfrac{5}{60}=\dfrac{1}{12}$이므로 두 사람이 함께 일을 하면 **12일**이 걸립니다.

1 $1\dfrac{1}{8}$ **2** 선미, $\dfrac{1}{18}$ kg   **3** $\dfrac{7}{90}$

4 예 ❶ $2\dfrac{3}{4}+5\dfrac{3}{7}=2\dfrac{21}{28}+5\dfrac{12}{28}=7\dfrac{33}{28}=8\dfrac{5}{28}$

입니다. ▶5점

❷ 따라서 $8\dfrac{5}{28}$보다 작은 자연수는 1, 2, 3, 4, 5,

6, 7, 8이므로 모두 8개입니다. ▶3점 / 8개

5 $9\dfrac{1}{36}$ **6** $1\dfrac{1}{4}$ **7** 7개

8 $6\dfrac{3}{56}$ L

9 예 ❶ (감자만 넣은 바구니의 무게)

$=8\dfrac{2}{5}-3\dfrac{3}{4}=8\dfrac{8}{20}-3\dfrac{15}{20}$

$=7\dfrac{28}{20}-3\dfrac{15}{20}=4\dfrac{13}{20}$ (kg) ▶5점

❷ (감자만의 무게)$=4\dfrac{13}{20}-\dfrac{5}{8}=4\dfrac{26}{40}-\dfrac{25}{40}$

$=4\dfrac{1}{40}$ (kg) ▶5점 / $4\dfrac{1}{40}$ kg

10 6개   **11** $17\dfrac{17}{18}$ m   **12** $\dfrac{1}{40}$

---

1 $\left(\dfrac{2}{5}, \dfrac{3}{8}, \dfrac{3}{4}\right)\rightarrow\left(\dfrac{16}{40}, \dfrac{15}{40}, \dfrac{30}{40}\right)$

가장 큰 분수: $\dfrac{3}{4}$, 가장 작은 분수: $\dfrac{3}{8}$

$\rightarrow \dfrac{3}{4}+\dfrac{3}{8}=\dfrac{6}{8}+\dfrac{3}{8}=\dfrac{9}{8}=\mathbf{1\dfrac{1}{8}}$

2 $\left(1\dfrac{7}{9}, 1\dfrac{5}{6}\right)\rightarrow\left(1\dfrac{14}{18}, 1\dfrac{15}{18}\right)$이므로 **선미**가 밤을

$1\dfrac{15}{18}-1\dfrac{14}{18}=\mathbf{\dfrac{1}{18}}$ **(kg)** 더 많이 주웠습니다.

3 $\dfrac{17}{18}-\dfrac{2}{5}=\dfrac{85}{90}-\dfrac{36}{90}=\dfrac{49}{90}$

$\rightarrow \dfrac{49}{90}-\dfrac{7}{15}=\dfrac{49}{90}-\dfrac{42}{90}=\mathbf{\dfrac{7}{90}}$

4

채점 기준	❶ $2\dfrac{3}{4}$과 $5\dfrac{3}{7}$의 합 구하기	5점
	❷ $2\dfrac{3}{4}$과 $5\dfrac{3}{7}$의 합보다 작은 자연수의 개수 구하기	3점

5 • ㉠$=2\dfrac{5}{9}+4\dfrac{5}{6}=2\dfrac{10}{18}+4\dfrac{15}{18}=6\dfrac{25}{18}=7\dfrac{7}{18}$

• ㉡$=7\dfrac{7}{18}-5\dfrac{3}{4}=7\dfrac{14}{36}-5\dfrac{27}{36}$

$=6\dfrac{50}{36}-5\dfrac{27}{36}=1\dfrac{23}{36}$

$\rightarrow 7\dfrac{7}{18}+1\dfrac{23}{36}=7\dfrac{14}{36}+1\dfrac{23}{36}=8\dfrac{37}{36}=\mathbf{9\dfrac{1}{36}}$

6 만들 수 있는 진분수: $\dfrac{3}{4}, \dfrac{3}{6}, \dfrac{4}{6}$

가장 큰 분수: $\dfrac{3}{4}$, 가장 작은 분수: $\dfrac{3}{6}$

$\rightarrow$ (가장 큰 분수와 가장 작은 분수의 합)

$=\dfrac{3}{4}+\dfrac{3}{6}=\dfrac{9}{12}+\dfrac{6}{12}=\dfrac{15}{12}=1\dfrac{3}{12}=\mathbf{1\dfrac{1}{4}}$

7 $\cdot \dfrac{1}{4}-\dfrac{1}{5}=\dfrac{5}{20}-\dfrac{4}{20}=\dfrac{1}{20}$

$\cdot \dfrac{1}{3}-\dfrac{1}{4}=\dfrac{4}{12}-\dfrac{3}{12}=\dfrac{1}{12}$ $\Big\}\rightarrow\dfrac{1}{20}<\square<\dfrac{1}{12}$

$\square$ 안에 들어갈 수 있는 분자가 1인 분수:

$\dfrac{1}{19}, \dfrac{1}{18}, \dfrac{1}{17}, \dfrac{1}{16}, \dfrac{1}{15}, \dfrac{1}{14}, \dfrac{1}{13}\rightarrow\mathbf{7개}$

8 (연주와 태호가 마신 식혜의 양)

$=\dfrac{5}{7}+\dfrac{5}{7}=\dfrac{10}{7}=1\dfrac{3}{7}$ (L)

$\rightarrow$ (처음 항아리에 들어 있던 식혜의 양)

$=1\dfrac{3}{7}+4\dfrac{5}{8}=1\dfrac{24}{56}+4\dfrac{35}{56}=5\dfrac{59}{56}=\mathbf{6\dfrac{3}{56}}$ **(L)**

9

채점 기준	❶ 감자만 넣은 바구니의 무게 구하기	5점
	❷ 감자만의 무게 구하기	5점

10 $\dfrac{24}{6}>\dfrac{5}{6}+\dfrac{\square\times3}{6}, \dfrac{24}{6}>\dfrac{5+\square\times3}{6}$에서

$24>5+\square\times3, 19>\square\times3$입니다.

$\rightarrow \square$ 안에 알맞은 자연수는 1, 2, 3, 4, 5, 6이므로

모두 **6개**입니다.

11 (색 테이프 3장의 길이의 합)

$=6\dfrac{1}{2}+6\dfrac{1}{2}+6\dfrac{1}{2}=18\dfrac{3}{2}=19\dfrac{1}{2}$ (m)

(겹쳐진 부분의 길이의 합)$=\dfrac{7}{9}+\dfrac{7}{9}=\dfrac{14}{9}=1\dfrac{5}{9}$ (m)

$\rightarrow$ (이어 붙인 색 테이프 전체의 길이)

$=19\dfrac{1}{2}-1\dfrac{5}{9}=19\dfrac{9}{18}-1\dfrac{10}{18}=18\dfrac{27}{18}-1\dfrac{10}{18}$

$=\mathbf{17\dfrac{17}{18}}$ **(m)**

12 (축구나 야구를 좋아하는 학생)

$=\dfrac{1}{2}+\dfrac{3}{5}-\dfrac{1}{8}=\dfrac{20}{40}+\dfrac{24}{40}-\dfrac{5}{40}=\dfrac{39}{40}$

$\rightarrow$ (축구와 야구를 모두 좋아하지 않는 학생)

$=1-\dfrac{39}{40}=\dfrac{40}{40}-\dfrac{39}{40}=\mathbf{\dfrac{1}{40}}$

경시대비북

예상문제

A형 6. 다각형의 둘레와 넓이   21~22쪽

1 108 cm   **2** 8 cm

3 예 ❶ (정사각형의 한 변의 길이)
    $=52 \div 4 = 13 (cm)$ ▶3점
    ❷ (정칠각형의 한 변의 길이)$=133 \div 7 = 19 (cm)$
                                       ▶3점

    ❸ (두 도형의 한 변의 길이의 차)
    $=19 - 13 = 6 (cm)$ ▶2점 / 6 cm

4 ㉢, ㉡, ㉠   **5** 113 m²

6 120 cm²   **7** 128 cm²

8 12 cm

9 예 ❶ (선분 ㄱㅅ)=(선분 ㄱㄴ)=25 m이므로
    (선분 ㅇㅁ)=(선분 ㅅㅂ)$=41-25=16 (m)$입니다. ▶4점

    ❷ (선분 ㅂㅁ)=(선분 ㅇㅁ)=16 m이므로
    (선분 ㅁㄹ)$=25-16=9 (m)$입니다. ▶4점

    ❸ 직사각형 ㅇㄷㄹㅁ의 넓이는
    $16 \times 9 = 144 (m^2)$입니다. ▶2점 / 144 m²

10 15 cm   **11** 342 cm²

12 192 cm²

---

1 (정삼각형의 한 변의 길이)
    =(정육각형의 한 변의 길이)
    =(마름모의 한 변의 길이)=12 cm
    ➡ (이어 붙인 도형 전체의 둘레)
        $=12 \times 9 = \mathbf{108 (cm)}$

2 (사다리꼴 가의 넓이)
    $=(6+10) \times 8 \div 2 = 16 \times 8 \div 2$
    $=128 \div 2 = 64 (cm^2)$
    ➡ (정사각형 나의 넓이)$=㉠ \times ㉠ = 64$, $8 \times 8 = 64$
    이므로 ㉠의 길이는 **8 cm**입니다.

3
채점기준	❶ 정사각형의 한 변의 길이 구하기	3점
	❷ 정칠각형의 한 변의 길이 구하기	3점
	❸ 두 도형의 한 변의 길이의 차 구하기	2점

4 ㉠ $4000 \times 3000 = 12000000 (m^2) = 12 \ km^2$
    ㉡ $2 \times 7 = 14 (km^2)$
    ㉢ $6 \times 5 \div 2 = 30 \div 2 = 15 (km^2)$
    ➡ $15 \ km^2 > 14 \ km^2 > 12 \ km^2$이므로 넓은 것부터 차례로 쓰면 ㉢, ㉡, ㉠입니다.

5 (사다리꼴의 넓이)-(삼각형의 넓이)
    $=(7+15) \times 13 \div 2 - 15 \times 4 \div 2$
    $=143 - 30 = \mathbf{113 (m^2)}$

6 • 큰 마름모의 대각선의 길이:
    $10 \times 2 = 20 (cm)$, $8 \times 2 = 16 (cm)$
    • 작은 마름모의 대각선의 길이:
    $(10-5) \times 2 = 10 (cm)$, $(8-4) \times 2 = 8 (cm)$
    ➡ (큰 마름모의 넓이)-(작은 마름모의 넓이)
        $=\underbrace{20 \times 16 \div 2}_{160} - \underbrace{10 \times 8 \div 2}_{40} = \mathbf{120 (cm^2)}$

7 (처음 정사각형의 한 변의 길이)$=64 \div 4 = 16 (cm)$
    종이를 반으로 접어서 만든 직사각형의 가로는
    $16 \div 2 = 8 (cm)$이고, 세로는 16 cm입니다.
    ➡ (직사각형의 넓이)$=8 \times 16 = \mathbf{128 (cm^2)}$

8 • (가로)+(세로)=(둘레)$\div 2 = 36 \div 2 = 18 (cm)$
    • (가로)×(세로)$=72 \ cm^2$

가로(cm)	9	10	11	12
세로(cm)	9	8	7	6

    합이 18이고 곱이 72인 두 수는 6과 12입니다.
    따라서 가로가 세로보다 길므로 가로는 **12 cm**입니다.

9
채점기준	❶ 직사각형 ㅇㄷㄹㅁ의 가로 구하기	4점
	❷ 직사각형 ㅇㄷㄹㅁ의 세로 구하기	4점
	❸ 직사각형 ㅇㄷㄹㅁ의 넓이 구하기	2점

10 (가로가 9 cm, 세로가 5 cm인 직사각형의 넓이)
    $=9 \times 5 = 45 (cm^2)$
    (가로가 27 cm, 세로가 ㉠인 직사각형의 넓이)
    $=360 + 45 = 405 (cm^2)$
    ➡ $27 \times ㉠ = 405$, $㉠ = 405 \div 27 = \mathbf{15 (cm)}$

11

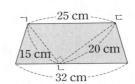

    삼각형 ㄱㄴㄷ의 밑변이 변 ㄱㄷ일 때 높이를
    □cm라 하면
    $25 \times □ \div 2 = 20 \times 15 \div 2$, $25 \times □ \div 2 = 150$,
    $25 \times □ = 300$, □=12입니다.
    ➡ (사다리꼴의 넓이)$=(25+32) \times 12 \div 2$
                   $=57 \times 12 \div 2 = \mathbf{342 (cm^2)}$

12 직사각형 ⊕와 ⊞의 넓이가 같으므로
    (직사각형 ㉮의 넓이)+(직사각형 ⊕의 넓이)
    =(직사각형 ㉮의 넓이)+(직사각형 ⊞의 넓이)
    $=4 \times 15 = 60 (cm^2)$입니다.
    직사각형의 ㉮의 세로를 □cm라고 하면
    $(4+16) \times □ = 60$, $20 \times □ = 60$, □=3입니다.
    ➡ (직사각형 ㉰의 넓이)$=16 \times 12 = \mathbf{192 (cm^2)}$

1 8 cm   **2** 2.1 m²

3 예 ❶ 세로가 14 cm이므로

     가로는 $14 \times 2 = 28$(cm)입니다. ▶4점

     ❷ (직사각형의 둘레)$=(28+14) \times 2$

                      $=42 \times 2 = 84$(cm) ▶4점

     / 84 cm

4 1500 m   **5** 42 cm²

6 64 m

7 예 ❶ 정사각형의 한 변의 길이는 $84 \div 12 = 7$(cm)

     입니다. ▶3점

     ❷ 정사각형 한 개의 넓이는 $7 \times 7 = 49$(cm²)입니

     다. ▶3점

     ❸ 따라서 이 도형의 넓이는 $49 \times 5 = 245$(cm²)

     입니다. ▶2점 / 245 cm²

8 70 cm   **9** 40 cm²

10 105 m²   **11** 180 cm²

12 104 cm²

---

1 (평행사변형의 둘레)$=(9+11) \times 2$

                    $=20 \times 2 = 40$(cm)

   → (정오각형의 한 변의 길이)$=40 \div 5 =$ **8(cm)**

2 (사다리꼴 모양의 땅의 넓이)

     $=(130+220) \times 120 \div 2$

     $=350 \times 120 \div 2 = 42000 \div 2$

     $=21000$(cm²)$=$ **2.1 m²**

3

채점 기준	❶ 가로는 몇 cm인지 구하기	4점
	❷ 직사각형의 둘레는 몇 cm인지 구하기	4점

4 1.5 km²$=1500000$ m²

   → $2000 \times ㉠ \div 2 = 1500000$,

     $2000 \times ㉠ = 3000000$, $㉠ = 1500$

   따라서 ㉠의 길이는 **1500 m**입니다.

5 색칠한 부분의 넓이는 2개의 삼각형의 넓이의 합으

   로 구합니다.

   → $6 \times 4 \div 2 + 6 \times 10 \div 2 = 12 + 30 =$ **42(cm²)**

6

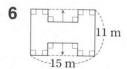

   도형의 둘레는 가로가 15 m, 세로가 11 m인 직사

   각형의 둘레와 3 m인 변 4개의 합과 같습니다.

   → $(15+11) \times 2 + 3 \times 4 = 52 + 12 =$ **64(m)**

7

채점 기준	❶ 정사각형의 한 변의 길이 구하기	3점
	❷ 정사각형 한 개의 넓이 구하기	3점
	❸ 주어진 도형의 넓이 구하기	2점

8 평행사변형의 다른 한 변의 길이를 □cm라고 하면

   $(11+□) \times 2 = 38$, $11+□=19$, $□=8$입니다.

   → (마름모의 한 변의 길이)

     $=$(정사각형의 한 변의 길이)

     $=8$ cm

   따라서 이어 붙인 도형 전체의 둘레는

   $11 \times 2 + 8 \times 6 = 22 + 48 =$ **70(cm)**입니다.

9 • (정사각형 다의 한 변의 길이)$=4$ cm이므로

     (직사각형 가의 가로)$=4$ cm입니다.

   • (정사각형 라의 한 변의 길이)$=4$ cm이므로

     (정사각형 나의 한 변의 길이)$=4+6=10$(cm)로

     (직사각형 가의 세로)$=10$ cm입니다.

   → (직사각형 가의 넓이)$=4 \times 10 =$ **40(cm²)**

10 (길을 만든 후 잔디의 넓이)

     $=(14+6) \times (7+5) = 20 \times 12 = 240$(m²)

   만든 길의 넓이는 가로가 $14+3+6=23$(m),

   세로가 $7+3+5=15$(m)인 직사각형의 넓이에서

   길을 만든 후 잔디의 넓이를 빼면 됩니다.

   → (만든 길의 넓이)$=23 \times 15 - 240$

                     $=345 - 240 =$ **105(m²)**

11 사다리꼴 ㄱㄴㄷㄹ의 높이를 □cm라고 하면

   $(28+12) \times □ \div 2 = 320$,

   $40 \times □ \div 2 = 320$, $40 \times □ = 640$,

   $□ = 16$입니다.

   → (색칠한 부분의 넓이)

     $=$(사다리꼴 ㄱㄴㄷㄹ의 넓이)

       $-$(삼각형 ㄱㅁㄹ의 넓이)

     $=320 - 28 \times (16-6) \div 2$

     $=320 - 28 \times 10 \div 2$

     $=320 - 140 =$ **180(cm²)**

12

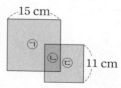

   (겹쳐지지 않은 두 부분의 넓이의 차)

   $=㉠-㉢$

   $=(㉠+㉡)-(㉡+㉢)$

   $=15 \times 15 - 11 \times 11$

   $=225 - 121 =$ **104(cm²)**

실전! 경시대회 모의고사

1 회 25~28쪽

1 $1\frac{5}{36}$, $\frac{1}{12}$ **2** 45

3 예 ❶ 0.1이 12개이면 1.2, 0.01이 5개이면 0.05
이므로 주어진 수는 1.25입니다. ▶3점

❷ 따라서 1.25를 분수로 나타내면 $\frac{125}{100}=1\frac{25}{100}$
이므로 기약분수로 나타내면 $1\frac{25}{100}=1\frac{1}{4}$입니다.
▶2점 / $1\frac{1}{4}$

4 예 $\diamondsuit=\blacklozenge-29$ **5** $2\frac{7}{48}$ m

6 2200원 **7** 52 m² **8** 160

9 18 **10** 10개 **11** 2개

12 144 cm² **13** 15 m

14 예 ❶ 어떤 수를 □라고 하면 $□+3\frac{1}{4}=7\frac{2}{5}$이므로

$□=7\frac{2}{5}-3\frac{1}{4}=7\frac{8}{20}-3\frac{5}{20}=4\frac{3}{20}$입니다. ▶3점

❷ 바른 계산: $4\frac{3}{20}-3\frac{1}{4}=4\frac{3}{20}-3\frac{5}{20}$

$=3\frac{23}{20}-3\frac{5}{20}=\frac{18}{20}=\frac{9}{10}$ ▶2점 / $\frac{9}{10}$

15 48 cm **16** 7개

17 예 ❶ 24★4=(24+4)÷4=28÷4=7 ▶2점

❷ 15♥(24★4)=15♥7=7×(15-7)
$=7×8=56$ ▶3점 / 56

18 26, 27 **19** 45분 **20** 64 cm²

3

채점 기준	❶ 주어진 수를 소수로 나타내기	3점
	❷ 소수를 기약분수로 나타내기	2점

5 (삼각형의 세 변의 길이의 합)

$=\frac{7}{12}+\frac{15}{16}+\frac{5}{8}=\frac{28}{48}+\frac{45}{48}+\frac{30}{48}$

$=\frac{103}{48}=2\frac{7}{48}$(m)

6 (거스름돈)$=5000-(700×3+350×2)$

$=5000-\underbrace{(2100+700)}_{\rightarrow 2800}=\mathbf{2200(원)}$

7 (색칠한 부분의 넓이)
$=$(사다리꼴의 넓이)$-$(삼각형의 넓이)
$=\underbrace{(8+14)×7÷2}_{\rightarrow 77}-\underbrace{10×5÷2}_{\rightarrow 25}=\mathbf{52(m^2)}$

---

8 10과 16의 최소공배수: 80
10과 16의 공배수는 80, 160, 240……이므로 가장 작은 세 자리 수는 **160**입니다.

9 $\frac{6}{11}=\frac{6+□}{11+33}=\frac{6+□}{44}$, $\frac{6}{11}=\frac{24}{44}$이므로
$6+□=24$, $□=\mathbf{18}$입니다.

10 네 자리 수 중에서 끝의 두 자리 수가 될 수 있는 수는 16, 48, 64, 68, 84입니다.
→ 만들 수 있는 네 자리 수는 4816, 8416, 1648, 6148, 1864, 8164, 1468, 4168, 1684, 6184로 모두 **10개**입니다.

11 $\frac{5}{6}<\frac{□}{126}<\frac{6}{7}$ → $\frac{5×21}{6×21}<\frac{□}{126}<\frac{6×18}{7×18}$

→ $\frac{105}{126}<\frac{□}{126}<\frac{108}{126}$

따라서 105<□<108이므로 □ 안에 들어갈 수 있는 자연수는 106, 107로 모두 **2개**입니다.

12 작은 직사각형 1개의 가로를 □cm라 하면 세로는 (□×4) cm입니다.
(작은 직사각형의 둘레)$=□×10=30$(cm),
$□=30÷10=3$(cm)
(처음 정사각형의 한 변의 길이)$=3×4=12$(cm)
→ (처음 정사각형 모양의 종이의 넓이)
$=12×12=\mathbf{144(cm^2)}$

13 나무를 될 수 있는 대로 적게 심으려면 나무 사이의 간격은 될 수 있는 대로 길어야 하므로 세 변의 길이의 최대공약수를 이용해야 합니다.
→ 45, 90, 75의 최대공약수: 15
따라서 나무 사이의 간격은 **15 m**로 해야 합니다.

14

채점 기준	❶ 어떤 수 구하기	3점
	❷ 바르게 계산하기	2점

15 (정사각형 마의 한 변의 길이)$=24÷4=6$(cm)
(사각형 ㄱㄴㄷㄹ의 한 변의 길이)
$=3+6+3=12$(cm)
→ (사각형 ㄱㄴㄷㄹ의 둘레)$=12×4=\mathbf{48(cm)}$

17

채점 기준	❶ 24★4의 값 구하기	2점
	❷ 15♥(24★4)의 값 구하기	3점

18 $\frac{3}{4}<\frac{21}{□}<\frac{5}{6}$ → $\frac{105}{140}<\frac{105}{□×5}<\frac{105}{126}$에서
140>□×5>126입니다.
따라서 25×5=125, 26×5=130, 27×5=135, 28×5=140이므로 □ 안에 들어갈 수 있는 수는 **26, 27**입니다.

19 (자른 횟수)＝(도막의 수)－1,
(쉬는 횟수)＝(도막의 수)－2
통나무를 7도막으로 자르려면 $7-1=6$(번) 잘라야 하고, $7-2=5$(번) 쉽니다.
→ $5\times6+3\times5=30+15=$ **45(분)**

20 (삼각형 ㄱㄴㄷ의 넓이)＝(삼각형 ㄹㅂㄴ의 넓이)이고, 이 두 삼각형에는 삼각형 ㄹㅁㄴ이 공통입니다.
→ (색칠한 부분의 넓이)
＝(삼각형 ㄱㄴㄷ의 넓이)－(삼각형 ㄹㅁㄴ의 넓이)
＝(삼각형 ㄹㅂㄴ의 넓이)－(삼각형 ㄹㅁㄴ의 넓이)
＝(삼각형 ㅁㅂㄴ의 넓이)
＝$16\times8\div2=$ **64(cm²)**

2회   29~32쪽

1 54 cm   **2** $\dfrac{31}{48}$

3 예 ❶ $1\dfrac{13}{20}=1\dfrac{65}{100}=1.65$(km) ▶3점
❷ 따라서 $1.62<1.65$이므로 미희네 집에서 더 가까운 곳은 공원입니다. ▶2점 / 공원

4 $2\dfrac{13}{15}$ **5** 20 cm   **6** 30개

7 ㉡, ㉠, ㉢   **8** 18 cm   **9** 5개

10 5   **11** $\dfrac{21}{27}$ **12** 9개

13 오전 9시 36분   **14** 0, 6

15 $\dfrac{23}{60}$

16 예 ❶ 어떤 수를 □라 하면 $□\times4\div8=6$이므로
$□\times4=48$, $□=12$입니다. ▶3점
❷ 바른 계산: $(12\times9+4)\div8=(108+4)\div8$
$=112\div8=14$ ▶2점 / 14

17 $7\dfrac{1}{12}$ m

18 예 ❶ (세 정사각형의 넓이의 합)
$=4\times4+6\times6+8\times8=16+36+64$
$=116$(m²) ▶2점
❷ 밑변의 길이가 $4+6+8=18$(m)이고 높이가
8 m인 삼각형의 넓이는
$18\times8\div2=144\div2=72$(m²)입니다. ▶2점
❸ 따라서 색칠한 부분의 넓이는
$116-72=44$(m²)입니다. ▶1점 / 44 m²

19 6개   **20** 90 g

3

채점 기준		
❶ 분수를 소수로 나타내기		3점
❷ 미희네 집에서 더 가까운 곳 구하기		2점

4 $□+3\dfrac{5}{6}=6\dfrac{7}{10}$
→ $□=6\dfrac{7}{10}-3\dfrac{5}{6}=6\dfrac{21}{30}-3\dfrac{25}{30}$
$=5\dfrac{51}{30}-3\dfrac{25}{30}=2\dfrac{26}{30}=2\dfrac{13}{15}$

5 (왼쪽 삼각형의 넓이)$=14\times10\div2$
$=140\div2=70$(cm²)
→ $7\times㉠\div2=70$, $7\times㉠=140$, $㉠=$ **20(cm)**

6

층수(층)	1	2	3	4	……
이쑤시개의 수(개)	2	4	6	8	……

→ 필요한 이쑤시개는 $15\times2=$ **30(개)**입니다.

7 ㉠ $(26\times4-69)\div5=(104-69)\div5=7$
㉡ $94-15\times6+42\div7=94-90+6=10$
㉢ $(11\times5+8)\div3-72\div4$
$=(55+8)\div3-72\div4=21-18=3$
→ $10>7>3$이므로 계산 결과가 큰 것부터 차례로 쓰면 ㉡, ㉠, ㉢입니다.

8
```
2) 36  54
3) 18  27
3)  6   9
    2   3
```
→ 최대공약수: $2\times3\times3=18$
따라서 한 도막의 길이를 **18 cm**로 해야 합니다.

11 $\dfrac{7}{9}$의 분모와 분자의 차가 2이므로 분모와 분자에 각각 $6\div2=3$을 곱합니다.
→ $\dfrac{7}{9}=\dfrac{7\times3}{9\times3}=\dfrac{21}{27}$

12
•(승아가 먹는 초콜릿의 수)＋4

승아가 먹는 초콜릿의 수(개)	5	6	7	8	9
희주가 먹는 초콜릿의 수(개)	9	10	11	12	13
민수가 먹는 초콜릿의 수(개)	10	12	14	16	18

•(승아가 먹는 초콜릿의 수)×2
표에서 세 사람이 먹는 초콜릿의 수의 합이 40개인 경우를 찾으면 승아가 먹는 초콜릿은 **9개**입니다.

13 •강릉행 버스
12와 16의 최소공배수는 48이므로 두 버스는 48분마다 동시에 출발합니다. •대구행 버스
→ (두 번째로 동시에 출발하는 시각)
$=$오전 8시＋48분$=$오전 8시 48분
(세 번째로 동시에 출발하는 시각)
$=$오전 8시 48분＋48분$=$**오전 9시 36분**

14 6의 배수는 2의 배수이면서 3의 배수입니다.

· 621□가 2의 배수이므로 □ 안에 들어갈 수 있는 수는 0, 2, 4, 6, 8입니다.

· 621□가 3의 배수이므로 각 자리 숫자의 합인 $6+2+1+□=9+□$는 3의 배수입니다.

$9+□$가 3의 배수인 수는 9, 12, 15, 18이므로 □ 안에 들어갈 수 있는 수는 0, 3, 6, 9입니다.

→ □ 안에 들어갈 수 있는 수는 **0, 6**입니다.

15 (윤서가 먹은 피자)+(민주가 먹은 피자)

　+(도연이가 먹은 피자)

$$=\frac{1}{6}+\frac{1}{4}+\frac{1}{5}=\left(\frac{2}{12}+\frac{3}{12}\right)+\frac{1}{5}$$

$$=\frac{5}{12}+\frac{1}{5}=\frac{25}{60}+\frac{12}{60}=\frac{37}{60}$$

→ 피자 한 판의 양을 1이라고 할 때 세 사람이 먹고 남은 피자는 전체의 $1-\frac{37}{60}=\dfrac{\mathbf{23}}{\mathbf{60}}$입니다.

16

채점 기준		
❶ 어떤 수 구하기		3점
❷ 바르게 계산하기		2점

17 (색 테이프 3장의 길이의 합)

$$=2\frac{3}{4}+2\frac{3}{4}+2\frac{3}{4}=6\frac{9}{4}=8\frac{1}{4}(m)$$

(겹쳐진 부분의 길이의 합)

$$=\frac{7}{12}+\frac{7}{12}=\frac{14}{12}=1\frac{2}{12}=1\frac{1}{6}(m)$$

→ (이어 붙인 색 테이프 전체의 길이)

$$=8\frac{1}{4}-1\frac{1}{6}=8\frac{3}{12}-1\frac{2}{12}=7\frac{\mathbf{1}}{\mathbf{12}}(m)$$

18

채점 기준		
❶ 세 정사각형의 넓이의 합 구하기		2점
❷ 색칠되지 않은 삼각형의 넓이 구하기		2점
❸ 색칠한 부분의 넓이 구하기		1점

19 (추 1개를 매달았을 때 늘어난 길이)

$$=45÷3=15(mm)$$

용수철의 길이가 170 mm가 되었을 때

(용수철의 늘어난 길이)$=170-80=90(mm)$

→ $90÷15=6$이므로 용수철에 매단 추는 **6개**입니다.

20 (공 3개의 무게)$=1\,kg\,960\,g-1\,kg\,450\,g$

　　　　　　　　$=510\,g$

(공 1개의 무게)$=510÷3=170(g)$

(바구니만의 무게)

　$=$(공 8개를 담은 바구니의 무게)$-$(공 8개의 무게)

　$=1450-170×8=1450-1360=\mathbf{90}\,(\mathbf{g})$

---

3 회 33~36쪽

1 $\dfrac{2}{15}$　　　　　　**2** 도경

3 예 ❶ 48과 72의 최대공약수는 24이므로 어떤 수가 될 수 있는 수는 24의 약수인 1, 2, 3, 4, 6, 8, 12, 24입니다. ▶3점

❷ 어떤 수는 10보다 큰 수이므로 12, 24입니다.

▶2점 / 12, 24

4 태우　　　　　　**5** ㉠

6 예 ◎×△=180　　**7** 100 cm

8 25 cm　　　　　**9** 3개

10 31000원　　　　**11** 9명

12 예 ❶ $㉠=8\frac{1}{4}-3\frac{3}{8}=8\frac{2}{8}-3\frac{3}{8}$

$$=7\frac{10}{8}-3\frac{3}{8}=4\frac{7}{8}\,▶3점$$

❷ $4\frac{7}{8}+㉡=5\frac{11}{12}$이므로

$㉡=5\frac{11}{12}-4\frac{7}{8}=5\frac{22}{24}-4\frac{21}{24}=1\frac{1}{24}$입니다.

▶2점 / $1\frac{1}{24}$

13 $\dfrac{6}{15}$　　　　　**14** ×, −, +, ÷

15 20개　　　　　　**16** 49

17 예 ❶ $56-72÷(3×2)+20$

$=56-72÷6+20=56-12+20=64$

이므로 $64>□+58$입니다. ▶2점

❷ $64=□+58$일 때 $□=64-58=6$이므로 □ 안에 들어갈 수 있는 자연수는 1, 2, 3, 4, 5입니다. ▶2점

❸ 따라서 □ 안에 들어갈 수 있는 자연수는 모두 5개입니다. ▶1점 / 5개

18 240 cm²　　　　**19** 오후 11시 30초

20 $4\dfrac{7}{12}$ kg

3

채점 기준		
❶ 48과 72의 공약수 구하기		3점
❷ 두 조건을 만족하는 어떤 수 모두 구하기		2점

5 ㉠ (삼각형의 넓이)$=3×6÷2=9(km^2)$

㉡ (마름모의 넓이)$=\underset{2000\,m=2\,km}{2}×\underset{4000\,m=4\,km}{4}÷2=4(km^2)$

㉢ (직사각형의 넓이)$=1×\underset{5000\,m=5\,km}{5}=5(km^2)$

→ $9\,km^2>5\,km^2>4\,km^2$이므로 넓이가 가장 넓은 것은 ㉠입니다.

6 (톱니바퀴 가가 1분에 회전하는 톱니의 수)
　＝$45 \times 4 = 180$(개) ←톱니바퀴 가와 나가 서로 맞물려 돌아가고 있으므로 1분에 맞물리는 톱니의 수는 180개로 서로 같습니다.

◎	180	90	60	45	36	……
△	1	2	3	4	5	……

→ ◎ × △ ＝ **180**

7 (가로가 28 cm, 세로가 15 cm인 직사각형의 둘레)
　＝$(28+15) \times 2 = 43 \times 2 = 86$(cm)
→ (도형의 둘레)＝$86+7+7=$**100(cm)**

8 (밑변의 길이가 20 cm인 삼각형의 넓이)
　＝$20 \times 15 \div 2 = 300 \div 2 = 150$(cm²)
→ (밑변의 길이가 ㉠인 삼각형의 넓이)＝150 cm²,
　㉠$\times 12 \div 2 = 150$, ㉠$\times 12 = 300$, ㉠＝**25 cm**

9 $\frac{5}{20}$보다 크고 $\frac{12}{20}$보다 작은 수 중에서 분모가 20인
　　└0.25　　　└0.6

기약분수는 $\frac{7}{20}$, $\frac{9}{20}$, $\frac{11}{20}$로 모두 **3개**입니다.

10 $9000 \times 2 + 7000 + 6000 =$**31000(원)**
　　└아버지와 어머니 └영호 └동생

11 $40-4=36$, $50-5=45$이므로 36과 45의 공약수 중에서 5보다 큰 수를 구합니다.
→ 36과 45의 최대공약수: 9
따라서 36과 45의 공약수는 1, 3, 9이고, 이 중에서 주영이네 모둠 학생 수는 5보다 큰 수인 **9명**입니다.

12

채점 기준	❶ ㉠에 알맞은 수 구하기	3점
	❷ ㉡에 알맞은 수 구하기	2점

13 기약분수로 나타내기 전의 분수: $\dfrac{2 \times \square}{5 \times \square}$

분모와 분자의 최소공배수는 $2 \times 5 \times \square = 30$이므로
$10 \times \square = 30$, $\square = 3$입니다.

→ 조건에 알맞은 분수는 $\dfrac{2 \times 3}{5 \times 3} = \dfrac{\mathbf{6}}{\mathbf{15}}$입니다.

14 $5 \times (8-4) + 9 \div 3 = 5 \times 4 + 9 \div 3 = 20 + 3 = 23$

15

빵의 수(개)	5	10	15	20	25	……
설탕의 양(kg)	240	480	720	960	1200	……

1 kg＝1000 g이므로 빵을 **20개**까지 만들 수 있습니다.

16 ·$8-5=3$, $6-4=2$, $7-3=4$
→ 기호 ♥는 (앞의 수)－(뒤의 수)의 계산입니다.
·$4 \times 3 = 12$, $7 \times 2 = 14$, $5 \times 6 = 30$
→ 기호 ◆는 (앞의 수)×(뒤의 수)의 계산입니다.
따라서 $(9 ♥ 2) ◆ 7 = (9-2) \times 7 = 7 \times 7 =$**49**입니다.

17

채점 기준	❶ 왼쪽 혼합 계산식 계산하기	2점
	❷ □ 안에 들어갈 수 있는 자연수를 모두 구하기	2점
	❸ □ 안에 들어갈 수 있는 자연수의 개수 구하기	1점

18 (평행사변형 ㄱㄴㅂㅁ의 밑변의 길이)
　＝$96 \div 16 = 6$(cm)
(선분 ㄱㅁ)＝(선분 ㅁㄹ)＝(선분 ㄴㅂ)＝6 cm,
(선분 ㅂㄷ)＝$6 \times 2 = 12$(cm)
→ (사다리꼴 ㄱㄴㄷㄹ의 넓이)
　＝$(12+18) \times 16 \div 2 =$**240(cm²)**

19 가 등대: $7+8=15$(초)마다 꺼져 있다가 켜집니다.
나 등대: $5+5=10$(초)마다 꺼져 있다가 켜집니다.
15와 10의 최소공배수는 30이므로 두 등대가 모두 꺼져 있다가 30초마다 동시에 켜집니다.
→ 오후 11시＋30초＝**오후 11시 30초**

20 (물 $\frac{1}{5}$만큼 무게)＝$6\frac{1}{4} - 5\frac{11}{12} = 6\frac{3}{12} - 5\frac{11}{12}$

$= 5\frac{15}{12} - 5\frac{11}{12} = \frac{4}{12} = \frac{1}{3}$(kg)

(물 전체의 무게)＝$\frac{1}{3} + \frac{1}{3} + \frac{1}{3} + \frac{1}{3} + \frac{1}{3}$

$= \frac{5}{3} = 1\frac{2}{3}$(kg)

→ (빈 물통의 무게)＝$6\frac{1}{4} - 1\frac{2}{3} = 6\frac{3}{12} - 1\frac{8}{12}$

$= 5\frac{15}{12} - 1\frac{8}{12} = 4\frac{7}{12}$(kg)

4 회　　　　　　　　　　37~40쪽

1 12 cm
2 빨간색
3 예 ◆ ＝ ★ － 6
4 4가지
5 예 ❶ (정사각형의 넓이)＝10×10
　　　　　　　　　 ＝100(m²) ▶2점
　❷ (마름모의 넓이)＝$10 \times 10 \div 2 = 50$(m²) ▶2점
　❸ (색칠한 부분의 넓이)＝$100 - 50 = 50$(m²)
　　　　　　　　　　　　　　　　▶1점 / 50 m²
6 34쪽
7 $47 + (7-2) \times 12 \div 6 = 57$
8 20장
9 예 ❶ 2.8에서 3까지 눈금이 10칸으로 나누어져 있으므로 눈금 한 칸의 크기는 0.02입니다. ▶2점
　❷ ㉠이 가리키는 수는 2.8에서 눈금 8칸만큼 간 곳이므로 2.96입니다. ▶2점
　❸ 따라서 2.96을 기약분수로 나타내면
$2\frac{96}{100} = 2\frac{24}{25}$입니다. ▶1점 / $2\frac{24}{25}$

10 $\dfrac{5}{24}$ m   **11** 48   **12** $\dfrac{63}{64}$

13 7개   **14** 8 cm

15 예 ❶ 7로 약분하기 전의 분수는

$$\dfrac{9}{10}=\dfrac{9\times7}{10\times7}=\dfrac{63}{70}$$입니다. ▶3점

❷ 따라서 분모에 2를 더하기 전의 분수는

$$\dfrac{63}{70-2}=\dfrac{63}{68}$$이므로 어떤 분수는 $\dfrac{63}{68}$입니다.

▶2점 / $\dfrac{63}{68}$

16 2분   **17** 8개   **18** 22개
19 9612 m   **20** 24 m

---

4 64를 두 수의 곱으로 나타내면 다음과 같습니다.
$64=1\times64,\ 64=2\times32,\ 64=4\times16,\ 64=8\times8$
→ 만들 수 있는 직사각형의 종류는 **4가지**입니다.

5

채점 기준		
❶ 정사각형의 넓이 구하기	2점
❷ 마름모의 넓이 구하기	2점
❸ 색칠한 부분의 넓이 구하기	1점

8 12와 15의 최소공배수: 60
(만들어지는 정사각형의 한 변의 길이)$=60$ cm
가로에 $60\div12=5$(장)씩, 세로에 $60\div15=4$(장)씩 늘어놓아야 하므로 직사각형 모양의 카드는 모두
$5\times4=$**20(장)** 필요합니다.

9

채점 기준		
❶ 눈금 한 칸의 크기 구하기	2점
❷ ㉠이 가리키는 수를 소수로 나타내기	2점
❸ ㉠이 가리키는 수를 기약분수로 나타내기	1점

10 $\dfrac{3}{4}+\dfrac{3}{8}-\dfrac{11}{12}=\dfrac{18}{24}+\dfrac{9}{24}-\dfrac{22}{24}=\dfrac{5}{24}$**(m)**

11 • ㉠과 64의 최대공약수: 16 → ㉠은 16의 배수
• ㉠과 54의 최대공약수: 6 → ㉠은 6의 배수
→ ㉠은 16과 6의 공배수이므로 48의 배수입니다.
따라서 ㉠에 알맞은 수 중 가장 작은 수는 **48**입니다.

12 $\dfrac{1}{2}+\dfrac{1}{4}+\dfrac{1}{8}+\dfrac{1}{16}+\dfrac{1}{32}+\dfrac{1}{64}$
$=\dfrac{32}{64}+\dfrac{16}{64}+\dfrac{8}{64}+\dfrac{4}{64}+\dfrac{2}{64}+\dfrac{1}{64}=\dfrac{63}{64}$

13 $\dfrac{1}{6}+\dfrac{\square}{12}<\dfrac{7}{9},\ \dfrac{6}{36}+\dfrac{\square\times3}{36}<\dfrac{28}{36},$
$6+\square\times3<28,\ \square\times3<22$
→ □ 안에 들어갈 수 있는 자연수는 1, 2, 3, 4, 5, 6, 7로 모두 **7개**입니다.

---

14 (삼각형 ㉮의 넓이)$=8\times10\div2=40\,(\text{cm}^2)$
선분 ㅁㄹ의 길이를 □cm라 하면
(사다리꼴 ㉯의 넓이)$=40\times3=120\,(\text{cm}^2)$
$(\square+16)\times10\div2=120,\ \square+16=24,\ \square=$**8**

15

채점 기준	
❶ 7로 약분하기 전의 분수 구하기	3점
❷ 어떤 분수 구하기	2점

16 (자르는 횟수)$=$(도막의 수)-1이므로 색 테이프가
31도막이 되려면 $31-1=30$(번) 잘라야 합니다.
→ (색 테이프를 31도막으로 자르는 데 걸리는 시간)
$=4\times30=120$(초)$=$**2분**

17 분자가 5인 분수를 $\dfrac{5}{\square}$라고 하면 $\dfrac{4}{11}<\dfrac{5}{\square}<\dfrac{8}{9}$입니다.
분자 4, 5, 8의 최소공배수는 40이므로
$$\dfrac{4\times10}{11\times10}<\dfrac{5\times8}{\square\times8}<\dfrac{8\times5}{9\times5}$$
→ $\dfrac{40}{110}<\dfrac{40}{\square\times8}<\dfrac{40}{45}$
→ $110>\square\times8>45$입니다.
따라서 □ 안에 들어갈 수 있는 수는 6, 7, 8, 9, 10, 11, 12, 13이므로 모두 **8개**입니다.

18

직선의 수(개)	1	2	3	4	……
면의 수(개)	2	2+2	2+2+3	2+2+3+4	……

직선이 □개일 때
면은 $(2+2+3+4+\cdots+\square)$개입니다.
→ 6개의 직선을 그었을 때 원 안에 나누어지는 면은 $2+2+3+4+5+6=$**22(개)**입니다.

19 300 km$=300000$ m이고 1시간은 60분입니다.
(터널의 길이)
$=$(1분 동안 갈 수 있는 거리)$\times2-$(기차의 길이)
$=300000\div60\times2-388$
$=5000\times2-388=10000-388=$**9612(m)**

20 사각형 ㄱㅁㅂㅅ과 삼각형 ㅁㄴㄷ의 넓이가 같으므로 삼각형 ㅁㄴㅂ의 넓이를 공통으로 하는 삼각형 ㄱㄴㅅ과 삼각형 ㅁㄴㄷ의 넓이는 같습니다.
(삼각형 ㄱㄴㅅ의 넓이)$=18\times16\div2=144\,(\text{m}^2)$
→ (삼각형 ㅁㄴㄷ의 넓이)
$=$(선분 ㄴㄷ)$\times(18-6)\div2=144,$
(선분 ㄴㄷ)$\times12\div2=144,$
(선분 ㄴㄷ)$\times12=288,$ (선분 ㄴㄷ)$=$**24 m**

큐브
수학
심화
STRONG